Жюльетта Бенцони

Juliette Benzoni

LE ROMAN
DES CHATEAUX DE FRANCE
Роман о замках

Французская лилия

Брызги шампанского

Жюльетта Бенцони

Брызги шампанского

Роман о замках

Москва
«ЭКСМО»
2014

УДК 82(1-87)
ББК 84(4Фра)
 Б 46

Juliette Benzoni

LE ROMAN DES CHATEAUX DE FRANCE T1

Copyright © Perrin 2012

Перевод с французского
Сергея Нечаева, Константина Нечаева

Художественное оформление *Сергея Ляха*

Бенцони Ж.

Б 46   Брызги шампанского. Роман о замках / Жюльетта
Бенцони ; [пер. с фр. С. Ю. Нечаева, К. С. Нечаева]. — М. :
Эксмо, 2014. — 320 с. — (Жюльетта Бенцони. Королева
французского романа).

ISBN 978-5-699-68757-2

Тысячи замков украшают Францию. На протяжении веков короли и
аристократы возводили эти величественные сооружения для себя и своих
близких. Жюльетта Бенцони приоткрывает завесу прошлого, рассказывая
удивительные истории, произошедшие среди древних крепостных стен.

Мальчик-моряк, побывавший в замке Иф задолго до таинственного
узника в железной маске. Влюбленные, скрывавшиеся в крепости Рош-
Курбон вопреки королевскому указу. Русская графиня, поселившаяся в
поместье Нуэтт и ставшая впоследствии известной писательницей. Полководец, воспылавший любовью к бойкой торговке шелком и отстроивший
для нее заново старинный каменный Визилль...

УДК 82(1-87)
ББК 84(4Фра)

ISBN 978-5-699-68757-2

Антрекато
(Entrecasteaux)
Председатель-убийца

Преступленье порочно, а не эшафот.
Тома Корнель

Строгий и надменный, желтый, точно колосья спелой пшеницы, Антрекато высокомерно возвышается над садом, созданным Ленотром для маркиза де Гриньяна, зятя мадам де Севинье, который жил там в спокойствии и роскоши. Замок окружен ореолом славы, но также запятнан кровью, хотя она и не протекла за его стены.

Слава замка ведет свое начало от одного из самых великих мореплавателей, когда-либо бороздивших моря под знаменами Франции: речь идет об Антуане-Жозефе-Раймоне де Брюни д'Антрекато, родившемся в этом замке и служившем под началом своего родственника бальи[1] де Сюффрена. Он отличился во многих битвах, был губернатором на Маскаренских островах. Людовик XVI, король-географ, отправил его на поиски Лаперуза в качестве вице-адмирала. Правда, следов пропавших у острова Ваникоро ему найти не удалось. И Антрекато не вернулся живым из этой экспедиции. Он умер от цинги на острове Ява, но

---

[1] Королевский чиновник, выполнявший административные и судебные функции. *(Здесь и далее прим. пер.)*

его именем назвали канал между Тасманией и островом Бруни, так что оно навсегда осталось в памяти моряков.

А следы крови, о которых было упомянуто ранее, — это «заслуга» его племянника Жана Батиста, пожизненного председателя парламента Прованса, из-за которого Франция долгое время предпочитала вообще не упоминать имени этого великолепного имения.

Началось все в Экс-ан-Провансе утром 1 июня 1784 года. Ужасный крик донесся из распахнутых окон дома, в котором проживали молодой председатель, его жена, урожденная Анжелика де Кастеллан, и две их дочери. Этот крик тут же привлек внимание множества людей, правда, на этот раз их было меньше, чем обычно: половина города находилась в казарме, во дворе которой молодой офицер, соперник братьев Монгольфье, собирался запустить свой воздушный шар.

В доме царил переполох. В чувство приводили Марию Баль, камеристку маркизы. Собственно, это она так сильно кричала, а потом упала в обморок, разбив блюда с завтраком, и на то у нее была серьезная причина: она увидела на белых простынях своей госпожи кровь, а саму мадам д'Антрекато — сидящей с перерезанным горлом.

Тотчас же позвали ее супруга, который сам чуть не лишился чувств, увидев все это. Его отвели в спальню, пока лакей бегал за полицией. Слуги закрыли все ставни, дабы веселое солнце не проникало в дом, где произошло такое ужасное событие.

Начальник криминальной полиции, месье Ланж де Сюффрен, приходился маркизу родственником (все дворяне Прованса приходились друг другу в той или иной степени родственниками). А еще он был самым таинственным человеком во всей округе: холодным, молчаливым, с постоянно отсутствующим выражением лица. Хотя на самом деле под этой вялой маской таились глубокий ум и проницательность, просто он так вводил в заблуждение окружающих. Он осмотрел спальню, кровать и тело со всей возможной тщательностью. Ланж де Сюффрен наклонился, практически обнюхал пол, оглядел окна, занавески и недоверчиво пожал плечами, когда лакей скромно предположил, что маркиза, возможно, совершила самоубийство. Конечно, самоубийство, и это с тремя-то порезами на горле!..

Допрос мужа не принес результатов: тот не видел жену с прошлого вечера. Маркиза провела его у родственницы, которая устраивала спектакль; сам же маркиз ужинал вместе с начальником криминальной полиции у первого председателя. По возвращении они перекинулись парой фраз в гостиной и разошлись по спальням. Когда Ланж де Сюффрен, предполагавший, что смерть наступила приблизительно в три часа ночи, спросил, не слышал ли чего маркиз, тот ответил отрицательно, заявив, что спал как младенец. Однако услышать можно было бы многое: вся комната была перевернута вверх дном, ящики были вынуты, из шкафов все вывалено. Однако не пропало ни украшения, ни монетки. Преступление совершил один из проживающих в доме слуг? Д'Антрекато заявил, что никто этого сделать не мог, но потом он вдруг замешкался, когда Ланж де Сюффрен спросил, хорошо ли они ладили с женой... Ходили слухи о его связи с красавицей Сильвией де Сен-Симон.

— Уже нельзя и восхититься дамой без того, чтобы не быть тут же обвиненным в связи с ней. Злые языки, они что, вечно будут мне досаждать? — язвительно заметил маркиз.

Ланж де Сюффрен ничего на это не ответил. Он мог бы возразить, что это «восхищение» давным-давно уже обсуждалось в салонах, и мадам д'Антрекато нужно было бы быть действительно слепой, чтобы этого не заметить, однако полицейский предпочел промолчать. Он не вмешивался и когда вдовец объявил, что не может более переносить атмосферу этого дома и собирается уехать к своей тетушке, мадам де Блондель, и там подождать результатов расследования. Полицейский лишь сказал, что приедет навестить его к этой даме.

Мадам де Блондель жила не в Эксе. Она переехала, как это было принято в знатных семействах, в родовой замок, за которым любила приглядывать в отсутствие своего мужа, великого мореплавателя. Будущий адмирал был тогда губернатором Маскаренских островов. Тетя жила далеко, но супруг Анжелики думал, что деревенский воздух пойдет ему на пользу, и, отправив ей письмо о своем приезде, стал собираться в дорогу.

Объявление об отъезде «председателя» пришлось совершенно не по вкусу Ланжу де Сюффрену, но он не стал возражать. Тем временем он принялся опрашивать слуг: горничную Марию Баль, крепкую женщину пятидесяти лет, слугу маркиза Огюста Рейно, лакея маркиза Бенуэна, повара Вигье и привратника Букийона. Но получить хоть какие-нибудь сведения от них оказалось сложно. Никто ничего не видел и не слышал. Все собрались в ту ночь на кухне для небольшого застолья со слугами из соседних домов, выпивали и играли в карты до поздней ночи. Всем нечего было сообщить... Кроме Огюста Рейно, который после некоторых колебаний задержался «сообщить кое-что», что его терзало: может, то был и пустяк, но лучше об этом рассказать, а то от вопросов начальника криминальной полиции у него мурашки шли по коже. К тому же сокрытие доказательств давало повод для обвинения в пособничестве.

Набравшись смелости, Рейно начал свой рассказ. В то утро, наводя порядок в туалетной комнате маркиза, он не обнаружил ни его бритв, ни рубашки, что была на нем накануне. Сначала он решил никому ничего не говорить, но, поразмыслив, признался, потому как он не хотел быть уличенным в воровстве...

Ланж де Сюффрен успокоил его и отправил восвояси. Выходя из комнаты, Огюст наткнулся на Марию Баль, которая за ним следила: почему он задержался дольше остальных? Ему было что сказать?

В доме слуги побаивались Марию, служившую маркизе с раннего детства. Она была женщиной крепкой, как говорят, «старой закалки», и наивный боязливый Рейно долго не раздумывал: он выложил ей все, что до этого сказал полицейскому, добавив, что этот пустяк, скорее всего, был лишь совпадением. Но Мария Баль не верила в случайные совпадения. На следующий день, когда Ланж де Сюффрен вернулся в дом, она попросила выслушать ее. Слова Рейно придали горничной решимости, а ей было что поведать.

Вкратце она рассказала о первых годах безоблачного брака своих господ: маркиз так любил жену, что доверил ей управление общими финансами. У нее имелись и энергия, и ум, которых немного не хватало слишком молодому и красивому «председателю».

С появлением в их жизни мадам де Сен-Симон, молодой и веселой вдовы с большими амбициями, их отношения испортились. Совместная жизнь превратилась в ад, особенно когда маркиз захотел вернуть доверенность, выданную жене. Анжелика полагала, что достаточно наплакалась, и не хотела позволять мужу довести ее и дочек до нищеты из-за какой-то красивой кокетки, жадной до денег. Скандалы следовали за разбирательствами... и другими странными происшествиями.

Во время последней беременности мадам д'Антрекато едва не поскользнулась на вишневых косточках, рассыпанных кем-то перед лестницей. А однажды вечером она отказалась от лимонада со странным привкусом, приготовленного ее супругом, посчитав его слишком горьким. Но Анжелика упорно отказывалась вернуть ему доверенность, а тот не переставал ее требовать.

— Документ нашли? — спросил Ланж де Сюффрен.

— Конечно. Он лежал в шкатулке, которую бедная женщина прятала под подушкой. Но моей несчастной мертвой госпоже он больше не пригодится.

— Сможете ли вы поклясться, что рассказали мне правду? Поклясться на Евангелии?

— Гореть мне в преисподней целую вечность, если я хоть в чем-то солгала...

Между полицейским и горничной повисло тяжелое, словно топор палача, молчание.

Лакей Огюст Рейно в то же самое время так и не обрел душевного спокойствия. Он постоянно спрашивал себя, правильно ли сделал, что сотрудничал с полицией. Чтобы совесть его была совсем уж чиста, Рейно отправился к своему хозяину. Сначала он поехал к мадам де Блондель, затем, узнав, что она в Антрекато, поспешил на поезд. Он приехал на следующий день, как раз к завтраку, на котором присутствовал месье де Шатонёф, друг мадам де Блондель.

Когда Рейно бросился к ногам хозяина и покаялся, маркиз побагровел от ярости:

— Идиот! — воскликнул он и поднял руку, чтобы ударить лакея, но вмешалась мадам де Блондель.

Нужно было узнать, что творится в доме и дослушать прерванную «исповедь». И Рейно доложил, что Мария Баль задержалась после допроса у Ланжа де Сюффрена и что соседка, тем самым утром смотревшая в окно, была удивлена, как сильно горел огонь в камине маркиза: даже из трубы валил дым, хотя на дворе стоял июнь месяц.

Безумная ярость и животный страх на лице племянника стали откровением для мадам де Блондель. Она прочла по его лицу, что он виновен, но продолжала надеяться на лучшее.

— Вернитесь в Экс, — посоветовала она ему. — Расскажите все начальнику криминальной полиции. Или забирайте деньги и бегите, спасайтесь или умрите, но избавьте вашу семью от позора созерцать вас на эшафоте.

И д'Антрекато колебался недолго. Он схватил золото и потребовал карету. Мгновение спустя он покинул замок, чтобы никогда более туда не возвращаться, а мадам де Блондель чуть удар не хватил — она как подкошенная упала в обморок. Маркиз уехал вовремя: полиция прибыла час спустя. Конечно, стражи порядка пустились в погоню, но этого часа как раз хватило, чтобы убийца пересек границу и отбыл в Неаполь.

Ужасное убийство потрясло всю Францию и вызвало ярость у миролюбивого Людовика XVI, который тут же потребовал выдачи преступника. Вовремя предупрежденный, маркиз уплыл в Португалию, но он осознавал, что правосудие найдет его везде, куда бы он ни отправился. Тогда д'Антрекато укрылся в монастыре, но и там он не обрел покоя. Сожалея о содеянном, он скончался 16 июня 1785 года, практически через год после убийства своей жены.

Затем до середины следующего века в Антрекато проживала одна из его дочерей, Пульхерия, вышедшая замуж за Жерара де Любака. Потом замок перешел во владение коммуны, которая предоставила его самому себе. Его спас шотландский художник Йэн Мак Гэрви Мунн, восстановив былые блеск и величие.

В данный момент владельцем замка является Ален Гейраль, который обогатил коллекции замка, реставрировав их.

Часы работы

С Пасхи до октября — все дни, кроме субботы.
Экскурсии — с 16.00.
В августе — дополнительные посещения в 11.30.
Для групп замок открыт весь год.

http://www.chateau-entrecasteaux.com/fr/

Балльруа
(Balleroy)

Аббат... Или аббатесса?

Привычки детства — довольно странная вещь...

Аббат де Шуази

Дворец Балльруа — раннее творение Франсуа Мансара, вершина и эталон архитектурного стиля Людовика XII. Слава архитектуры данного периода достигла даже Америки, и на то есть причина: это монументальное парадное здание — без сомнения, один из самых красивых и величественных французских дворцов. Оно окружено глубокими сухими рвами и стоит на склоне холма. Находясь у подножья холма, испытываешь головокружение, глядя на него снизу вверх. Дворец — самая высокая нота в аккорде окружающих его зданий, улочек, террас и садов, украшенных во французском стиле — узорными самшитовыми клумбами. Кажется, будто близлежащие деревни специально выстроились перед ним в полукруг и склонились в реверансе, отдавая ему дань уважения.

История Балльруа началась, когда Жан I де Шуази купил в 1600 году фьеф[1]: скудные пастбища, кустарники

---

[1] Ф ь е ф — небольшой феод. А феод — это населенное крестьянами земельное владение, пожалованное господином (сеньором) своему вассалу (подчиненному человеку), обязующемуся за это нести военную службу.

и пустоши. Принадлежавшее де Шуази состояние было нажито на торговле вином, но первые золотые монеты он заработал в знаменитой шахматной партии против маркиза д'О, бывшего на тот момент суперинтендантом финансов. Строительство дворца затеял его сын Жан II, и длилось оно с 1626 по 1636 год.

В этой семье очень ценили преемственность поколений. У государственного советника, а затем канцлера Орлеанского герцогства Жана II был сын, точнее, их было двое, но старший умер совсем молодым, не оставив потомства. Хозяином Балльруа стал младший сын, которому предстояло наделать шума в истории Франции.

В 1647 году, три года спустя после рождения маленького Франсуа-Тимолеона де Шуази, чтобы снискать расположение королевы Анны Австрийской, его мать, графиня де Шуази, решила воспитывать его так же, как королева воспитывала своего второго сына Филиппа Орлеанского.

Дело в том, что, опасаясь за возможное опасное соперничество между будущим королем Людовиком XIV и ее младшим сыном (а кому, как не ей, было знать, сколько раз беспокойный Гастон Орлеанский устраивал заговоры против короля Людовика XIII), королева (подталкиваемая кардиналом Мазарини) решила привить Филиппу черты характера, которые были бы не столь опасны для Франции. Она решила одевать его в женские наряды, пока они не войдут у него в привычку, и приучить к украшениям, бижутерии и всем тонкостям дамского туалета.

Приходится признать, королева весьма преуспела в вопросах воспитания. С юных лет Филипп, очень красивый молодой человек, интересовался различными безделушками. Такое беспорядочное потакание его прихотям искоренило многие мужские качества характера, не отняв у него, однако, храбрости. Даже его враги отмечали, что Филипп был храбрым и преданным человеком, несмотря на малый интерес к женщинам.

Франсуа де Шуази был на четыре года младше Филиппа. Он был очень красивым ребенком. Однажды мать отвела его к королеве, наряженного девочкой, с бриллиантовыми серьгами в ушах и легким макияжем на красивом личике — он произвел при дворе настоящий фурор. Вскоре повсюду стали встречать двух мальчиков, одетых в нарядные женские платьица. Придворные решили, что это пустая забава, но восхищались без устали. Перед грациозностью, изяществом и милой внешностью двух лжедевочек не мог устоять никто. В конце концов дети очень подружились, общение продолжалось долгие годы и принесло юному Франсуа (его брат тогда еще был жив) значительные выгоды, одна из которых — аббатство (замечу лишь, что юный аббат так привык к дамскому платью, что не расставался с ним до двадцати лет).

С детства графиня де Шуази натирала лицо Франсуа некой смесью «жидкости из кожи теленка и помады из бараньей ноги», которая, как она полагала, навсегда избавила бы его от растительности на лице. И действительно, Аббат де Шуази никогда в жизни не брал в руки бритву, ибо его кожа всегда оставалась белой и мягкой.

Но этого было недостаточно. В восемнадцать лет он решил, что ему не хватает нескольких черт, чтобы полностью походить на юную девушку. И, будучи изобретательным, он изготовил себе «грудь из двух свиных мочевых пузырей, обтянутых сатином». Пушистые кружева маскировали это устройство, чья упругость обеспечивала великолепную форму. «Вооружившись» таким образом, он с головой бросился в самый беззаботный период своей жизни.

По настоянию матери еще в 1663 году Франсуа-Тимолеон стал настоятелем монастыря Сен-Сен близ Дижона.

При этом он продолжал обучение: изучал философию и богословие в Сорбонне. Но после кончины матери присматривать за ним было некому — он вел беспорядочную галантную жизнь, окончательно решил жить в образе женщины. Он унаследовал великолепные материнские драгоценности, и теперь никто не мог лишить его удовольствия носить их. Затем, чтобы раскрепоститься, он решил покинуть аббатство де Шуази и поселиться в квартале Муффетар под именем графини де Санси (название известного бриллианта ему полностью подходило!).

По воскресеньям он присутствовал на мессе, одетый в парчовую юбку и кружевной чепчик. За ним следовал лакей с молитвенником. Когда он раздавал освященный хлеб, впереди него шел паж, а позади — три лакея, поддерживавших его шлейф.

В квартале полюбили мадам де Санси. Она была щедра и делала много хорошего. Неудивительно было видеть вокруг нее рой молодых девушек, которых она взяла под свою бдительную опеку. Нужно отметить, что, несмотря на свои наряды, Франсуа, в отличие от своего друга Филиппа, оказался очень восприимчив к женским чарам. Он настолько легко увлекался, что вскоре разразился небольшой скандал: одна из юных подружек «добренькой графини» забеременела. Об этом стали говорить повсюду. Заволновавшись, аббат попытался дать приданое своей красивой любовнице и выдать ее замуж, но история уже набрала обороты. Весь Париж и королевский двор открыто высмеивали аббата, и вот однажды вечером, в Опере, разразился настоящий скандал.

Инструментом божественного правосудия выступил герцог де Монтозье, ужасный ханжа, который, чтобы получить завидный пост воспитателя дофина, помог Людовику XIV уложить в свою постель мадам де Монтеспан. Тем вечером аббат де Шуази появился как раз в ложе дофина, одетый в прекрасное платье из белой парчи с золотистыми цветами, в котором он выглядел... просто очаровательно. Но Монтозье совершенно того не оценил:

— Я признаю... мадам или мадемуазель, уж не знаю, как вас назвать, — гулким басом сказал он, — что вы красивы, но как вам хватает совести носить женское платье, когда вам даровали счастье родиться мужчиной? Я прошу вас выйти вон!

Скандал невозможно было замять. У Монтозье был голос бравого вояки, и его выпад услышал весь зал. Несмотря на вмешательство Филиппа Орлеанского, Франсуа гордо покинул Оперу, а затем и Париж. Вроде бы его видели в Бордо, затем утверждали, что он путешествует с театральной труппой в качестве красивой актрисы Розали. Но никаких подтверждений тому не имеется. Примерно год спустя после этого скандала в Берри появилась некая графиня де Барр и стала проживать в компании прелестного пажа в небольшой усадьбе неподалеку от Буржа. Шел 1676 год.

Неподалеку, в старинном замке Кудре-Монен, жила старая любезная мадам дю Кудре, самая увлеченная своим делом сваха из когда-либо живших на земле. Она сразу же оценила красоту графини де Барр. Более того, она увидела в ней возможность повторно женить своего старого друга, председателя Бержере, который вот-вот должен был приехать к ней в гости.

Этот человек был очень важным господином: служил первым секретарем у министра Кольбера де Круасси, да к тому же был баснословно богат. Едва он приехал в Кудре-Монен, мадам дю Кудре принялась расхваливать свою очаровательную подругу, уговаривая его зайти к ней в гости. У нее в салоне постоянно собирались лучшие представители высшего общества.

Но Бержере был искушенным парижанином, и ему хватило одного взгляда на графиню, чтобы понять, что она — не кто иной, как тот самый аббат де Шуази. Будучи человеком хорошо воспитанным, он не произнес ни слова. Но ночью он незаметно пришел к «графине», которая его тоже узнала. Франсуа встретил своего гостя в домашней одежде, не скрываясь на этот раз под женским обличьем:

— Я полагаю, вы пришли читать мне нотации? Я вас ожидал...

И действительно, Бержере попытался повлиять на молодого человека: он же был аббатом, представителем Церкви, умным, духовно и культурно развитым. Он мог бы достичь куда больших высот.

— Наконец, — добавил он, — раз уж вы так любите платья, то подумайте: нет ничего великолепнее красной кардинальской сутаны...

И он привел такие весомые аргументы, что, в конце концов, убедил аббата. Более того, тот отправился в Рим, где был созван Конклав, на котором было принято решение отправить резвого аббата в Ватикан в качестве конклависта[1] кардинала Буйонского. Там у Шуази появился вкус к политике и великим делам, к тому же он открыл в себе истинную набожность.

С того момента он отказался от глупостей, которые творил в молодости, уединился на несколько дней в Балльруа, а затем стал дипломатом. Король назначил его коадъютором[2] посла в Сиаме, где Франсуа обратил в като-

---

[1] Конклавист — лицо, допущенное на Конклав в свите кардинала-выборщика. В свою очередь, Конклав (*лат.* conclave — запертая комната) — это собрание кардиналов, созываемое после смерти папы для избрания нового папы.

[2] Коадъютор, епископ-коадъютор — католический титулярный епископ (то есть имеющий сан епископа, но не являющийся ординарием, то есть правителем, своей епархии), назначаемый Святым Престолом для осуществления специальных функций.

личество многих влиятельных людей, а затем, покрытый славой, вернулся во Францию, чтобы начать литературную деятельность. Ему мы обязаны такими произведениями, как «История Церкви», «Дневник» (о путешествии в Сиам), многими высокоморальными религиозными произведениями... и веселой «Историей графини де Барр».

Будучи в Париже по делам, в 1700 году он продал Балльруа княгине д'Аркур, но замок принадлежал ей всего несколько месяцев. Благородная, но весьма непостоянная в своих увлечениях дама уступила его внучке Мадлен де Шуази, сестры аббата, которая завещала его семейству Ля Кур. Затем замок был переоформлен в маркграфство.

В родовой замок сослали второго маркиза де Балльруа, который выступил против фаворитки короля мадам де Шатору. Воспользовавшись болезнью Людовика XV, маркиз основал производство керамических изделий во Франции и занялся строительством угольных шахт. Но то была не вечная ссылка, поэтому вскоре де Балльруа было позволено вернуться ко двору.

Затем дворец захватили революционеры, но мадам д'Эрвийи, дочери маркиза, удалось спастись благодаря собственной самоотверженности и помощи преданного врача. Он посоветовал ей обмотаться крапивой, а затем показаться палачам, заявив, что она больна заразной неизлечимой болезнью.

Что же касается нашего аббата, то он умер в Париже если и не святым, то, по меньшей мере, обретя почтение и уважение своих современников.

В 1971 году дворец купил американский бизнесмен, миллионер Малкольм Форбс. Там он гостил с Лиз Тейлор в пору ухаживания.

Часы работы

*С 15 марта по 30 июня и
с 1 сентября по 15 апреля с 10.00 до 12.00
и с 14.00 до 18.00
(закрыт по средам).
С 1 июля по 31 августа с 10.00 до 18.00.
Музей воздушных шаров и парк открыты
на протяжении всего года
(кроме среды и выходных).*

http://www.chateau-balleroy.com

Беллем
(Bellème)

Мабиль де Монтгомери, Локуста[1] из Перша

> *И для сердца сего со столь черною душой*
> *Ужасные злодеяния становились славой.*
>
> Жан де Бребёф

В наше время от Беллема остались лишь укрепленные ворота да одна башня, но и этого достаточно, чтобы представить себе графов, живших там, — полуразбойников, полустроителей. Они построили этот город на вершине холма и сделали из него крепость. И сразу из глубин веков на ум приходит последняя представительница рода, проживавшего в нем: искусительница с опасным именем Мабиль, а ведь это название ядовитого цветка!

Она не была красавицей и прекрасно об этом знала, но завораживала своими золотисто-зелеными глазами, загадочными, как у кошки, и своей пышной огненно-рыжей шевелюрой, как у льва. В то же время она была низкорослой и тучной от постоянных пиров. Кожа у нее была

---

[1] Локуста — знаменитая древнеримская отравительница, которая была казнена в 68 году н. э. Согласно легенде, она постоянно принимала небольшие дозы яда, чтобы быть неуязвимой для отравления.

пятнистого цвета, а слишком большой нос отпугивал даже тех, кого привлекала ее броская внешность.

Нужно заметить, что и характер у нее оказался под стать внешнему виду: в 15 лет юная графиня де Беллем — возможно, самая богатая и влиятельная девушка из нормандских наследниц — прибавила к жажде разрушения и редкой даже для XI века жестокости еще и коварство, страсть к обманам и жадность, которые уже с юных лет пугали ее кормилиц, подруг и даже суровых воинов, охранявших фамильные крепости.

Следует сказать, что ей было с кого брать пример: ее отец, Гийом Тальвас по прозвищу Заяц, без сомнения, был самым отъявленным мерзавцем во всей Нормандии. Наследственность давала о себе знать...

Гийом происходил из старинной бретонской семьи, решившей попытать счастья на нормандских землях. Среди его предков были и вполне достойные люди. Например, Ивон, первый из графов, был чрезвычайно умным человеком, а также хорошо разбирался в военном деле. Ему хватило удачи и смелости вырвать Ричарда I Бесстрашного из рук Людовика IV Заморского. Вознаграждение было под стать оказанной услуге: большое и богатое графство, охватывающее весь Перш и простирающееся до моря.

Гийом, его сын, получил графство Алансонское. Он был строителем и воздвиг не одну крепость: Домфор, Мортань, Алансон и, конечно же, Беллем. В крови Тальвасов всегда присутствовала скрытая тяга к насилию, а с приходом богатства проявился и вкус к еще большей власти. Вскоре Гийом Древний нажил огромное количество врагов, значительно превышающее число его замков.

В то время Нормандия была подвержена нападениям с севера, и только сила оружия и войск (которым надо было платить жалованье) могли обеспечить безопасность.

Даже сами герцоги с трудом поддерживали на своих землях подобие порядка.

Однако в войне с Робертом II Дьяволом граф был повержен, и была убита большая часть его семьи. Из четырех сыновей остался только Гийом Заяц, который заблаговременно решил держаться подальше от этой резни и, таким образом, получить огромное наследство.

Став графом де Беллем, он ощутил вседозволенность. Да и кого ему было бояться? Герцог Роберт умер в Святой земле, оставив только внебрачного сына, маленького Гийома, родившегося от его связей с Арлеттой, дочерью кожевника из Фалеза[1]. Против Гийома выступили все знатные бароны, и ему пришлось ехать во Францию и просить защиты у короля.

В один прекрасный день Заяц, уже женатый и успевший обзавестись тремя детьми, увлекся одной молоденькой девицей, у которой еще было и неплохое приданое. Не долго мучаясь, родовитый волокита пришел к выводу, что жену свою, Хильдебургу, он разлюбил и что она ему даже мешает жить...

На утро Пасхи 1042 года графиня Хильдебурга, сопровождаемая свитой и держа за руку свою десятилетнюю дочь Мабиль, отправилась в церковь на мессу. Но, не пройдя и половины пути, она была остановлена группой вооруженных воинов, разогнавших ее свиту и отпихнувших девочку к деревянным подставкам для посадки на лошадей. Когда все было окончено, графиня лежала посреди улицы в праздничном платье, задушенная собственной вуалью.

Это ужасное убийство переполошило весь город, но никто не осмелился сказать хоть слово. Только маленькая Мабиль поговорила с отцом начистоту: должна ли и она

---

[1] См. историю замка Фалез.

умереть? «Все зависит от твоего поведения, — последовал ответ, — если ты будешь любезна со своей новой матерью, все будет хорошо».

Мабиль пообещала быть «любезной», но хорошо усвоила урок: ведь отец продемонстрировал ей, как надо добиваться в жизни того, чего хочешь. И когда, пару дней спустя после смерти Хильдебурги, Тальвас женился на своей пассии, дочь убитой, как ни в чем не бывало, с улыбкой присутствовала на свадебной церемонии. Глядя на новобрачных, она пообещала себе, что за неимением красоты она постарается добыть власть и богатство. И этой цели достичь будет легко, когда она устранит отца и братьев.

Но скандальная свадьба омрачилась одним отвратительным моментом. На землях Гийома Зайца проживала семья его могущественных вассалов: звали их Жируа, и они владели замками Эшоффур, Монтрей-л'Аржийе и Шарантон. Эти самые Жируа, тоже бретонцы по происхождению, были раньше друзьями Гийома Древнего, и в своих феодах их любили настолько же сильно, насколько сильно ненавидели Тальвасов. Это была прекрасная семья! Четыре дочери и семь сыновей, один другого краше: высокого роста и со светлыми волосами, могучие всадники под стать своим великолепным першеронским лошадям. Они были богаты, ибо получили все свои земли посредством династических браков или войн. Конечно, они признавали де Беллемов своими сюзеренами, но их земли принадлежали только им самим, а Заяц сгорал от нетерпения их себе присвоить. Вот уже некоторое время Жируа преследовали несчастья. Старший сын, Эрно, был разрублен напополам, когда дрался с одним из местных дровосеков. Второй, Фульк, пал в 1040 году, убитый своим братом Робертом, защищая их общего наставника, Жилебера де Брионна, обвиненного в растрате. Предпоследний, Хьюг, погиб от случайной стрелы на конкурсе по стрельбе в мишень. Еще один сошел с ума. Осталось всего трое: безобидный и спокойный Гийом, Роберт (убийца поневоле) и Рауль, человек редких душевных качеств, с особым складом характера, который посвятил себя служению Господу и медицине. Воспитанный в аббатстве Бек-Эллуэн, он удалился в аббатство Сен-Эвруль, которое было в долгу у их семьи, чтобы продолжить там изучение способов облегчения человеческих страданий, что было редким занятием для той эпохи. Из-за коротких волос, торчащих ежиком, народ, который его обожал, дал ему прозвище «Невенчанный»[1].

Из всех Жируа Тальвас больше всего ненавидел старшего, Гийома, который считался самым богатым. Он позвал его на свою свадьбу, и простодушный Гийом подумал, что отказ обидит графа, которого и так не очень-то любили. Так Гийом попал в западню. Когда пир закончился, Заяц удалился вместе со своей невестой, оставив доверчивого Жируа на растерзание своим людям, а те отрезали ему уши, нос и оскопили с невиданной жестокостью, которую затем пытались оправдать чрезмерным опьянением. Но несчастный не умер от пыток, происходивших на глазах Мабиль (кстати говоря, та даже ощутила некое странное удовольствие от подобного зрелища).

Возвратившись к себе, Гийом Жируа скрыл свое изуродованное лицо под плотной вуалью и решил посвятить себя служению Господу. Но пока он лежал на кровати, страдая от мучений, Роберт Жируа поехал в монастырь звать своего брата Рауля на подмогу. Ведь из тех Жируа, кто мог носить оружие, остались только они двое. И Рауль обязан был помочь ему наказать Тальваса. Помолиться

---

[1] Тут я воспользуюсь случаем и посоветую прочитать замечательную книгу Ла Варанда «Доктор Невенчанный» (*прим. автора*).

можно и потом! Рауль последовал за своим братом, надев
железную кольчугу, вооружившись длинным нормандским
мечом, но отказавшись от шлема. Он решил сражаться
с непокрытой головой во имя Господа.

Братья собрали войска, и началась... не битва, а погоня.
Испугавшись их гнева, Гийом Заяц стал удирать, забрав
с собой жену и дочку, избегая боя, из которого он, очевидно, не вышел бы живым. Он бегал из замка в замок,
скрываясь там с понедельника по среду, потому что церковь запрещала сражаться в эти дни. Мабиль беспрекословно следовала за ним, погруженная в свои мысли, но
она с удовлетворением наблюдала за испугом отца перед
лицом приближающейся опасности.

Каждый раз, когда «птичка» улетала у них из-под носа,
Жируа сжигали место своего ночлега и вновь отправлялись
в путь, еще более мрачные и озлобленные... Пока однажды
к ним не подошел некий молодой человек и не дал совет:

— Чтобы поймать Тальваса, нужен другой Тальвас, —
сказал он.

Его звали Арнульф. Он был сыном Зайца, и двое братьев
и Жируа посмотрели на него с недоверием, но приняли
его помощь. Заяц снова ускользнул, но на этот раз ему
пришлось искать убежища во Франции. Он очень боялся!
Его сын, достойный отца, умер от несварения желудка,
съев целого поросенка, украденного у монахини. Из всех
наследников у него остались только Ивон, епископ Сэ,
и Мабиль.

Последняя давно вынашивала планы, как убить своего
отца. Она неплохо разбиралась в ядах благодаря урокам
некоей беллемской ведьмы, у которой она когда-то жила.
Но пока еще не настало время вернуться в Нормандию
и предъявить права на свои земли. Ситуация в стране изменилась: вышеупомянутый Вильгельм Незаконнорожденный

стал герцогом и вернулся в свои владения. В 1047 году, в Мезидоне, он победил восставших баронов и стал полновластным хозяином, начавшим править железной рукой.

Мабиль считала, что пора заключить с ним мир, потому что, в сущности, ее отец никогда и не выступал против герцога. Она посоветовала Зайцу поехать в Руан, преклонить колено перед молодым завоевателем и попросить о помощи.

Тальвас последовал ее совету и отправился в Руан, где был принят с неожиданной милостью. Герцог встретил его благожелательно, но дал понять, что вернет ему земли с одним условием: Мабиль, единственная наследница, выйдет замуж за его самого преданного помощника, «правую руку», Вильгельма Роже де Монтгомери, сеньора де Вимутье.

Гийом Тальвас и его дочь с радостью приняли это предложение: первый — из-за земель Монтгомери, которые прибавились бы к землям Жируа, а вторая — потому что в женихе ей нравилось все, вплоть до его умения пользоваться ядами. Ведь разве не с помощью Монтгомери герцог проворно избавился от своего опекуна и регента, герцога Алена Бретонского?

Свадьбу с большим размахом отпраздновали в Руане: и теперь у Мабиль, освобожденной от отцовской опеки, появилась возможность воплотить свой грандиозный план. Ее отец «каким-то чудом» пропал после одного из обильных пиров, данных молодой четой. После чего новая графиня занялась Жируа.

А у семейства-то дела были совсем плохи. Монтгомери удалось захватить часть их земель. Гийом Безухий отправился в паломничество в Святую землю, а его сын Эрно поехал на Сицилию. Рауль тоже уехал на Сицилию, чтобы учиться медицине у знаменитой Тротулы. Остался только Роберт, женатый на двоюродной сестре герцога — вот с ней-то подружилась Мабиль. И вскоре все пошло согласно плану коварной интриганки: Роберт Жируа умер после ужина, отведав яблочек, предложенных собственной женой.

Мабиль думала, что одержала победу. Земли Жируа остались практически бесхозными. Казалось — стоит лишь протянуть руку, как все будет твоим — и она готовилась к последнему решительному шагу.

Но внезапно из поездки по Италии возвратился Эрно Жируа. Он привез герцогу в подарок дорогой плащ и заключил с ним мир. Все нужно было начинать заново. Но Мабиль нельзя было так быстро сломить. Со всем изяществом, на которое она только была способна, она пригласила его на званый ужин. Безрезультатно. Наученный горьким опытом, Эрно попросил извинить его за то, что не сможет присутствовать.

Тогда талантливая интриганка нашла другую возможность. Пока Жируа готовился занять свой замок в Эшоффуре, она подарила ему бутыль свежего вина. Но он отказался его пить, ибо не испытывал жажды. Зато содержимое бутыли выпил один из его спутников... и умер тем же вечером. К несчастью, это был шурин Мабиль, Гилеберт де Монтгомери. Еще одна осечка!

Но дьявол не покинул страшную маленькую ведьму: она подкупила слугу Эрно, некоего Роже Гулафра де Ля Гулафриера, который, получив мешок золота, решил сам следить за напитками для своего господина. И Эрно все-таки отправился к праотцам, отпив «целебного» эликсира Мабиль. После него остался только один сын, который поспешил предложить свои услуги королю Франции, лишь бы держаться подальше от своей соседки.

А время шло. Герцог Вильгельм, сопровождаемый Монтгомери, отправился завоевывать Англию. На Роже и его жену как из рога изобилия посыпались почести и подарки, но Мабиль, боясь моря, предпочла остаться в своих владениях, которые она продолжала расширять при помощи различных порошков и отваров, заботливо посланных заклятым друзьям. Ее постель согревали те вассалы, которых она считала пригодными для этой миссии. Надо сказать, к великой радости ее супруга, боявшегося своей жены и отнюдь не желавшего разделять с ней ложе.

Расплата пришла не сразу, но все-таки пришла: это произошло 2 декабря 1082 года. В тот день Мабиль, верная старой привычке, искупалась в холодной реке. Освежившись, она вернулась к себе и легла в постель перед зажженным камином абсолютно нагой, потому как не имела привычки надевать на себя одежду для сна. Наступила ночь, и после обильного ужина графиня уже практически уснула. Но тут распахнулась дверь ее комнаты, и к ней ворвались трое вооруженных людей.

Мабиль не успела даже закричать: секунда — и ее голова отлетела в другой конец комнаты, отрубленная мастерским ударом меча. Сей «подвиг» совершил двоюродный брат Жируа, Хьюг де Сожеи, у которого злодейка отняла замок Ля Мотт-Иже. Вершители правосудия скрылись в ночи, хотя сын Мабиль, управлявший замком, похоже, заметил их вторжение. И он пустился в погоню, но только через несколько часов после того, как они покинули замок — просто для виду. И, конечно же, он никого не догнал.

Лишившись супруги, которую он похоронил в Троарне, Роже де Монтгомери спокойно продолжил свой жизненный путь. Тот привел его к должности вице-короля Англии и новой супруге, куда менее воинственной — вот с ней-то он и основал новый английский род Монтгомери...

Блай
(Blaye)

Этилог к великому приключению «Малыша Пьера»

> *Видимо, по воле Божьей бразды правления оказались в руках одной юной принцессы.*
>
> Шатобриан

Однажды в ноябре 1832 года жители маленького городка Блай, что в Жиронде (он стал маленьким, когда маркиз де Вобан приказал отдать часть города под строительство великолепной цитадели, возвышающейся над устьем реки и защищающей его), толпились перед зданием муниципалитета, чтобы прочитать объявление, вывешенное по приказу супрефекта:

«Жители Блая,

Начиная с сегодняшнего дня, в той самой цитадели, на которой в 1814 году развевался трехцветный флаг, будет скрыта последняя надежда монархии, бессильная и заключенная под стражу. Благодаря этому великому событию сила и долговечность закона и порядка революции получили великолепное подтверждение...»

Красивый отрывок из официальной речи, от которого веяло напыщенным революционным стилем, очевидно, был нужен для того, чтобы вызвать священный ужас у обывателей и рыбаков перед тем ужасным чудовищем, что собирались посадить в клетку за толстые стены крепости, составлявшей гордость жирондского порта. Еще немного, и вошедший в раж супрефект призвал бы увести женщин и детей и заколотить дома, стоявшие на пути конвоиров «последней надежды монархии»...

На самом деле, заключенная была низенькой дамой, чей рост едва достигал одного метра пятидесяти сантиметров, которой 8 ноября исполнялось тридцать четыре года. И, к несчастью для властей Блая, его жители слишком хорошо знали заключенную, которая заезжала в городок четыре года назад во время путешествия по западу и юго-западу Франции. Очевидно, она была не «последней надеждой монархии», а милой принцессой, Ее Высочеством мадам герцогиней Беррийской, урожденной Марией-Каролиной, принцессой Королевства Обеих Сицилий и матерью наследника французского трона, юного герцога Бордосского, так называемого «дитя чуда», потому как он родился через несколько месяцев после смерти своего отца, заколотого кинжалом на выходе из Оперы.

Несмотря на громкие титулы, жители Блая сохранили наилучшие воспоминания об этой резвой молодой женщине, любезной и непосредственной, не кичившейся своими званиями и завоевавшей сердца людей с непринужденной легкостью.

Но теперь обстановка и обстоятельства изменились. Луи-Филипп в результате Июльской революции сместил Карла X. Он приходился родным дядей герцогине, но вместе с тем был для нее узурпатором, и она предприняла поистине героические усилия, чтобы вернуть трон. Пусть и вырвав его из дядиных рук.

Кровное родство ничего не значило для нее, и она так никогда и не признала нового правителя. Единственным королем, который должен был править в этой прекрасной стране, был ее двенадцатилетний сын. Легитимисты уже называли его Генрихом V. Ради него она делала абсолютно все, принимала многие предложения и пускалась на различные авантюры вплоть до самой безумной, но героической затеи, которая привела ее, побежденную, но не сломленную, к заключению в Блае 15 ноября 1832 года.

Когда во время революции 1830 года Карла X и его семью выгнали из Тюильри, герцогиня, прозванная «Серебряной», последовала за ними в Англию, но решила там не задерживаться. Она не ладила со своей свояченицей, строгой герцогиней Ангулемской, в которой те, кто знал ее ребенком, с трудом узнавали дочь чудесной Марии-Антуанетты. Для Марии-Каролины проще было действовать, чем жаловаться и уповать на Божью помощь. Она не верила в устойчивость трона под Луи-Филиппом и 17 июня 1831 года, решившись вырвать у него корону, покинула Англию с группой верных ей людей. После нескольких злоключений она достигла Италии, где остановилась в провинции Масса-ди-Каррара у герцога Моденского. Туда из Франции ей приходили сотни писем. Легитимисты, зная о ее решимости продолжать борьбу, налегли на перья. Ее звали! В ней нуждались! Герцогине повторяли, что только Вандея до сих пор осталась верна, и только ей, Вандее, о которой та хранила так много живых воспоминаний, можно доверить судьбу претендента на престол.

Некоторые из этих писем были подписаны Шатобрианом, другие — Беррье, крупным адвокатом, который писал ей: «Поспешите приехать, иначе мы пойдем на восстание без вас...» И она приехала, думая, что Западная Франция примет ее с распростертыми объятиями и готовым войском. Она чувствовала в себе огромную решимость. Действительно, ей хватало мужества, этой невысокой женщине с храбрым сердцем, знавшей, что в то время во Франции свирепствовала эпидемия холеры. Но все-таки она приехала...

30 апреля 1832 года герцогиня Беррийская, переодетая в юнгу, сошла с небольшого корабля в Сент-Круа близ Карри-ле-Руэ в сопровождении двух или трех своих друзей, в числе которых был ее бессменный верный шталмейстер, блестящий граф де Менар. Она рассчитывала увидеть там две тысячи сторонников, но вместо этого увидела только шестьдесят человек... Да и то, одно только приближение правительственных войск разогнало их, как воробышков. Но это не поколебало решимости герцогини: едем в Вандею!

И она туда отправилась. Она шла пешком, ехала на лошадях, в карете и даже на ослах. 7 мая она прибыла в замок Плассак, что около Сента, где ее ждал горячий прием у Дампьерров. Уверенная, что за ней последует вся провинция, она наотрез отказалась слушать барона де Вилльнёва, который пытался ей объяснить, что ситуация несколько изменилась и что народ отнюдь не горит желанием драться за то, что, по сути, являлось чисто семейной ссорой: старшая ветвь спорила с младшей.

После десяти дней отдыха в Плассаке герцогиня, наконец, проникла в Вандею и достигла Монтегю, где ее встретил барон де Шаретт. Прекрасное имя для восстания: Шаретт![1] Практически — знамя! Окольными путями Шаретт провел Марию-Каролину в замок Прёйе к полков-

---

[1] Франсуа-Атанас де Шаретт де ла Контри (1763—1796) — так звали одного из предводителей Вандейского восстания и главу Католической королевской армии, которого прозвали «Вандейским королем». Он был расстрелян 29 марта 1796 года в Нанте.

нику Накару, который принял ее с уважением, но не без беспокойства, нарастающего день ото дня:

— Мадам не на что надеяться. Вандею никто не предупредил, и присутствие матери Генриха V только навлечет беду на всех нас...

Не очень приятно такое выслушивать, а что касается «матери Генриха V», то она о том вообще в тот момент не задумывалась. На войну пойдет не принцесса, на войну пойдет ее последовательница, такая же крестьянка, как и остальные, и с ней все воспрянут духом. На следующий день герцогиня переоделась в штаны из синего сукна, надела черную куртку на металлических пуговицах, желтый жилет, крестьянскую рубашку и пару башмаков. Ее светлые волосы скрыл темный парик, на который она надела шерстяную шапку.

— Вуаля! — сказала она. — Теперь я — Малыш Пьер. Вряд ли кто окажется настолько хитер, что узнает меня в этом тряпье.

Испытывая невероятный душевный подъем, она сгорала от нетерпения и делилась со всеми своим энтузиазмом. Никогда еще она так не забавлялась! К любви к приключениям примешивались увлечение театром и рискованными затеями. Вскоре у Малыша Пьера появился напарник — Малыш Поль. Это была Стилит де Керсабьек, молодая, чуть взбалмошная вандейка, душой и телом преданная герцогине. Они стали прекрасными напарниками, которым все было нипочем: ни усталость, ни плохая погода, ни опасности, подстерегающие на каждом шагу, как, например, в хижине, окруженной солдатами Луи-Филиппа, когда Малыш Пьер спокойно вышел и залпом осушил кружку сидра. Они ночевали на сене или вообще на ветках, делили хлеб и вино вместе с крестьянами. То была чудесная жизнь среди смельчаков, среди которых особенно выделялся Ашилль Гибур, молодой адвокат из Нанта. Он стал рыцарем Малыша Пьера. Они стреляли плечом к плечу, вместе проводили ночи под открытым небом...

Однако разочарования последовали одно за другим. Вандея не восстала. У города больше не было желания сражаться. Приказ о восстании, обнародованный принцессой, мог остаться пустым звуком. Мария-Каролина не понимала, что произошло! Там, в Масса-ди-Каррара, она получала охапки писем, в которых ее звали, уговаривали возглавить верные войска. Но «верных войск», о которых ей писали, так и не нашлось. Ее просто заманили в ловушку, а она попалась! Но это не может быть правдой? Как такое возможно? Они не знали?

Бедный Малыш Пьер! Бедный храбрый солдатик, готовый умереть ради своей цели! Теперь руководители восстания стали открещиваться от затеи, а легитимистский комитет в Париже охватил страх. Они отправили того самого Беррье, торопившего герцогиню на поднятие восстания. Теперь он заговорил совершенно по-другому: «Стоит лишь упомянуть шуанов[1], как все мирные жители поднимутся на борьбу с легитимистами...» Также приходили письма и от Шатобриана...

А тем временем ей предстояла неравная борьба с войсками маршала де Бурмона, выступившими из Парижа. Поддавшись панике, Малыш Пьер метался: сначала отказался от восстания, но затем вновь продолжил борьбу. Причина крылась в несгибаемой воле и храбром характере герцогини. Она сказала: «Я лучше умру на этой благородной

---

[1] Восстание шуанов было вторым крупным роялистским восстанием в революционной Франции (наравне с Вандейским восстанием). Восстание шуанов длилось с весны 1794 года по 1800 год.

земле, чем приму для себя и своей семьи участь Стюартов...» Восстание началось в ночь с 3 на 4 июня.

Выжидая удобного момента, она вела партизанскую войну. Выстрелы раздавались из всех рощ и кустов вокруг озера Гранльё. Правительственные войска имели численный перевес и устраивали все больше обысков. Какая разница? С наступлением сумерек, 3-го числа, зазвонили колокола, поднявшие малочисленные войска, собравшиеся в Медоне, что между реками Севр и Мен, где несколько дней тому назад Мария-Каролина чуть не утонула. Бурбонскому войску понадобилось всего четверть часа, чтобы разогнать восставших. Отряд Шаретта вышел из боя и бросился в сторону деревушки Шен. Сам Шаретт думал только о том, как бы спасти от гибели Малыша Пьера, который пропал посреди ночи вместе с Ашиллем Гибуром — тот был схвачен чуть позже и отправлен в нантскую тюрьму.

Единственное сражение (зато героическое) произошло в поместье Ля Пениссьер. В ночь, 5-го числа, шестьдесят человек под командованием четырех братьев де Жирарденов, Атанаса де Гинфолля и Луи де Шеврёза были окружены. Сражались они стойко. Тогда их решили выкурить, как лису из норы. На крышу поместья кинули зажигательную смесь. Вокруг восставших все вспыхнуло, но они продолжили сражаться, напевая *Miserere* Григорио Аллегри. Некоторые смогли добраться до выхода, но восемь человек решили остаться до конца и биться за честь белого флага с лилиями.

Когда выстрелы прекратились и воцарилась тишина, войска удалились, оставив поместье догорать. Защитники больше не могли оставаться посреди всего этого пекла. Они все обгорели, но были еще живы. Они вышли на воздух и скрылись в ночи, бросившись в первую же реку.

А что же Малыш Пьер? На следующий день после боя при Шен Мария-Каролина пряталась в грязной канаве, пока на дороге не стало свободно. Она решила прекратить сражение в деревне, которое могло повлечь еще больше смертей, но вообще от борьбы она не отказалась. Она отправилась в Нант, чтобы найти там убежище. Оттуда она вела переписку с правителями других государств, приходившимися ей братьями или двоюродными сестрами. С их помощью она планировала раздуть затухающее пламя и выжидать, пока трон под Луи-Филиппом не пошатнется. Да где же это видано, чтобы король ходил с зонтиком вместо скипетра?

Не без сожаления она сняла с себя одежду Малыша Пьера и перевоплотилась в крестьянку: чепец, фартук и башмаки. Мадемуазель де Керсабьек все еще сопровождала ее, переодевшись в такую же одежду. Они взяли корзинки с овощами и пешком направились в Нант на ярмарку. То было 6 июня. Стояла хорошая погода, и Мария-Каролина согласилась погулять немного по городу, перед тем как пойти в убежище, которое она уже не смогла бы покинуть. Грызя яблоко, герцогиня читала листовки со своим описанием, что ее очень забавляло. Затем она скрылась в доме № 3 по улице От-дю-Шато.

Там обитали две старые девы дю Гини, чье богатство заключалось скорее в благородных корнях (их история начиналась аж с XIV века), чем в деньгах. Они были ярыми и страстными легитимистками с благородными сердцами. Барбе д'Оревилли в своей книге «Шевалье Детуш» описывал женщин такого типа — честных, храбрых и умеющих вовремя промолчать — на примере мадемуазель де Перси и мадемуазель де Туффедели. Таковыми были и дамы дю Гини, особенно старшая из них по имени Полина. Невзирая на опасность, которую представляла собой герцогиня, они без размышлений помогли ей. У них уже был один опасный постоялец: арестованный Ашилль Гибур, которому удалось сбежать из нантской тюрьмы и направиться к дю Гини, опередив герцогиню. Следует сказать, что он был «очень привязан» к бывшему Малышу Пьеру. И это искреннее чувство воздастся, как только откроется продолжение этой истории. Двери дю Гини были распахнуты для Марии-Каролины благодаря ему...

Герцогиня расположилась на четвертом этаже дома вместе с мадемуазель де Керсабьек. Они жили на скудно обставленной мансарде, в которой, однако, находился интересный камин. За его фасадом открывалось потайное отделение, если нажать специальный рычаг. Обедали все на третьем этаже. Герцогиня прекрасно чувствовала себя в этом приветливом доме. Ее однообразные будни скрашивали Стилит со своей сестрой Юлали, добряк Менар... И милый Гибур! Она незамедлительно возобновила переписку с Европой, и вскоре к ней возвратились храбрость и упорство.

А Париж тем временем беспокоился, даже нервничал. Тьер занял должность министра внутренних дел и хотел отметить сие событие поимкой герцогини Беррийской. Он нашел нужного человека: некоего Симона Дётца, еврея, перешедшего в католицизм. Герцогиня познакомилась с ним еще в Масса-ди-Каррара, где он представился ей как доверенное лицо римского папы. Папы, который никогда ничего ему не доверял. Но, не подозревая об этой детали, Мария-Каролина открыла ему свои планы. За пособничество он запросил у министра кругленькую сумму в 500 000 франков!

Тьер скривился от неудовольствия: даже Иуда запросил меньше. Но цель оправдывала средства, и Дётц должен был получить свои деньги после поимки герцогини. Он был уверен в успехе и поехал в Нант в сопровождении нового префекта.

31 октября еврей был принят герцогиней, которой он якобы «привез вести из Португалии». Вторая встреча была назначена на 6 ноября. Дётц приехал к четырем, пробыл у нее час и удалился, когда приметил, что стол был накрыт на шесть персон и что Мария-Каролина собиралась ужинать вместе со всеми. Этим вечером должна была приехать и баронесса де Шаретт.

К половине шестого все собрались за столом и мило болтали, глядя на тихо опускающиеся сумерки. Гибур, стоявший у окна, внезапно заметил блеск штыков и понял, что дом окружен войсками. Все тут же поднялись на третий этаж и открыли потайное отделение камина. Первыми зашли Менар и Гибур, за ними — герцогиня и Стилит. Время пришло, и солдаты захватили дом. Обыскав все, но не найдя ничего, они принялись обстукивать стены. Безуспешно. Тогда большинство солдат ушло, оставив стражников во всех комнатах. Два жандарма расположились на мансарде, где прятались беглецы. Так как ночь была промозглой, они решили развести огонь при помощи бумаги — к смятению пленников камина. Но, к счастью, огонь затух. Солдаты не нашли способа поддержать огонь, и свежий воздух приободрил скрывающихся.

Но следующим утром опять было холодно, и жандармы снова начали разводить огонь. На этот раз им удалось его поддержать. Плитка, покрывающая камин, стала обжигающе горячей. Низ платьев воспламенился, и дым охватил узкое пространство. И тогда Мария-Каролина решилась...

По ее приказу Менар и Гибур открыли потайную дверцу. Огонь был тут же затушен, и изумленные жандармы увидели покрытую пылью маленькую женщину в подпаленном платье, выползшую на четвереньках из камина. Она сказала им:

— Я — герцогиня Беррийская. Вы — французы и военные. Я полагаюсь на вашу милость...

И она беззлобно улыбнулась им. Она даже не выглядела уставшей после шестнадцати часов кошмара. Час спустя она покинула дом дю Гини и направилась в тюрьму Нанта в сопровождении генерала Дермонкура. Дётц заработал свои деньги, которые ему, как говорят, передали щипцами. Вдобавок он был заклеймен негодовавшим Виктором Гюго:

Видно, тебе неведомо, несчастный,
Что ссылка не всегда прекрасна.
Нельзя бить в грудь, что дает молоко.
Дочь королей не может стать слугой легко,
Встав на колени, словно кем-то так завещано,
Не королева пусть она теперь, но всегда — женщина...

Приключение Малыша Пьера подошло к концу. Теперь настало время платить по счетам.

Глубокой ночью, 15 ноября, корабль, перевозивший герцогиню Беррийскую и ее двух последних спутников, Менара и мадемуазель де Керсабьек, бросил якорь в Жиронде. Генерал Жанен и его адъютант направились в лодке им навстречу, чтобы принять пленников, которых с момента отплытия из Нанта сопровождал полковник Шуссери со своим адъютантом, которого звали... Птипьер[1]. Вот такая прихоть судьбы!

Но история еще не закончилась. Несколько месяцев спустя генерал Бюжо, охранявший герцогиню, заметил, что ее талия постепенно начала утолщаться. Да, у нее был

---

[1] Птипьер (*франц. Petit Pierre*) означает «Малыш Пьер».

прекрасный аппетит, но все же! И ему пришлось констатировать невероятную вещь: она была беременна! Но от кого?

Герцогиня объявила о тайном браке, совершенном в Италии, но имени мужа не назвала.

Правительство Луи-Филиппа могло замять скандал, но оно и пальцем не пошевелило. Наоборот, нужно было дать этой новости, осмеивавшей Бурбонов, как можно более широкий резонанс в обществе. Нужно было застыдить храброго «Малыша Пьера». Чем больше грязи на его репутации, тем лучше!

С этого момента за герцогиней был установлен постоянный надзор. Генерал Бюжо ложился спать практически перед ее дверью и лично присутствовал при родах 10 мая 1833 года. Родилась девочка, которую окрестили Анной-Марией-Розалией.

Тем не менее сторонники герцогини, пораженные таким известием, принялись искать выход из ситуации. И они его нашли: она сказала, что тайно вышла замуж... Значит, надо привести супруга. Супругом оказался граф Эктор Луккези-Пали из княжеского рода Кастель-Франко, который часто навещал ее в Масса-ди-Каррара. И вот одним прекрасным днем двери крепости открылись перед ней, ныне мадам Луккези-Пали, за которой приехал ее «супруг» и которая более не представляла опасности для власти.

Но герцогине не удалось никого одурачить! Ребенок был зачат во время пребывания в Нанте, а Луккези-Пали на тот момент находился в Голландии. Зато рядом с ней был Ашилль Гибур, молодой, красивый, очаровательный мужчина, страстно влюбленный в герцогиню «Серебряную»... и своего милого боевого товарища.

Она не могла выйти за него... и они больше никогда не виделись.

*На сегодняшний день цитадель Вобана
является мировым достоянием ЮНЕСКО.
Летом посетите подземелья цитадели,
чтобы оценить гений ее строителей.
О расписании работы цитадели справки
лучше наводить в туристическом бюро
по телефону: 05 57 42 12 09.*

Бонневаль
(Bonneval)

Приключения Бонневаля-паши

Не гляди на белизну тюрбана,
Может, мыло взяли в долг.

Турецкая пословица

Не каждому из смертных дарован талант ссориться со всеми и повсюду, создавая себе одни лишь неприятности. Но он был одним из избранных: у Клода-Александра де Бонневаля, младшего представителя одного из самых благородных и могущественных семейств Лимузена, этот любопытный талант граничил с гениальностью. Кроме того, он был вспыльчив и порой даже свиреп, а также сказочно горд. Гордость его, однако, была не так заметна, потому что юный Бонневаль был весьма обаятелен.

Он был достаточно красив, а также «очень умен, начитан, красноречив, остроумен и изящен». Но вместе с тем Бонневаль был «прохвостом, ужасным распутником, жуликом и мошенником». Оба этих описания даны мемуаристом де Сен-Симоном, и мой дорогой читатель сам может сделать собственные выводы о том, каким на самом деле был этот человек.

Клод-Александр родился в великолепном замке, построенном Эмериком де Бонневалем и его женой Сибиллой де Комборн в 1675 году. Их потомки сумели сохранить в поместье прелесть Средневековья и оставить интерьер замка практически нетронутым с XIV века, сделав замок более удобным для проживания. В славном роду Клода-Александра имелись такие личности, как Вильгельм де Бонневаль, участвовавший в Крестовом походе 1248 года, и Жермен де Бонневаль, один из семи храбрецов, сражавшихся в битве при Форново и переодевшихся в одежду короля Карла VIII. Жермен умер в Павии, защищая Франциска I. В роду Клода-Александра были короли Наварры и виконты Лиможа. Среди его предков также были первые бароны-христиане; они получили право называться родственниками короля. Все его предки славились исключительной храбростью, каждый Бонневаль выделялся своей статью и отвагой.

Карьера Клода-Александра началась в 1685 году, по достижении десяти лет. Будучи еще маленьким мальчиком, он поступил на службу в королевский флот в качестве гардемарина. Нет, я не ошиблась: именно поступил. Никто его к этому не принуждал. А он считал, что начинать карьеру никогда не рано. Его родство с господином де Турвиллем довершило начатое и мгновенно определило его судьбу: он станет моряком!

Причем моряком отъявленным! То есть одним из тех, от кого можно ожидать самого отважного героизма и полного самопожертвования и кто не имеет ни малейшего представления о дисциплине: храбрым до безумия, но ни перед кем не преклоняющим колени.

В тринадцать лет этого мальчишку пожелал видеть министр Сенеле, сын Великого Кольбера, и отругал его как следует, пригрозив отправить домой. На что будущий легендарный полководец ответил не менее легендарной фразой:

— Нельзя сломить людей из рода Боннsvalей!

Сенеле умел оценивать людей по достоинству. Ему понравился дерзкий ответ. Он улыбнулся этому несгибаемому мальчишке, чьи глаза с вызовом глядели на него, и сказал:

— Король может сломить гардемарина, но может сделать его и корабельным прапорщиком[1], месье!

Восхищенный ответом, Клод-Александр вернулся к службе, так и не решив, а что же все-таки лучше: быть убитым ради такого великого короля или дослужиться до адмирала... Но некоторое время спустя он попал на новый корабль и поссорился там с лейтенантом, дурно обращавшимся с подчиненными. Клод-Александр дал ему пощечину, вызвал на дуэль и убил. И хотя для своего возраста он совершил настоящий подвиг, последствия этого происшествия были весьма серьезны: Бонневалю пришлось оставить службу на флоте.

Но он ни о чем не сожалел. Дисциплина ему решительно надоела, и он чувствовал себя прирожденным командиром. Но вот как им стать?

Как и все Бонневали, что жили раньше, жили тогда и будут жить после, он был рожден воином. Когда началась война за испанское наследство, Клод-Александр убедил отца выделить под его командование полк и уехал воевать. И действительно, он нашел свое настоящее призвание, ибо, несмотря на природную вспыльчивость, сочетал в себе талант стратега и воспитателя. Он так великолепно проявил себя под Вильруа и под Катина, что слухи о нем дошли до стана врагов, и ему аплодировал сам принц Евгений Савойский. Безусловно, в будущем юного капитана ждало звание маршала Франции.

---

[1] Корабельный прапорщик (*франц.* Enseigne de vaisseau) — то же, что и мичман. Это звание было в употреблении на флоте в XVII—XVIII веках.

Но не все так просто! На поведение солдат на войне у него были свои взгляды: так, например, грабеж был для него совершенно нормальным явлением, как и взимание дополнительных денег с местного населения, удостоившегося чести принимать его войско. Долго такое поведение терпеть не стали, и после того, как он в очередной раз доставил множество неприятностей пьемонтцам, его вызвали к министру.

На сей раз военным министром был маркиз де Шамийяр, получивший этот пост по воле мадам де Ментенон скорее за свою усидчивость на мессе, чем за воинский талант. И он подтвердил свою репутацию на деле, показав полное непонимание военного ремесла. А что касается нашей горячей головы, то тут он отдал поистине безрассудный приказ: следовало «изъять все, что он (Бонневаль) мог иметь (в качестве содержания), в ожидании того времени, когда появится возможность выплатить ему остаток». Для молодого человека это означало прозябание в нищете, — правда, ненадолго. Сам же Шамийяр, сын одного «судейского крючка» из Руана, сделал свою карьеру в магистратуре и свой титул маркиза носил как трофей. «Громкое имя» и статус совершенно не произвели впечатления на Клода-Александра. Между ними последовал обмен очень язвительными письмами.

Получив последнее министерское послание, Бонневаль покраснел от ярости. Неужели Шамийяр хочет сказать, что он «недостаточно благороден, чтобы собирать налог с подданных и вручать подарки королю»? И король сделал вид, что согласен с этим оскорбительным заявлением? То есть он не сделал ничего, чтобы защитить честь лучшего дворянина Франции от чиновничьих глупостей? Оскорбленный Клод-Александр незамедлительно взялся за перо и начал писать:

«Если в ближайшие три месяца я не получу должной сатисфакции по вашему оскорблению, то поеду на службу к тому императору, у которого министры знают, как справляться со своими обязанностями и как обращаться с равными себе».

Естественно, Шамийяр отказался принять такие условия, и в марте 1706 года Бонневаль перешел на сторону Австрии со всеми войсками и пожитками, не испытывая ни малейшего сожаления. Горевать должен был король, а не его слуга!

К несчастью, уехал Клод-Александр не один. Кто из финансовых соображений, кто из-за личной неприязни к руководству, а кто просто не поделив чего-то с министром, но факт остается фактом — за ним последовали и другие командиры.

При дворе австрийского императора Иосифа I их приняли со всеми должными почестями. Принц Евгений, свидетель того, на что способен этот «дьявол» на поле боя, выразил Бонневалю свое полное расположение и подарил генеральское звание.

Новоиспеченный генерал проявил себя в Италии, во Фландрии, в Альпах и в Венгрии. В Боснии, под Петроварадином, он получил тяжелейшее ранение в живот, и все думали, что он очень скоро отправится в мир иной. Но он держался. Словно сделанный из железа, Клод-Александр не дал душе оставить тело. Каким-то образом он выздоровел, но всю оставшуюся жизнь ему пришлось носить серебряную дощечку, поддерживавшую его внутренности.

Он стал знаменит, его считали настоящим кудесником. Во Франции тем временем скончался Людовик XIV, и новый регент посчитал, что необходимо вернуть на родину человека таких выдающихся качеств. С помощью другого выходца из Лимузена, кардинала Дюбуа, регент дал знать

Бонневалю, что его приговор может быть пересмотрен, если тот согласится вернуться во Францию.

Да-да, будучи дезертиром, генерал австрийской армии Бонневаль был заочно приговорен к смерти и даже «казнен» на Гревской площади, к великому разочарованию местных зевак, которым уже надоели казни без непосредственного участия самих осужденных.

Несмотря ни на что, Бонневаль был счастлив вернуться домой. Он попросил отставки у Карла VI, правящего императора, и вернулся в Версаль выяснить, что же Регентский совет думает о нем. Он был принят с распростертыми объятиями абсолютным большинством. Лишь некоторые ворчуны вроде Сен-Симона состроили кислую мину. Мемуарист никак не мог понять, каким таким чудом аристократ, предавший двух правителей, смог так легко превратиться в героя.

Как уже было сказано, ему простили все. Блудного сына вернули в фамильный замок, где семья захотела усмирить его путем женитьбы: это была довольно заманчивая идея, ибо Клод-Александр всегда был неравнодушен к женщинам. В его жизни по важности они занимали третье место после еды и выпивки. Так почему бы и не жениться?

Для этого сорокадвухлетнего головореза выбрали невесту из благородной семьи, наделенную милым личиком и сердцем, полным нежности, с хорошим приданым и очень молодую. Звали ее Юдит де Бирон. Она была дочерью генерал-лейтенанта герцога де Бирона. И невозможно было найти невесту благородней для продолжения древнего рода. Доверившись мнению родственников, Клод-Александр в первый раз согласился прислушаться к совету своего старшего брата и женился.

На великолепной свадьбе в замке каждый мог видеть радость в глазах маленькой невесты, влюбившейся с первого взгляда в генерала, которого товарищи прозвали «Серебряным животом». Бедняжка искренне полагала, что этот радостный день ознаменует собой череду долгих счастливых лет, может быть, иногда и печальных, как и полагается жене солдата, но зато окрашенных появлением многочисленных детишек.

Но увы! Через десять дней после свадьбы новоиспеченный жених понял, что семейная жизнь представляет для него столь же малый интерес, как и служба Франции. Незаметно для всех, ни с кем не попрощавшись, он собрал вещи, сел на лошадь и уехал обратно в Австрию.

Десять дней замужней жизни вместо долгих лет брака! Юдит залилась горькими слезами, отказываясь верить в такой печальный конец ее супружеской жизни. Да, ее супруг уехал... но он же вернется; и к тому же она надеялась на его рассудительность, которая уж точно приведет его обратно. Долго еще у девушки будет теплиться такая надежда, долго еще молодая жена будет отказываться поверить в то, что ее герой мог поступить так отвратительно: предательски бросить свою суженую и во второй раз сбежать из родной страны, которая его так великодушно простила.

И она принялась писать ему и писала в течение долгих лет. Так началась безответная любовная переписка, прекратившаяся только незадолго до смерти Юдит. Супруг ни разу ей не ответил. А ведь в ее письмах было столько нежности, столько благородства:

«Месье, я понимаю, что вы мной пренебрегли. Со временем мне удалось приспособиться к вашим прихотям, и я думаю, что вы предпочитаете любить, сохраняя молчание. Но следовало меня предупредить до замужества, чтобы это не стало для меня такой поразительной неожиданностью».

Бедная Юдит, она не могла себе даже представить, что ее супруг был попросту неспособен на такие мысли и чувства. И постепенно она привыкла получать о нем вести с полей сражений.

Клод-Александр прославил себя под Белградом, и Юдит ликовала, будучи счастлива от того, что считается супругой такого великого героя. И она продолжала посылать ему письма, не получая ответов. Однажды она все же написала ему:

«Я прошу вас всего лишь напоминать раз в неделю вашему лакею, что у вас есть любящая жена и что она просит сообщать ей, что вы живы и находитесь в добром здравии».

Разве можно выразить свои чувства трогательнее, чем в этом письме? Боневаль приказал своему лакею передавать ей новости о себе, и вскоре у Юдит возникло нечто вроде диалога по переписке со слугой мужа. Каждый из них говорил о третьем лице, как верующие говорят о Боге.

А их кумир тем временем оставался верен своим принципам. Слишком долго находился он в хороших отношениях с принцем Евгением. Конечно, так не могло продолжаться вечно, и Боневаль, язвительный болтун, допустил серьезную ошибку, посмеявшись над особыми вкусами своего командира: приняв достаточную дозу алкоголя, он сказал, что в Париже Евгения Савойского называли «Мадам». И даже подчеркнул:

«Это потому, что он часто бывал дамой для молодых людей».

Смех смехом, а скандал разразился немаленький. Чтобы избежать гнева принца и имперской полиции, Боневалю не оставалось ничего, как ретироваться в спешке и искать убежища в Брюсселе.

Однако он там почти не задержался, потому что вскоре нашел новое приключение: на этот раз оно было связано с именем королевы Испании Луизы-Елизаветы Орлеанской, которую король застал с маркизом д'Эзо. Как ни странно, в этой истории Бонневаль выступил в неожиданной роли. Он не распускал язык, а был возмущен клеветой в адрес принцессы французских кровей, дочери «его друга» регента. Виновницей конфликта оказалась маркиза де При, супруга одного из фаворитов принца Евгения. И Бонневаль, не написавший ни единой строчки жене, бросился к перу и начал метать гром и молнии: «Мужчины, пускающие подобные слухи, — мерзавцы и мошенники, а женщины — путаны и потаскушки, заслуживающие того, чтобы им отрезали юбки по самую задницу, ибо недостойно порочить репутацию славной принцессы из старинного французского семейства».

И, дабы его послание не прошло незамеченным, Бонневаль стал говорить свое мнение каждому, кто только был готов его выслушать. Но никто его пыла не оценил. И в первую очередь сам император: он нашел странным, что закоренелый перебежчик отстаивал честь и пел дифирамбы тем, от кого сбежал. На что Бонневаль ответил ему письмом от 30 августа 1724 года, в котором напомнил, что император имел честь состоять в родстве с королем Франции через дома де Фуа и д'Альбре, а также, что ему следовало бы защищать честь уважаемого регента, его друга и друга его семьи.

Император этого высказывания тоже не оценил и, подталкиваемый принцем Евгением и мадам де При, приказал арестовать наглеца и отправить его в крепость Антверпена — подумать о своем поведении. Если он надеялся утихомирить Клода-Александра, то он ошибся; никогда еще Бонневаль не писал столько писем. Он осыпал Его Величество своими посланиями, в которых недвусмысленно намекал своему августейшему собеседнику, что тот с такой добротой правил Австрией, являющейся на самом деле империей дураков, представленных в первую очередь маркизом де При.

Вконец замученный Карл VI перенаправил высокородного заключенного из Антверпена в Моравию, в крепость Шпильберг. Как ни странно, туда его отправили совсем без сопровождения. И Бонневаль воспользовался этим, чтобы устроить себе небольшой отпуск: он вернулся в Австрию, дабы навестить одну амстердамскую красавицу. По пути доставил себе удовольствие: послал последнее письмо принцу Евгению, в котором назвал его преступником и обвинил в неблагодарном отношении к своему лучшему генералу, а в конце послания вызывал на дуэль.

Неудивительно, что по прибытии в Вену он был задержан и затем предстал перед трибуналом, приговорившим его к году заключения в Шпильберге.

Он переносил свое наказание с такой беззаботностью, что очень скоро стал другом коменданта крепости, с которым часто играл в шахматы. Тот рассказывал ему любопытные истории про сражения против турок, о которых у него остались самые лучшие воспоминания. Выйдя на свободу, Бонневаль решил, что Восток мог бы предоставить ему немало выгод.

Он распрощался с Австрией и прибыл в Венецию, где вел праздную жизнь, но поспешил оттуда уехать, чтобы избежать пленения австрийцами: принц Евгений, нашедший его наказание слишком мягким, пожелал вновь поместить повесу под стражу. И Бонневаль сразу отправился в Константинополь, дабы предложить свои услуги султану.

Махмуд принял его с распростертыми объятиями, доверил ему командование артиллерией, окрестил его Ахмет-пашой и побудил обратиться в ислам.

Во Франции эта новость была воспринята с ужасом. Вольтер же, услышав про очередные распри между султаном и его новым подчиненным, которого отправили в Среднюю Азию подумать над своим поведением, иронически написал: «Что меня удивляет, так это то, что, будучи сосланным в Среднюю Азию, он не стал служить персидскому государю, чтобы затем направиться в Китай, дабы и там успешно рассориться со всеми министрами».

А что же Юдит? Новость о том, что ее дражайший супруг вновь изменил родине, стала тяжким ударом для графини. Она, наконец, поняла, что Клод-Александр — человек, окончательно потерянный для нее и Франции. После этого она перестала ему писать. Четыре года спустя, зимой 1741 года, она скончалась. А вместе с ней угасла и ветвь рода Бонневалей.

Как ни странно, но прекращение этой нескончаемой переписки поразило Ахмет-пашу. Но еще больше его поразила смерть Юдит. В вечер, когда пришло извести о ее смерти, за ужином он стал рыдать, слушая лимузенскую мелодию. Тогда он снова взялся за перо, но теперь чтобы написать своему старшему брату. Он был обеспокоен тем, что происходило у него на родине, и обеспокоен весьма сильно.

«Попробуйте найти неаполитанский фрегат и приезжайте в Рим, — ответил маркиз. — Там вы получите мир с Богом и обретете покой. А дальше — посмотрим».

Но было уже поздно. Бонневалю-паше было семьдесят два года, и пристрастие к вину сыграло с ним злую шутку: он посетил Казанову в его «библиотеке», составленной из лучших вин, и в июле 1747 года скончался на берегах Босфора, так и не увидев свою страну и верную Юдит. Однако важно отметить, что он пользовался доверием султана, делал это в пользу Франции и, возможно, тем самым принес большую пользу своей родине.

Замок Бонневаль остался собственностью его семьи, последним представителем которой был генерал де Бонневаль, который до самой своей смерти был безгранично предан генералу де Голлю. Личность этого офицера, тенью сопровождавшего генерала и защищавшего его, надолго останется в памяти французов.

Часы работы
Июнь и сентябрь с 14.30 до 18.00.
Июль и август с 14.30 до 19.00.
_Знаменитое светозвуковое представление
проводится в первые выходные августа._

http://www.bonneval.com.br/index.html

Буиль
(Le Bouilh)
Маркиза-фермерша

Я хотела бы обладать знаниями,
полезными в любых случаях жизни.

Маркиза де Ля Тур
дю Пен-Гуверне

Нужно обладать большой храбростью и настоящей верой в светлое будущее, чтобы начать строительство замка в 1787 году, то есть за два года до Великой французской революции, все признаки которой были уже налицо. Но именно так и поступил Жан-Фредерик, маркиз де Ля Тур дю Пен-Гуверне, когда нанял архитектора Виктора Луи для постройки Буиля. Он должен был стать громадным замком, но в 1789 году Людовик XVI доверил маркизу пост министра обороны, и тому пришлось остановить работы: он не хотел, чтобы подумали, будто он тратит средства министерства на личные цели. Этим поступком он заслужил восхищение своей невестки.

Кстати, поговорим о ней, потому что эта благородная дама того достойна и потому что ей было суждено полюбить этот замок, состоящий всего лишь из жилого корпуса и нижнего крыла.

Генриетта-Люси Дийон принадлежала к очень древнему роду с ирландскими корнями. Ее детство не было счастливым: мать умерла в 1782 году, когда Генриетте-Люси было двенадцать лет, а отец, командир полка, находился тогда в Америке, где он сражался вместе с адмиралом д'Эстеном в Войне за независимость. Она жила у бабушки в замке Отфонтен, что около Суассона, и была, по меньшей мере, несчастна, ибо бабушкин характер она описывала так:

«Моя бабушка была черезвычайно спесива, зла и порой даже впадала в ярость...»

Мадам де Рот на самом деле была женщиной жадной, сварливой, презрительной и завистливой. Она никогда не делала добра для своей внучки, скорее наоборот. Имелся также двоюродный дедушка, архиепископ Нарбоннский, Ришар-Артур Дийон, председатель Генеральных Штатов Лангедока, придворный прелат, красивый, дородный, добрый и любезный. Но интересовался он прежде всего охотой, женщинами и лошадьми, а не религией; поэтому и умер в разорении[1]. Только он был приветлив по отношению к юной Люси и колотил ее реже остальных.

Девочка хотела бы покинуть этот ад, и единственным выходом тут могла быть свадьба. Но на это нужно было согласие бабушки... Прибыв как-то с визитом во Францию с американского континента, ставшего для него родным домом, ее отец отметил некоего молодого человека из рода де Ля Тур дю Пен-Гуверне. Он встретил его на службе в Америке и посчитал, что тот мог бы стать возможным женихом. Но мадам де Рот пришла в ярость: что это еще за безумие такое? Она знала этого юнца, и он «был хилым и обездоленным, к тому же в долгах как в шелках!» И речи не могло быть о том, чтобы выдать за него Люси!

---

[1] См. историю замка Багатель. Книга Жюльетты Бенцони «Французская лилия».

Каждый год мадам де Рот и ее внучка сопровождали архиепископа в поездках в Лангедок, где он председательствовал на заседаниях Генеральных Штатов и получал свои доходы. Путешествия проходили с пышностью, без которой он не мог обойтись. Люси любила эти поездки, для нее это был своего рода побег от повседневной жизни. И одна из них изменила ее судьбу.

В 1785 году они возвращались из Нарбонна проездом через Бордо. И вот однажды парикмахер Люси, уложив ей волосы, испросил ее позволения отправиться на ужин в замок Буиль — тот, который существовал еще до построек де Ля Тур дю Пена. Парикмахер работал там когда-то, и у него осталось в замке несколько хороших друзей. Он должен был присоединиться к кортежу на следующий день у Кюбзака, когда тот будет проезжать через Дордонь.

Люси согласилась, но расспросила его о хозяине замка. Она поняла, что речь шла об отце того самого молодого человека, о котором она слышала один раз, один-единственный раз. Весь тот вечер она провела в мечтах. Она хотела бы полюбоваться замком, но это было невозможно. Зато, переезжая через реку, она увидела окрестности замка, превосходные поля и леса. И Люси пожалела, что ее бабушка воспротивилась браку, который позволил бы ей жить в этом замечательном месте.

Она пожалела вдвойне, когда по приезде в Париж ей предложили блестящую партию: герцога де Бирона, которому было... восемьдесят пять лет! Люси, в первый раз проявив свой энергичный характер, который всегда у нее присутствовал, наотрез отказалась. Никто не посмел заставить ее выйти замуж. Она отказалась и от многих других женихов. Ей нравился только один — тот самый молодой человек, которого она никогда не видела, но который, как ей казалось, сделал бы ее счастливой. И вдруг в 1786 году случилось чудо: мадам де Рот сообщила внучке, что де Ля Тур дю Пен снова попросил ее руки для сына. Теперь он был уже маршалом, и сама королева Франции изъявляла желание, чтобы этот брак был заключен.

— Подумайте и скажите свое решение!

— Но, мадам, я уже решилась, — ответила Люси. — Я о большем и мечтать не могла!

Этот ответ совершенно не понравился бабушке, которая напоследок решила отыграться на внучке, и начала делать ей колкие замечания. Но Люси держалась молодцом. Она хотела выйти замуж за «господина де Гуверне» и ни за кого более.

Однако потенциальной невесте предстояло подождать еще несколько месяцев, прежде чем она увидела человека, о котором так долго мечтала. В тот день, когда он должен был сделать ей официальное предложение и привезти разрешение своего отца, она спряталась за занавеской, чтобы увидеть, как он выходит из кареты. Поездка в Буиль за этим разрешением у него заняла восемь дней.

«Я вовсе не нашла его уродом, как мне о том сообщали. Он хорошо сложен, и у него решительный вид. Он мне понравился с первого взгляда!»

21 мая 1787 года они поженились в замке Монфермей, недалеко от Парижа. Эта свадьба, результат семейного соглашения, союз двух незнакомых людей, стала началом очень нежного и весьма крепкого брака.

Сначала молодожены жили в Версале, где у Люси, поселившейся со своим мужем на территории министерства обороны, в красивом доме жил ее тесть, к которому она испытывала настоящую привязанность. Но вот пришли смутные времена. Люси видела, как в октябре 1789 года народ захватил Версаль. Она избежала смерти и присутствовала при отъезде королевской семьи. Именно ее супругу Людовик XVI поручил следить за роскошным зданием, которого он сам больше никогда не увидит.

— Постарайтесь спасти мой бедный Версаль! — сказал он ему.

Невыполнимая задача, но де Ля Тур дю Пен все же постарался ее выполнить. Однако когда ситуация стала неуправляемой, тесть Люси ушел в отставку. А она тем временем родила сына... Очень скоро им всем пришлось прятаться...

После смерти короля маркиз уговорил чету укрыться в Буиле, и 1 апреля 1793 года они отправились в путь. В новом замке они прожили несколько месяцев в спокойствии и даже были счастливы. Вновь беременная Люси шила и занималась домом. С детства она училась тому, что должна была уметь хорошая хозяйка. Ее муж читал книги из библиотеки отца. Они жили практически одни, не считая нескольких слуг... Но так продолжалось недолго. Революция привела в Бордо комиссара Талльена. И стало весьма небезопасно. К счастью, у Талльена была любовница, бывшая маркиза де Фонтене, красавица Тереза, которой суждено было вскоре стать его женой. Благодаря ей чета де Ля Тур дю Пен смогла уехать в Америку — с двумя детьми и другом, господином де Шамбо.

9 марта 1794 года они поднялись на борт «Дианы» и отправились в Бостон. Уже по прибытии они узнали, что маршалу де Ля Тур дю Пену отрубили голову. Он выступал свидетелем со стороны королевы на судебном процессе и пылко ее защищал. В результате маршал был гильотинирован 28 апреля. Это было настоящее горе!

Надо было как-то выживать, и молодая чета купила небольшую ферму рядом с Олбани. Люси очень понравилось в Америке — она не боялась никакой работы. В уходе по дому ей помогала чернокожая рабыня, но она сама ухаживала за скотом, пряла лен, пеньку и взбивала масло от восьми коров, которое затем продавала на рынке. Она приспособилась к крестьянской одежде: «синяя юбка в черную полоску из льна, короткая рубашка из хлопка, цветной платок, волосы, разделенные на пробор и забранные гребнем...» Совершенно не похоже на шелковый белый наряд, с украшениями из серебра и бриллиантов, в котором Люси не так давно делала реверансы перед королем и королевой!

Такая жизнь ей была по душе. Новости из Франции они получали от приезжавших друзей: господина де Талейрана и других.

Став образцовой фермершей, Люси совершенно не скучала по Франции. И когда в начале 1796 года они получили письмо с приглашением восстановить права на свое имущество, потому что не были включены в список эмигрантов, Люси покидала свою ферму с великим сожалением. С еще большей тоской она оставила в американской земле свою маленькую дочку Стефани, унесенную тяжелой болезнью. Однако супруги все же уехали, 6 мая... и Люси так и не смогла заставить себя не вспоминать о своей ферме.

Осенью они вернулись в Буиль. Но в каком состоянии находился их замок! Все было разграблено и опустошено: «Я оставила этот замок с огромным количеством мебели, а теперь там нет ни одного предмета изящной обстановки. Раньше были удобства и хватало всего. А теперь я обнаружила замок абсолютно пустым: не было ни стула, чтобы присесть, ни стола, ни кровати...» Не было ничего! И пришлось все начинать заново, но фермерше из Олбани было не привыкать.

Замок снова переродился, потому что Люси не могла жить в «пустыне» или «берлоге» и не хотела, чтобы ее семья прозябала. Ее дом снова стал пригодным для житья. Через несколько лет она вновь покинула его по приказу

Наполеона, который ввиду приезда королевы Испании в Бордо хотел, чтобы Люси исполняла обязанности ее придворной дамы. Тем временем ее муж стал префектом Брюсселя. Но в душе де Ля Тур дю Пены оставались легитимистами, и возвращение Бурбонов они приветствовали с радостью.

Во время знаменитого Венского конгресса маркиз сопровождал Талейрана во дворце князя Кауница, и там ему представилась возможность показать все искусство дипломатии, каким он владел. Затем он получил пост полномочного министра в Гааге, а позже — посла в Турине.

Однако приход к власти Луи-Филиппа снова разрушил их счастливую жизнь. Их младший сын, Эмар (старший, Юмбер, был убит на дуэли в 1816 году), влюбился в герцогиню Беррийскую, и она даже провела одну ночь в Буиле. Но история кончилась тем, что Эмар был заочно приговорен к смерти. Ему пришлось бежать на остров Джерси, а оттуда перебраться в Англию. Отец встал на его защиту и был заключен в тюрьму на три месяца — вместе с Люси, не пожелавшей оставлять любимого супруга.

Затем де Ля Тур дю Пенов выслали из Франции, и они отправились к своему сыну. Пришлось обосноваться в Ницце, потом — в Турине и, наконец, в Лозанне. В 1835 году они продали Буиль господину Юбер де л'Илю. В Лозанне в 1837 году скончался муж Люси. А она посвятила жизнь своему сыну, и они вдвоем стали жить в Италии. Люси умерла в Пизе 2 августа 1853 года. Но вернемся теперь к Буилю и его новому владельцу...

Невестка Юбера де л'Иля была девушкой необыкновенной красоты, которую воспел Ламартин, когда она сопровождала на остров Бурбон своего супруга, назначенного туда губернатором. Ей он адресовал небольшую поэму, сопроводив ее следующими строками:

«Мадам, я часто жалуюсь на свою судьбу. Поэту в вину ставят воображение и сердце, якобы являющееся препятствием для серьезных поступков. Но я поздравляю себя со своей участью, когда вижу вас, потому что только воображение и сердце поэта может со всей полнотой восхищаться той идеальной красотой, что наделило вас небо, воплотив ее в своем самом совершенном создании...»

И это все сказано о молодой даме, которая стала фрейлиной императрицы Евгении и чьи потомки владеют замком Буиль на данный момент.

Часы работы

_С 1 июля по 30 сентября экскурсии с гидом
по четвергам, субботам и воскресеньям
с 14.30 до 18.30._

http://www.chateaubouilh.jimdo.com

Бурсо
(Boursault)

Великая Дама из Шампани

Сие вино легко подскажет
Юности добрые слова,
Ошибки молодости скроет
И старость мудрую развеселит.
Любви увядшей оно придаст огня.

Бертен

Купив в 1818 году большой замок Бурсо, что в девяти километрах от Эперне, мадам Николь Клико-Понсарден хотела всего лишь доставить радость своей дочке Клементине и своему зятю, графу Луи де Шевинье, который всегда мечтал обладать дворцом, не без основания считая, что великий род без великого замка — это как весна без подснежников. К тому же подвернулся прекрасный повод для такого поистине королевского подарка: 15 июня юная графиня де Шевинье родила ребенка.

Это была девочка, а девочек в семействе было принято оценивать объективно! И если уж маленькая Мария-Клементина хоть немного походила на бабушку, то ее обязательно ждало будущее незаурядной личности: мадам Вдову Клико, урожденную Николь Понсарден, в высшем обществе именовали почетным титулом «Великая Дама из Шампани».

Замок восхитил всех, несмотря на свой строгий степенный вид: это было большое средневековое строение, окруженное массивными круглыми башнями, фасад которого выполнили в стиле арочной галереи. До революции замок принадлежал влиятельному семейству д'Англюров, чьи предки восходили ко временам Крестовых походов. Родоначальником был Ожье д'Англюр, последовавший за Филиппом Августом в Святую землю и захваченный там в плен. Он попросил у султана Саладина разрешения вернуться во Францию, чтобы собрать деньги для выкупа. Несмотря на все старания, ему не удалось собрать необходимую сумму. Когда настало время платить, Ожье, верный своему слову, вернулся обратно, чтобы продолжить свое заключение без всякой надежды когда-либо снова повидать родных. Но великий Саладин разбирался в вопросах чести и оценил его благородный поступок. Он восхитился верностью этого честного рыцаря и подарил ему свободу с одним условием: имя султана отныне должно быть неразрывно связано с именем рода. И герб этого рода с того момента стал таким: «золотым с серебряными бубенцами по всему полю, снизу поддерживаемыми полумесяцами», а боевой клич д'Англюров: «Саладин и Дамаск!»

Вот в таком «гнездышке» Великая Дама поселила своих птенцов. Но вернемся на несколько десятков лет назад, в детство маленькой Николь Понсарден из хорошей буржуазной семьи, которая располагала правом на фамильный герб: сардину, плывущую под мостом.

У нее не было ни сестер, ни братьев. Ее отец, банкир Понсарден, жил в Реймсе в красивом доме на улице Серэ, где она и родилась. Ей было двенадцать лет, когда началась революция, и ей пришлось покинуть королевское аббатство Сен-Пьер-ле-Дам, где с ней так хорошо обращались.

Королевский город захватили санкюлоты[1]. Они разрушили собор, растащив все его сокровища и обезглавив статуи.

Чтобы уберечь свою наследницу, Понсарден поручил ее храброй женщине, портнихе, полностью преданной семье. Николь, переодетая в бедную девочку, жила у нее, пока длился весь этот кошмар, который ее родители сумели успешно пережить... Через некоторое время, в возрасте двадцати двух лет, когда она вернулась в дом на улице Серэ, ее решили выдать замуж. Жениха выбрали родители, но она была согласна, потому что вот уже долгое время была влюблена во Франсуа Клико, у которого было множество виноградников и который был одним из самых завидных женихов города. Николь была очаровательной девушкой, а посему имел место брак по любви, притом брак весьма любопытный. В то время правомерен был лишь граждан-ский союз, и в мэрии Николь, согласно местному обычаю, прибавила к фамилии мужа свою девичью фамилию. Но сам свадебный обряд пришлось перенести в менее люд-ное место.

Поэтому настоящий обряд бракосочетания проходил в... погребе. И тут случилось чудо: после благословления молодоженов старый священник достал пожелтевший свиток, который торжественно вручил Франсуа. Он и его молодая жена с волнением развернули пергамент. Назва-ние гласило: «Памятка по видам почвы для виноградных кустов, по разведению виноградников, по выращиванию винограда, по его сборке, смешиванию и приготовлению вина». Это был один из чрезвычайно редких экземпляров

---

[1] Название революционно настроенных бедных людей в Париже во время Великой французской революции. По-французски «sans-culottes» — это значит «без кюлот», а кюлоты — это короткие обтягивающие штаны чуть ниже колен, которые носили бедняки.

рукописных списков рецептов по приготовлению шампанского по методу Дона Периньона, гениального монаха из аббатства Овилле.

Молодожены тут же принялись за работу и поселились в Бузи, чтобы лично следить за виноградниками и урожаем. В то же время Франсуа, много путешествовавший, чтобы найти клиентов, встретил в Базеле одного «маленького, круглого, приветливого и жизнерадостного человека». Его звали месье Бон, и он, без сомнения, был лучшим коммивояжером в Европе. Он поступил на службу в их семейное дело и стал продавать их вино повсюду: в Германии, в России, в Англии... Но в 1805 году случилось двойное несчастье: «дорогой Франсуа» умер от тяжелой лихорадки, оставив Николь с маленькой дочкой на руках, плюс вновь возобновилась война с Англией, закрыв один из самых больших рынков сбыта шампанского.

Отец Клико впал в отчаяние и за неимением наследника собрался продавать виноградники и погреба. Вот тогда-то Николь и показала свой характер. Она категорически этому воспротивилась, объявив, что хочет продолжить дело в память о своем муже. Через четыре месяца та, которую впредь будут звать «Вдовой», открыла свое собственное дело. Это была фирма «Вдова Клико-Понсарден, Фурно и Ко». И теперь ее ничто не могло остановить.

Наполеон решил объявить войну Европе? Прекрасно! Тогда он без собственного ведома, посредством своей армии, станет первым коммивояжером фирмы, помощником месье Бона. Континентальная блокада мешает французским кораблям экспортировать знаменитое шампанское? Ничего страшного! Николь заключила соглашение с американскими пиратами, и ее шампанское перевозилось под защитой звездного флага. Впрочем, проблем, конечно же, хватало. Заказов было много, выполнялись они в спешке, и это могло сказаться на качестве вина. К тому же в вине образовывался осадок, и требовалось время, чтобы его удалить. Как это сделать быстрее? Николь проводила бессонные ночи в своем доме в Ожероне, совещаясь с Жакобом, заведующим винным складом. И вот однажды ночью она нашла решение и стремглав бросилась в погреб: нужно было сделать отверстия в длинных и толстых досках и вставить туда горлышком вниз бутылки с вином. Так можно было убрать осадок без потери драгоценных капель вина.

Шло время, и наполеоновская империя пала. Николь отправила свою маленькую Клементину в английский монастырь в Париже. Той там так понравилось, что она даже не хотела уезжать обратно, когда мать приехала за ней в 1817 году. Она говорила, что в провинции скучно до смерти, но мать утешила ее: «Не волнуйся, Мантин, я куплю тебе разум, выдав замуж...» И она сдержала слово: среди воздыхателей Клементины она отобрала красивого юношу без наследства, но очень разумного: графа Луи де Шевинье, чей отец погиб в одном ряду с де Шареттом в вандейских войнах.

Луи соблазнил юную девушку, но, поскольку он нравился своей будущей теще, свадьба прошла в веселой праздничной атмосфере. Как мы уже знаем, рождение внучки она отметила покупкой замка Бурсо.

Луи очень любил «дорогую маму», жившую практически в замке. Но он был большим путаником и, злоупотребив хорошим отношением к себе, едва не привел фирму к краху. К счастью, у Николь был очень ценный помощник, следивший за положением дел. Эдуард Верле в последний момент предотвратил катастрофу, к которой чуть было не привел изобретательный ум Луи, и с помощью хозяйки перенаправил того на безопасную стезю — в политику. После этого Эдуард Верле стал компаньоном Вдовы.

В 1848 году в Бурсо вновь состоялась свадьба: ее внучка, тоже Мария-Клементина, вышла замуж за графа де Мортемара. И в честь праздника Вдова совершила очередную безумную выходку: рядом со средневековым замком она построила дворец в стиле Ренессанса. На великолепной свадьбе присутствовали самые знаменитые люди Франции.

Жизнь в Бурсо была роскошной. Там постоянно проводились праздники, выезды на охоту, а на столе из напитков всегда стояло только фирменное шампанское. Посетив замок, Шарль Монселе написал: «Мадам Клико из деспотических соображений, которые можно понять, допускала на своем столе только шампанское. Перефразируя высказывание Людовика XIV, она любила повторять: «Вино — это я». На столе никогда не было ни капли красного вина».

Одна из племянниц Великой Дамы написала рассказ о жизни в Бурсо глазами маленькой девочки:

«Мне было двенадцать лет — возраст, когда еще позволялось только смотреть на праздник, не произнося ни слова. Я стояла в углу огромного гостиного зала в красном платье из муслина. Было холодно, как в версальских апартаментах. Казалось, что в замке можно потеряться: в обеденном зале огромных размеров находился камин, такой же высокий, как и в гостиной, и он служил пьедесталом для статуи Дианы в полный рост. По утрам моя кузина Анна де Мортемар и я, Юдит д'Англемон де Тассини, пытались ускользнуть на прогулку в парк в сопровождении нашей доброй нянюшки Виктуары».

Как видим, в семейство Николь вошли знаменитые благородные имена. Она стала родоначальницей многих великих дам, среди которых стоит отметить герцогиню д'Юзес. Голубая кровь и пузырьки шампанского смешались просто великолепно.

Бюсси-Рабютен
(Bussy-Rabutin)

Красивые портреты графа Роже

> — Знаете ли вы, что значит «рабютенить»?
> — Для Рабютенов это значит действовать с умом.
>
> Мадам де Севинье и Жан Орьё

Хотя первые камни замка Бюсси-Рабютен были заложены в XV веке, хотя в роду Рабютенов были такие благородные имена, как Шатийон и Рошфор, хотя он не один построил это прекрасное гнездышко в глубине бургундской долины, называющееся Бюсси-Рабютен, говорить стоит о нем и только о нем! Встречайте: Роже де Рабютен, граф де Бюсси, один из самых храбрых, соблазнительных, начитанных и духовно развитых людей Великого Века. К сожалению, этот человек, вобравший в себя самые лучшие качества, остался неизвестен широкой публике.

Этот Бюсси удивительно похож на другого Бюсси, которого воспел в своем романе «Графиня де Монсоро» Александр Дюма. У Бюсси д'Амбуаза и Бюсси-Рабютена находят так много сходных черт, как будто бы первый был предком второго. Разве что у второго ум был острее шпаги!

Однако не он один в семье обладал острым умом. Юная белокурая кузина, которая была ему очень дорога, могла с ним в этом сравниться. Он любил ее так истово и самозабвенно, что эта любовь ему обошлась слишком дорого. Может быть, потому, что девушка к нему не испытывала таких же горячих чувств, что переполняли Бюсси. Кстати, эта кузина отберет у него признание в области литературы, оставив ему только тень изгнания. Звали эту кузину Мария де Рабютен-Шанталь, маркиза де Севинье.

К несчастью, потомки Бюсси-Рабютена стали заложниками приговора Людовика XIV, согласно которому Бюсси-Рабютен после заключения в Бастилии должен был провести шестнадцать лет в своей бургундской долине за несдержанность пера и вольнодумное поведение. С тех самых пор замок ничуть не изменился. Согласно описанию, оставленному молодым владельцем:

«В графстве де Шароле находится густой лес Рабютен, в центре которого имеется болото, а рядом с ним — остатки старого замка».

Если бы не постоянные ссоры «трудного ребенка» с властями, замок, может быть, так и остался лежать в развалинах, а не превратился бы в прекрасный и грациозный шедевр архитектуры. Зато, возможно, в Париже появился бы брат-близнец отеля Карнавале. Но Роже был самым настоящим Рабютеном.

«Знаете ли вы, что значит «рабютенить»?» — писала прекрасная кузина Севинье. «Для Рабютенов это значит действовать с умом», — отвечает историк Жан Орьё.

Но нужно уже, наконец, познакомиться с этой горячей головой, этим негодным подданным, этим вольнодумцем, который больше других в своем роду интересовался литературой и у которого было больше всего способностей и талант к написанию книг.

Родился он в пятницу, 13 апреля 1618 года. «Это было плохим признаком, никто в этом не сомневался, — пишет Жан Орьё, добавляя: — Его тетя Шанталь — святая Жанна де Шанталь — пророчествовала над колыбелью: он будет святым». Святые повсюду видят себе подобных. Может быть, это единственное заблуждение этой уважаемой женщины, но зато какое! Бюсси не был ни святым, ни демоном, но зато он был человеком горячим, со всеми преимуществами и недостатками, присущими людям».

Ему было шестнадцать, когда отец, лейтенант короля в Нивернэ, забрал его из коллежа, чтобы отправить на поле боя. Там новичок великолепно проявил себя, потому что у Рабютенов всегда были столь же хорошие способности к ратному делу, как и к литературному творчеству. Будучи в близких отношениях с принцем де Конде, он принимал участие в осаде Мардика, а затем последовал с ним в Каталонию и в Пикардию. Но во время Фронды он остался верным подданным короля и перешел под начальство Тюренна, с которым позднее рассорился.

Казалось, ему была уготована военная карьера. Но порой жизнь де Бюсси шла по весьма странному пути. Он коллекционировал дуэли и любовниц и женился-то 2 апреля 1643 года на кузине Габриелле де Тулонжон, ровно за год до свадьбы его возлюбленной Марии с маркизом де Севинье, и лишь потому, что хотел детей. Но он не успел сделать слишком много: через четыре года Габриелла умерла, оставив ему только трех дочек.

На следующий год Бюсси стал невольным участником скандала. Захотев снова жениться, да на невесте побогаче, он слишком внимательно слушал советы некоего священника Клемана, исповедника мадам де Мирамьон, юной и богатой вдовы, достаточно красивой, но набожной, и к тому же недотроги. Дав себя убедить, Бюсси, подталкиваемый отцом Клеманом, получившим две тысячи ливров, «чтобы предусмотреть возможные трудности», просто-напросто похитил мадам де Мирамьон на выходе из церкви: бросил ее в карету друга и был таков! Несмотря на все крики, он привез ее в замок Лонэ. Жертва плакала, умоляла, протестовала, но наивный Бюсси полагал, что это была лишь комедия, предназначенная для ее семьи, противившейся браку. Так его уверил отец Клеман. Но по прошествии нескольких часов пришлось признать очевидное: слезы были искренними, а протесты — настоящими. Мадам де Мирамьон не имела ни малейшего желания выходить замуж за Бюсси-Рабютена. Тогда тот галантно отпустил пленницу на свободу. Правда, этого оказалось недостаточно, чтобы успокоить ее разъяренных родственников и избежать Бастилии: нужна была сумма в шесть тысяч ливров. Практически невыполнимая задача для человека, у которого не было денег. Ему повезло через год, во время Фронды: он женился на Луизе де Рувилль.

Однако его легкомысленный поступок не был забыт и возымел неожиданное продолжение. Прошло десять лет после той авантюры, мадам де Мирамьон успела основать свой монашеский орден и стала там матушкой, а Бюсси тем временем скомпрометировал себя еще более серьезным образом. Его поведение впоследствии назвали «дебошем в Руасси»: в страстную неделю Бюсси в компании герцога де Вивонна, герцога Неверского и еще некоторых шалопаев организовали оргию, во время которой пели непристойные песни, крестили поросенка и выпили огромное количество вина. В результате Бюсси отправили протрезвляться в его бургундский замок.

На самом деле, хоть его и отлучили от общественной жизни, он этим не особо тяготился. Он следил за постройкой замка и начал писать «Любовь в истории галлов», в которой рассказывал о любовных похождениях многих известных лиц при дворе. Все это посвящалось мадам де Монгла, которая была, представьте себе, самой любимой из его любовниц.

Рукопись была написана не для печати, и он тайком носил ее под верхней одеждой. Но как-то раз одна его «подруга» обнаружила копию рукописи и отдала ее в печать. Это была настоящая катастрофа, потому что принц де Конде оказался чрезвычайно недоволен малопривлекательным описанием своих похождений и поспешил заказать анонимному перу произведение под названием «Галантная Франция», где рассказывалось о любовных приключениях короля и мадам де Ля Валльер.

На этот раз Людовик XIV, которого развеселила «Любовь в истории галлов» и который даже был бы не против пригласить ее автора в Академию, очень рассердился и отправил бедного Бюсси в Бастилию, хоть он и был на этот раз невиновен. Попал он туда 16 апреля 1655 года и просидел тринадцать месяцев, а затем, как уже упоминалось, уехал в изгнание в свой замок.

Там, в Бюсси-Рабютене, он жил с семьей и создал свой особый мир. Сам он объяснял это так:

«Здесь столько разных забавных вещиц, которых нигде больше не найти; к примеру, у меня есть галерея с портретами всех французских королей, начиная с Гуго Капета, а под ними подписи, рассказывающие, чем они были знамениты. С противоположной стены — государственные и литературные деятели. Чтобы разбавить все это благородное собрание, в другом зале находятся портреты любовниц и подружек наших королей, начиная с красавицы Аньес, любовницы Карла VII. Передняя, предшествующая этой галерее, включает экспозицию с портретами членов моей семьи, а эта комната заканчивается большой приемной, где находятся портреты самых красивых придворных дам, собственноручно мне их подаривших». Излишне говорить, что эти красавицы действительно были хороши настолько, чтобы с них писались портреты.

Несмотря на все злоключения, перо де Бюсси не лежало без дела. Граф написал «Воспоминания», «Краткую историю правления Людовика Великого», «Разговор с моими детьми» и огромное количество писем, главным получателем которых была мадам де Севинье. С ней он был в ссоре на протяжении нескольких лет из-за одной истории, в которой маркиза повела себя не самым лучшим образом.

С женой, предпочитавшей оставаться в Париже, он не жил. Его любимой соратницей была его дочь Луиза, маркиза де Колиньи, молодая вдова, к которой он испытывал глубокие нежные чувства. Эта нежность подтолкнула его помочь Луизе в ее грустной авантюре с неким Ля Ривьером. Этот господин был всего лишь жуликом из высшего общества, но она родила от него ребенка и не могла избавиться от этого прохвоста даже после судебного процесса, который маркиза проиграла, потому что «имела неосторожность сыграть тайную свадьбу против воли своего отца».

Бюсси, конечно, не дал в обиду свою дочь, а сам скандал его не задел. В 1682 году король даже разрешил ему вернуться ко двору. Но графу было уже шестьдесят четыре года, а в таком возрасте уже слишком поздно вновь начинать вести придворную жизнь, обратную сторону которой Бюсси прекрасно знал. В семьдесят три, однако, он предпринял последнюю поездку, чтобы полюбоваться великолепием Версаля. Три года спустя он умер от апоплексического удара в Отене.

После его смерти замок по очереди переходил от одного его сына к другому, затем — к одной из дочерей, которая продала его советнику Парламента Этьену Дагонно. Затем замок находился во владении его потомков. Лишь в 1929 году, наконец, замок перешел в руки государства.

Часы работы

С 15 мая по 14 сентября с 9.15 до 13.00
и с 14.00 до 18.00.
С 15 сентября по 14 мая с 9.15 до12.00
и с 14.00 до 17.00.
Закрыт 1 января, 1 мая, 1 ноября,
11 ноября и 25 декабря.

http://www.bussy-rabutin.
monuments-nationaux.fr.

Визилль
(Vizille)

Мария Виньон, герцогиня

Красивая женщина, которая обладает качествами благородного мужчины, — это то, чего нет приятнее во всем мире.

Их легионы во Франции — древних крепостей, однажды подчиненных капризам красивых женщин. Визилль не является исключением. Когда в 1600 году Франсуа де Бон, сеньор де Ледигьер и генерал-лейтенант армии короля Генриха IV в Дофине, в Пьемонте и Савойе, начал восстанавливать старый замок, разрушенный в 1562 году католическими войсками, он делал это с единственным намерением: понравиться даме своей мечты Марии Виньон, красивой торговке шелком из Гренобля. Ледигьер сходил по ней с ума вот уже десять лет! И мы должны признать, что было из-за чего потерять голову.

Их первая встреча имела место 16 декабря 1590 года.

В тот день Ледигьер вошел в Гренобль во главе протестантской армии, которой он командовал от имени короля Генриха IV, который, впрочем, тогда еще не был полноценным королем, так как ему еще не пришла в голову мысль, что Париж стоит мессы[1].

Итак, Ледигьер вступил в город. На его пути собралась огромная толпа, и все что-то с энтузиазмом кричали. И в первом ряду находилось очаровательное существо, светловолосое, круглое и румяное, и «оно» кричало громче всех. Это была девушка, и она подбадривала своих соседей, а потом вдруг бросилась вперед, рискуя быть растоптанной лошадью Ледигьера. Она бросила ему веточку омелы, и этот искренний порыв тронул героя и заставил посмотреть на нее. «Боже, какой аппетитный кусочек!» — записал потом Рене Фонвьей, биограф этой пары. И в самом деле, лучше не сказать. Ледигьер был ослеплен, и, когда он наклонился, чтобы поцеловать красавицу, он сделал это от всего сердца. Увидимся! И даже очень скоро: через несколько дней девушка с веточкой омелы попала в руки Ледигьера и уже больше не расставалась с ним, пока смерть не разлучила их, тридцать два года спустя.

Была ли тогда влюблена наша шустрая Мария? На первый взгляд в это трудно поверить. Ледигьеру уже было пятьдесят семь лет, но он с ранней молодости был связан с армией, ибо ненавидел ремесло своего отца, королевского нотариуса. А посему он был мускулистым мужчиной, сухим, как виноградная лоза, и его фигуре хватало как дворянского благородства, так и определенной красоты. И хотя его волосы были седы, они, по крайней мере, присутствовали на его голове.

---

[1] Гугенот Генрих Наваррский стал королем Франции после того, как обратился в католичество. Делал он это не вполне искренне, а посему ему приписывается фраза: «Париж стоит мессы».

Их связь быстро стала известна и привела к скандалу. Мария Виньон была замужем и имела трех дочерей, несмотря на свой молодой возраст. Ее муж, Аннемонд Матель, торговец шелком с улицы Ревендери, был не из тех, кто согласится носить рога. Он бил свою жену каждый раз, когда видел ее возвращающейся домой с глазами, вокруг которых залегли предательские круги. Что же касается Ледигьера, то он тоже был женат, с 11 ноября 1566 года, когда он соединил свою жизнь с жизнью Клодин Беренже. Но он вспоминал о ней нечасто, так как она была сильно больна, в то время как Мария была здорова и свежа. Кальвинистские пасторы могли поднимать шум, кричать о Содоме и Гоморре, но они ничего не могли противопоставить такой сильной страсти.

Из-за того, что начали ходить весьма ядовитые наветы, Ледигьер рассудил, что все же нужно соблюдать приличия: встречи с Марией нужно было скрывать, чтобы о них не судачили по всему городу, а для этого он купил маленький замок в окрестностях города. Там расположился Жан Виньон, отец Марии. Теперь сеньор мог видеться со своей любовницей без привлечения зевак к окнам. Все было сделано наилучшим образом для комфорта. Единственной проблемой оставался лишь муж, практически лишенный своей жены. Ледигьер наделил его властью, сделал его третьим консулом города, что привело к тому, что, по крайней мере, любители посмеяться стали делать это более осторожно. Аннемонд Матель мог отказаться от «подарка» своего соперника, но он не устоял перед соблазном, и вполне нормальная жизнь как-то наладилась между нашими тремя персонажами.

В 1608 году работы в Визилле уже шли полным ходом, и пара смогла провести там несколько летних дней. Все остальное время они жили во дворце, который до 1962 года служил мэрией города. Видя, что ее муж успокоился, Мария в конечном итоге полностью перебралась туда. И именно туда пришло печальное известие: бедная жена сеньора де Ледигьера, которая все время болела, умерла.

Мы не знаем, как Ледигьер воспринял новость о смерти своей жены. Его горе, в любом случае, было недолгим: ведь с ним находилась Мария. А потом король назначил его маршалом Франции. Это грандиозное известие доставило ему огромное удовольствие. Но он обрадовался еще больше, когда в 1611 году новый король Людовик XIII сделал его герцогом и пэром.

Мария с большим удовольствием наблюдала за тем, как все эти титулы сыпались на голову ее любовника, но вздыхала из-за того, что не могла разделить с ним весь этот успех. Стать герцогиней — это была ее мечта, и она, вероятно, стала бы ей, если бы несчастный Аннемонд Матель вдруг перестал жить под счастливой звездой. Но так как она была доброй католичкой и набожной женщиной, Мария мудро воздерживалась от столь опасных мыслей.

Все равно судьба рассудила иначе и оказала ей помощь с совершенно неожиданной стороны. В 1614 году Ледигьер принял посланника герцога Савойского. Герцог звал генерала на помощь, потому что тот имел репутацию лучшего воина своего времени. Разве сама великая Елизавета Английская не вздыхала: «Вот бы Бог дал Франции двух Ледигьеров, и я тогда выпросила бы одного у короля»?

Итак, посланник прибыл. Его звали полковник Алар, и, едва приехав в Гренобль, он стал спрашивать себя, как бы порадовать и доставить удовольствие тому, кого он приехал просить о помощи в сложном деле. А дело, по сути, было не таким и простым: у герцога Савойского проблемы с королем Испании, а молодой король Людовик XIII только что женился на инфанте Анне[1]. Каким бы сильным ни был Ледигьер, ему, вероятно, было бы трудно вмешаться в столь тонкие дипломатические хитросплетения. И вдруг Алар нашел подходящий подарок: им стала красавица Мария, у которой был мешающий всем муж, так вот его-то однажды вечером нашли, убитого неизвестным точным ударом шпаги.

Неизвестным, но все же не без шума. Алара арестовали, и Ледигьеру потребовались чудеса дипломатии и хитрости, чтобы выдворить его из темницы и вернуть хозяину целого и невредимого. Ему это все же удалось! Генерал с большим облегчением наблюдал за тем, как Алар уезжает. Право же, великодушному сеньору было бы очень неприятно отправлять на эшафот человека, который так посодействовал его счастью.

Чтобы преодолеть дистанцию, которая отделяла герцога и пэра от скромной торговки Марии Виньон, он добился для нее титула маркизы де Треффор. Затем, 16 июля 1617 года, в Тувэ, в часовне замка Марсьё, Гийом д'Юг, епископ Эмбрёнский, поженил Франсуа де Ледигьера и Марию Виньон. Брак этот, впрочем, не был действителен по протестантским правилам, но главное — он, наконец, был отпразднован.

И вот Мария стала герцогиней и сеньорой де Визилль, въехав в замок с огромной помпой. Работы в замке, сначала порученные Пьеру Ля Кюиссу, а затем, в 1617 году, Гийому Ле-Муану, подошли к концу. В 1620 году не хватало лишь больших ворот, но уже с 1619 года герцогская пара начала давать в замке блестящие праздники в честь принцессы Кристины Французской, которая отправлялась

---

[1] Анна Австрийская была дочерью испанского короля Филиппа III Габсбурга и сестрой короля Филиппа IV.

в Пьемонт, чтобы выйти там замуж за принца Виктора-Амадея. И герцогиня Мария почти целый год принимала у себя весь двор, затмевая всех красавиц.

А в 1622 году — высшее признание: она принимала у себя Людовика XIII, который возвращался из Прованса. Тогда она услышала о чудесном проекте: Ледигьера планировали сделать коннетаблем Франции. К несчастью, он все еще оставался протестантом, и это создавало проблемы. И тогда Мария связалась с Франциском Сальским, епископом Женевским, и они оба убедили Ледигьера отречься или, точнее, вернуться к религии своего детства, от которой он отказался, чтобы вступить в протестантскую армию. 26 июля 1622 года имела место церемония отречения. И сразу же после этого Ледигьер получил патент на престижнейшее воинское звание.

Четыре года спустя, 28 сентября 1626 года, коннетабль умер в Валансе, и виной тому стала лихорадка. Ему было восемьдесят три года. Мария страдала и вынуждена была покинуть Визилль. Она даже побывала в тюрьме из-за своего зятя, но приказ короля даровал ей свободу, и она умерла в Гренобле в 1657 году.

Замок, который до реконструкции принимал Людовика XI, Карла VIII, Людовика XII и Франциска I, в 1788 году принимал у себя ассамблею Генеральных Штатов провинции Дофине, а после Реставрации это вызвало недовольство герцога Ангулемского.

Потом поменялось несколько владельцев, и французское государство купило замок в качестве летней резиденции для президентов Республики. Президент Коти, а потом генерал де Голль останавливались в нем, но в 1971 году президент Помпиду и французское государство передали его в дар департаменту Изер.

Часы работы

*С 1 апреля по 31 октября 10.00—12.30
и 13.30—18.00.
Со 2 ноября по 31 марта 10.00—12.30
и 13.30—17.00.
Закрыто во вторник, 1 января, 1 мая,
1 и 11 ноября, 25 декабря.
В замке находится музей Великой
французской революции, а парк
относится к историческим
памятникам.*

http://www.domaine-vizille.fr

Жан д'Ёр
(Jean D'Heurs)

История любви маршала времен Первой империи

Одно нам сердце век служило...[1]

Франсуа Вийон

Когда в 1809 году маршал Удино получил от Наполеона титул герцога Реджио за отвагу, проявленную в битве при Ваграме, он начал подумывать, что его дом в Бар-ле-Дюке, вероятно, слишком скромен для столь значимой персоны, какой он стал, и надо бы обзавестись собственным замком. Помимо жены и детей на новом месте необходимо было разместить и конюшню с восемнадцатью лошадьми, благородным жеребцом, подаренном ему императором, и, наконец, свой любимый «сувенир»: пушку, которую в 1800 году он захватил у неприятеля под Минчио и, разумеется, назвал в свою честь.

Его выбор пал на бывшее аббатство премонстрантов[2], расположенное в трех лье[3] от Бара. Аббатство это стояло

---

[1] Перевод Ю. Кожевникова.

[2] Премонстранты (Орден регулярных каноников-премонстрантов) — католический монашеский орден, основанный в 1120 году Святым Норбертом Ксантенским в аббатстве Премонтре, которое находится неподалеку от пикардийского города Лаон.

[3] Примерно 13,3 км.

уже не одну сотню лет, однако многочисленные пожары и перестройки превратили его в конечном итоге в великолепное сооружение XVIII века, рядом с которым находились побитые временем церковь и монастырь. Впрочем, стоит отметить, что главное здание аббатства было в неплохом состоянии. Маршал со спокойным сердцем разрушил церковь и часть монастыря и построил на их месте свои конюшни. История умалчивает о том, воспользовался ли он при этом пресловутой пушкой.

Но вернемся на год раньше, в лето 1808 года, и остановимся в саду монастыря Нотр-Дам де Бар-ле-Дюк, где две молоденькие девушки — воспитанницы монастыря — прощались после окончания учебы. Одну из них звали Эжени де Кусси, другую — Полина де Монтандр. Девочкам было по семнадцать лет, и обе они испытывали то чувство грусти, которое знакомо друзьям, когда приходится расставаться после долгих лет близости.

Разумеется, они обещали писать как можно чаще, не теряться, держать друг друга в курсе последних событий, но все же им этого было мало. Дело в том, что Эжени оставалась в Баре, чтобы жить у своей сестры, мадам де Ля Геривьер, в то время как Полина возвращалась к матери в Париж. Это было поистине горькое расставание. И тогда Полине де Монтандр в голову пришла одна идея: когда одна из них выйдет замуж, пусть пошлет другой маленькое золотое колечко. Просто кольцо: детали будут потом.

Но Эжени интересовали именно детали, поэтому она дополнила идею своей подруги: если жених будет кавалером ордена Почетного Легиона (девочки, разумеется, мечтали исключительно о наполеоновских солдатах), то на кольце будет одна звездочка; если бароном — то две, если графом — то три.

— Ну а если герцогом? — спросила Полина. Это предположение было встречено взрывом хохота. Безумному вопросу — безумный ответ:

— Что же, — сказала Эжени, — в таком случае на кольце будут два крохотных бриллианта, но я сильно удивлюсь, если хоть одна из нас позволит себе подобную роскошь.

И тем не менее в январе 1812 года Полине де Монтандр прислали бархатный футляр, в котором находилось кольцо с двумя бриллиантами. Действительно, несколькими днями ранее Эжени вышла замуж за маршала Удино, герцога Реджио, в соборе Бар-ле-Дюк, в окружении сотни свечей. Ей было ровно двадцать, ему — сорок четыре. Он был вдовцом с шестью детьми, однако все же это был брак по любви. Что же произошло?

По сути, все было весьма просто, но вместе с тем очень романтично. Мадам де Ля Геривьер дружила с маршалом Удино, так что они с младшей сестрой первыми посетили его замок Жан д'Ёр. Впрочем, у мадам де Ля Геривьер были свои мысли на этот счет: она хотела выдать сестренку замуж за юного Виктора Удино. Будучи старше ее на один год, Удино был так хорош собой, что вполне мог привлечь к себе девушку.

Жена маршала, урожденная Франсуаза Дерлен, была приятной женщиной лет сорока, красивой, но слабой здоровьем. Ей понравился замысел ее подруги: Эжени была высокой, светловолосой, кареглазой, полной изящества, так что просто не могла не приглянуться представителю сильного пола. К тому же, со своей стороны, молодой Виктор ничуть не возражал. Ничто не могло помешать свадьбе. Кроме самой Эжени... которая считала Виктора весьма симпатичным, однако она куда больше засматривалась на его отца.

Впервые девушка увидела маршала не вживую, а на портрете в гостиной. Не то чтобы он был очень красивым. Скорее даже наоборот. Но Эжени буквально покорили его пышущее энергией лицо, темные глаза и густая черная шевелюра. Создавалось впечатление, что художник несколько польстил своей модели, однако вскоре Эжени убедилась, что это не так: девушка повстречалась с Удино, когда тот вернулся домой после серьезного ранения, полученного им при Данциге. И не осталась разочарованной: в реальной жизни ветеран Великой Армии понравился ей даже больше, чем на портрете.

Эжени довольно быстро поняла, что именно с ней происходит, а поскольку она была честной девушкой, да и маршал всегда был к ней очень добр, она приняла решение никогда больше не приезжать в Жан д'Ёр. Что немало удивило мадам де Ля Геривьер! Не имея никаких сведений, благородная дама решила, что сестра-аристократка считает семейство Удино недостаточно благородным.

Но осенью 1810 года, в результате непродолжительной болезни, умерла жена маршала Удино. Умерла вдали от супруга, который в тот момент находился в Голландии. Лишь год спустя он смог вернуться на родину и преклонить колени возле ее могилы... после чего сразу же направился в Бар к мадам де Ля Геривьер. Ведь не только Эжени была влюблена в Удино, но и он сам грезил о девушке уже довольно долгое время. А еще через несколько месяцев они сыграли свадьбу, к вящему удивлению старшей сестры Эжени.

Их свадебное путешествие было недолгим. Маршалу необходимо было отъехать в Берлин, чтобы взять на себя командование вторым корпусом Великой Армии. Счастливая Эжени поехала вместе с ним. Она с гордостью наблюдала за тем, как ее супруг во главе сорокатысячной армии входит в Берлин и шествует по Унтер-ден-Линден. Но затем ей пришлось возвращаться во Францию, причем одной, поскольку император готовился к походу в Россию.

Будучи полноправной хозяйкой в Жан д'Ёре, Эжени в свободное время писала своему мужу длинные письма, а также обустраивала дом таким образом, что он действительно стал похож на истинный замок герцога. Жизнь с матерью, дядей (бароном де Кусси) и детьми мужа проходила счастливо и спокойно, пока однажды из газеты «Ле Монитёр» она не узнала, что ее муж был тяжело ранен в Польше. Тогда, слушая лишь собственное сердце, Эжени, в сопровождении своего дядюшки, отправилась в путь, дабы воссоединиться со своим родным Николя. Она постоянно молила Бога, чтобы тот позволил ей поцеловать любимого в последний раз.

Этот безрассудный, невероятный поступок возвеличил Эжени до уровня самых известных литературных героинь своего времени. Ей удалось не только разыскать еще живого Николя, но и переправить его на родину, вопреки невообразимым опасностям и поражению, что, как известно, постигло Великую Армию в России.

Их возвращение в замок было поистине триумфальным. Увы, с тех пор с героизмом и он, и она покончили раз и навсегда. Под давлением своей жены Удино отрекся от Наполеона, после чего был вынужден выйти в отставку и ждать, пока не грянет последний пушечный залп Ватерлоо... Впрочем, за свое ожидание он будет щедро вознагражден: Удино до конца своих дней останется Великим канцлером ордена Почетного Легиона и губернатором Дома Инвалидов. До конца своих дней также он сохранит любовь супруги, которая принесет ему четверых детей.

Эжени, в свою очередь, милостью Людовика XVIII станет придворной дамой юной герцогини Беррийской. Причем придворной дамой исключительно преданной, ведь когда над безумной герцогиней сгустятся тучи, именно Эжени попросит разрешения отбывать наказание вместе с ней в тюрьме Бле.

Именно благодаря ей замок Жан д'Ёр познал счастливые годы роскоши, ведь Эжени удалось сделать пребывание в замке одновременно роскошным и крайне приятным. Так, например, во времена Реставрации и Июльской монархии мадам герцогиня де Реджио принимала у себя в сентябре 1814 года герцога Беррийского, в том же году — графа д'Артуа (будущего короля Карла X), его второго сына, герцога Ангулемского в 1818 году, герцогиню Беррийскую — в 1825-м, герцогиню Ангулемскую (дочь Людовика XVI и Марии-Антуанетты) — в 1828 году, и в 1834 году — герцогов Орлеанского и Немурского, сыновей Луи-Филиппа.

После смерти Эжени в 1868 году замок перешел к месье Леону Ратье, кузену братьев Гонкуров, который прославил его своим литературным талантом. Сам Эдмон де Гонкур написал в Жан д'Ёре свой роман «Милочка» (не путать с одноименным романом Колетт), а вдвоем знаменитые братья собирали записи для своего знаменитого «Дневника».

Часы работы
С 1 июля по 20 августа проводятся
экскурсии с гидом.

Ла Женевре
(La Genevraye)

Кожаный Нос

> *Боже мой! Все мы носим маски —*
> *кто из гордости, а кто из страха,*
> *стыдливости или малодушия.*
>
> Ля Варанд

Если не знать эту местность на границе Перш и Уш, то замок найти трудно. На обочине сельской дороги внезапно замечаешь «красивую ограду, украшенную цветами, а за ней — тропу, которая, кажется, ведет прямо в ад. Когда Кожаный Нос проезжал по этой дороге в своем экипаже, запряженном четверкой лошадей, она заставляла его содрогаться. К несчастью, старого замка не осталось, а новый даже и сравнивать не стоит...» Он не очень-то красив: длинный белый прямоугольный фасад с выступом, украшенным фронтоном. Не слишком широкий. Но замечательные белые и розовые конюшни, украшенные колоколенками, делают архитектурный ансамбль привлекательней. Именно там чаще всего проводил свое время легендарный наездник. Этого человека больше нет на земле, его прах покоится рядом с построенной им неподалеку церковью, но память о нем до сих пор жива — благодаря оглушительному успеху романа Жана де Ля Варанда.

На первой странице автор написал: «Покойный Кожаный Нос остался в памяти простых людей как один из величайших смутьянов в истории Франции. На протяжении тридцати лет ни одна история о мужестве, войне или любви не обходилась без участия этого сильного человека со шрамами...»

Он был настоящим королем в этом местечке; мужчины его уважали, а женщины о нем грезили. Не одно поколение читателей знает, что он с одинаковой непринужденностью обращался как с лошадьми, так и с дамами.

Звали его Ашилль Перье, граф де Ля Женевре.

Он родился в замке 7 августа 1787 года, в семье знатных дворян. Революция совершенно не омрачила его детство. Его родители не стали эмигрировать из Нормандии, потому что не принадлежали к высшему обществу, которое привлекало внимание палачей из числа представителей новой власти. Им удалось сохранить свое состояние и уважение крестьян.

При Империи единственной опасностью была воинская повинность, но Ашиллю как-то удалось ее избежать. Свободное время он потратил на любимые развлечения: поездки верхом, охоту и любовные приключения. Он был красив, пылок и соблазнителен: «Мощное и стройное мускулистое тело, пышущее здоровьем. Правильное лицо с выдающимся подбородком, красивые губы и прямой профиль, который можно было бы сравнить с лисьей мордочкой...» Казалось, молодой человек не знал в жизни горя.

Однако в 1809 году ему пришлось вступить в почетную гвардию департамента Орн. Впрочем, и это не вынудило его эмигрировать. А затем, в 1812 году, в двадцать пять лет, он стал мэром Ла Женевре.

Дела пошли под откос в 1813 году. Безумная авантюра в России, предпринятая Наполеоном, нанесла смертельную рану французской армии, и в апреле император объявил о новом рекрутском наборе, потому что войну предстояло вести уже на территории Франции. В Версале организовали 1-й полк почетной гвардии под командованием графа Пюлли, и графу де Ля Женевре пришлось в него вступить, чтобы оградить семью от репрессий.

Его врожденные лидерские качества и умение сидеть в седле тут же были замечены командирами, и спустя три недели после прибытия его назначили старшим сержантом. Шесть месяцев спустя его произвели в лейтенанты. Во время войны его храбрость проявлялась в каждой битве, и после ужасного сражения под Монмирайлем он стал кавалером ордена Почетного Легиона. Но судьбоносный час в его карьере и жизни еще не настал.

13 марта 1814 года произошла страшная битва под Реймсом. Французам удалось освободить город, но какой ценой. Почетная гвардия сражалась с отчаянной яростью. Ашилля Перье нашли полуживого, с лицом, превращенным в кровавую кашу. Военно-полевые врачи с пугающей точностью описали семь ранений, которые обезобразили верхнюю часть его тела и вошли в легенду:

— Удар сабли, раскроивший щеку до подбородка;

— Удар сабли, полностью отрубивший нос;

— Удар сабли, отсекший часть правой брови;

— Удар пики в левую бровь;

— Удар пики в левую губу;

— Удар пики в левый бок;

— Удар сабли, на треть укоротивший средний палец левой руки;

— Пистолетный выстрел в упор.

— Пуля сверху от затылочной кости между волосяным покровом и черепом, вышедшая у сагиттального шва.

Это кошмарное перечисление ран, найденное Филиппом Сюэ-Лару, поражает воображение. Разве можно жить после подобного? Но Ля Женевре не только жил, но и вызывал восторг. Восторг у себя самого, у окружающих и у женщин.

В августе его привезли в замок, но понадобились долгие недели постельного режима, чтобы раны закрылись, зарубцевались, и можно было бы надеть кожаную маску, которую ему сделал один ловкий ремесленник. Из вынужденного заточения Ля Женевре вышел полным сил. Ему было всего двадцать семь, и он собирался доказать самому себе, что есть еще порох в пороховницах у обладателя этой маски, которая его не только защищала, но даже облагораживала. Он бросился в авантюры, подобно Дону Жуану, но, в отличие от него, Ля Женевре переполняла жизнь. Маркиз д'Аверн сказал: «Хвала небесам, что шрамы не передаются по наследству. Мы увидели бы маленьких хороших безносых детей...» Но любовь, большая любовь ему была уготована небесами и подстерегала буквально за углом.

Ее звали Кларисса де Ля Э, родившаяся в Сан-Доминго, где у ее отца были фабрики. Ее мать умерла, а отец вернулся во Францию в 1801 году во время восстания чернокожего населения. Он привез с собой детей, свояченицу, на которой вскоре женился, и чернокожую служанку Венеру. Они поселились вначале в Аржантане, затем в Мане, где умер маркиз, а потом переехали в Кан...

Никто не знает, при каких обстоятельствах Кожаный Нос — так его называла вся провинция — познакомился с Клариссой, но зато известно, что они тут же полюбили друг друга и что она их сближению не слишком-то и сопротивлялась.

Нет сомнений, что он был очень в нее влюблен. До нас дошли некоторые из его писем:

«Я отправляюсь в Шамблак, чтобы как можно скорее вернуться к тебе, потому что лишь с тобой я счастлив, будь в этом уверена, моя дорогая Кларисса. Положись на меня, подари мне немного любви, позволь мне обожать тебя, и я стану самым счастливым человеком на свете. Я живу только из-за тебя и лишь ради тебя; вот мой девиз...»

«Я откажусь от своих увлечений, от своей разгульной жизни ради тебя! Хочу заверить, что лишь смерть разлучит меня с тобой. Положись на твоего Ашилля. Я люблю тебя и крепко обнимаю. Лишь ради тебя я хочу жить и умереть, дорогая Кларисса...»

Такая крепкая любовь привела к ожидаемому исходу: в конце 1818 года Кларисса ждала ребенка. Мадам де Ля Э, ее тетя и мачеха, известила Ля Женевре, что семья ждет от него предложения руки и сердца. И предложение поступило, хоть свадьба так и не была сыграна, несмотря на глубокую и искреннюю любовь Ашилля к Клариссе.

Много раз уже он поддавался соблазну, но до того момента по-настоящему никого не любил. Ему хотелось жениться на той, которая стала бы смыслом его жизни. Но в этот раз он почему-то тоже избежал свадьбы. Вопросы назревают сами собой...

Чего же он испугался? Будущего, когда пламя страсти заменила бы повседневная рутина? Жалости, которая рано или поздно проявилась бы при совместном проживании? Или просто того, что он не смог бы соблюдать обет верности? Он любил женщин так же, как и охоту, а его тело требовало этой «здоровой пищи». К тому же маска добавляла ему ореол тайны, от которого женщины были без ума.

Говорили, что он уезжал искать ответ в тишине аббатства Ля-Трапп. И вернулся он в еще большей уверенности, что жениться не надо. Так на всю жизнь и остался холостяком. Однако своего сына он признал и сделал наследником.

2 июля 1819 года на свет появился Луи-Виктор-Ашилль Перье де Ля Женевре. Кларисса поселилась в Аржантане, а затем перебралась ближе к Ла Женевре. Молодая женщина была очень обижена странным поведением своего возлюбленного. Жизнь более не доставляла ей радости. И 17 января 1823 года она умерла, оставив ребенка на попечение отца.

Тот попытался зажить по-старому, но не вышло. Тень Клариссы преследовала его. Чтобы отвлечься, он начал политическую карьеру. В 1827 году граф стал мэром Ла Женевре и генеральным советником департамента Орн, но вышел на пенсию сразу после революции 1830 года. Будучи монархистом, он не хотел служить сыну Филиппа Эгалите, этого цареубийцы. Тогда он удалился в свои владения, чтобы посвятить себя своему единственному увлечению: лошадям.

Граф принял участие в строительстве знаменитого конного завода в Пене и создал в Сэ большую школу по дрессировке, продолжая разводить лошадей в конюшнях Ла Женевре — лучших лошадей этого местечка, издавна славящегося своими превосходными скакунами.

В 1852 году он снова был избран генеральным советником Орна в кантоне Мерлеро. Но конец его был уже близок, и 30 июля 1853 года Кожаный Нос скончался, обретя покой, в своем белокаменном замке с видом на конюшни.

Через три года его сын женился на Алисе Дебю д'Ольбек в замке Рабоданж. Но сыновей у него не было, лишь одна дочь. В настоящий момент замок принадлежит графу де Гасе и не предназначен для посещения.

Жосслен
(Josselin)

Оливье де Клиссон, коннетабль Франции

Король не может, принц не достоин, Роган сделает.

Девиз семьи де Роган

На всей бретонской земле, столь богатой ценными памятниками и прекрасными зданиями, не сыскать более красивого, знатного и величественного сооружения, чем этот высокий замок, окруженный каменной стеной. Он один символизирует собой весь феодальный мир и словно и по сей день наполнен звуками выстрелов и победными криками. Он устанавливает свои законы, возвышаясь над округой, — такой мирный, словно уже не помнит о событиях прошлого, — но это не так. Его острые башни, веками отражающиеся в водах речушки Уст, были свидетелями стольких событий! Впрочем, это название, так напоминающее военный клич, не слишком сочетается со спокойным речным течением...

Замок так хорошо хранит старые воспоминания, возможно, потому, что в течение многих веков он принадлежал одному владельцу: главе могущественного рода де Роган, более знатному, чем многие королевские семьи, чьи ветви распространились по всей Европе.

Первые камни будущего замка, выросшего на месте римского наблюдательного поста прямо из глинистой почвы, заложил Гетенок, виконт де Пороэт. У него был сын по имени Жосслен. В его честь было дано название «новой берлоге» бесстрашного воина. А потом «берлога» стала укрепленным домом, который постоянно перестраивали вплоть до 1370 года, то есть до того момента, как он стал собственностью Оливье де Клиссона, коннетабля Франции.

Одним из владельцев замка был Од II де Пороэт, который, женившись на Берте Бретонской, дочери герцога Конана III, претендовал на герцогскую корону, не имея на это прав. Из-за этого началась война, в результате которой первый замок Жосслен был разрушен до основания. Старший сын Ода II, которого звали Жосслен II, получил в наследство лишь груду руин. И взялся за реконструкцию, хотя и завидовал брату Алену, получившему виконтство Роган. Но благодаря упорству и дисциплине Жосслену II постепенно удалось возродить замок из пепла.

В результате заключения браков и передачи по наследству, заново отстроенный замок переходил к сеньорам де Фужер, потом — к Лузиньянам, Валуа Французским и к герцогам Алансонским. За годы в историю замка была вписана славная страница, когда Жан де Бомануар стал капитаном у Карла де Блуа, герцога Бретонского.

26 марта 1351 года Жан де Бомануар покинул Жосслен, возглавляя отряд из тридцати рыцарей. Все они исповедовались и отслужили мессу, ведь из битвы, на которую они пошли, вернутся лишь немногие. Дело в том, что в самом разгаре была война за бретонский престол, на который претендовали Карл де Блуа, муж Жанны де Пентьевр, сестры покойного герцога Жана III, и Жан де Монфор, сводный брат того же Жана III. Монфору помогали англичане, и именно с ними Бомануару предсто-

яло столкнуться на песчаной равнине, на полпути между Жоссленом и Плоэрмелом, в местечке под названием Ла Круа-Эллеан. Силы были примерно равны: англичан тоже было тридцать человек.

Битва была страшной. Во второй атаке погиб командир англичан Ричард Бембро, но англичане продолжили сражение. И только знаменитый подвиг Гийома де Монтобана, убившего семерых противников, решил исход боя, вошедшего в историю под названием «Битва тридцати». Бомануар был серьезно ранен, но выжил и очень страдал от невыносимой жажды, и тогда французский рыцарь Жоффруа дю Буа бросил ему ставшую знаменитой фразу: «Пей свою кровь, Бомануар!»

Война завершилась в 1364 году со смертью Карла де Блуа, а Жан де Бомануар ненамного пережил его. Но у него был хороший друг в Нанте. Это был Оливье де Клиссон, знатный господин, отца которого так глупо и так незаконно казнил король Франции Филипп VI. Сам он воспитывался в Англии[1], а вернувшись в Бретань, де Клиссон сразу же принял сторону французов. Будучи товарищем по оружию Бертрана дю Геклена, он быстро прославил себя и вступил в дружеские отношения с Бомануаром. После смерти друга он даже женился на его вдове, Маргарите де Роган. Но и этого ему оказалось мало. Де Клиссону нужен еще и замок Жосслен, который некогда имел важное стратегическое значение, и который совсем запустили его владельцы, герцоги Алансонские.

Чтобы получить замок, он пожертвовал всеми своими владениями: лесами, нормандскими угодьями и рентой от богатых ярмарок в Шампани. В результате он все-таки при-

---

[1] См. историю замка Клиссон в книге Жюльетты Бенцони «Французская лилия».

обрел замок, после чего (на дворе стоял 1370 год) сразу же началась полная реконструкция. И вот на берегу реки Уст выросла великолепная крепость: ее охраняли девять башен (до наших дней дошли только три), а огромный донжон делал замок поистине неприступным.

Став в 1380 году коннетаблем Франции, Оливье де Клиссон оспорил сюзеренские права герцога Бретонского. Он дал письменную клятву, что замок не перейдет ни в чьи руки, кроме короля Франции, так как лишь он мог быть сюзереном с того момента, как ему вручили меч, украшенный золотыми геральдическими лилиями. Естественно, герцог Жан IV не оценил такого порыва, и в 1387 году начал мстить де Клиссону.

Теперь действие переместилось в город Ванн, где находился особняк де Клиссона. Однажды герцог Жан IV пригласил де Клиссона и еще троих господ к себе в только что построенный замок Эрмин. Ничего не подозревавший де Клиссон принял приглашение, но, когда он поднимался по лестнице, ведущей к дозорной площадке, его схватили, заковали в кандалы и бросили в тюрьму. Приговор: засунуть в мешок и утопить. Действительно, Жан IV был одержим одной лишь жаждой мести. Он считал, что коннетабль — любовник его второй жены, красавицы Жанны Голландской.

Но де Клиссон добился справедливости, благодаря дружбе с одним из слуг герцога, господином де Базваланом. Смертный приговор заменили на выкуп, который пришлось заплатить: «сто тысяч золотых флоринов и десять крепостей». Впрочем, чего не сделаешь ради собственной свободы? Де Клиссон подписал этот незаконный договор и, освободившись, одно за другим возвратил себе отнятые владения. Однако на этом война между ним и герцогом не закончилась.

Жан IV пытался убить де Клиссона в Париже, возле собственного особняка (сейчас там находится Национальный архив Франции), при помощи одного из своих людей, Шарля де Краона. А в 1393 году он устроил коннетаблю осаду у Жосслена, где они в конечном итоге и помирились окончательно. Убедившись, что его противник — благороднейший из всех людей, Жан IV даже поручил ему перед самой смертью опекать своих сыновей.

Следующее событие (еще одна деталь в портрете коннетабля) произошло уже в самом Жосслене. Когда посыльный принес известие о смерти герцога и его последнюю волю, де Клиссон еще спал. Действие происходило ранним утром. Одна из его дочерей, Маргарита де Пентьевр, едва ли не силой подняла отца с постели. Эта необузданная ведьма требовала для своих сыновей возвращения им прежних прав рода де Пентьевр. И так как де Клиссон спросонья ничего не понимал, она пояснила: «Надо только погубить детей герцога, а на их место посадить своих».

После этих подлых и гнусных слов бывшего врага Жана IV охватил гнев. Он соскочил с постели, схватил рогатину и явно намеревался несколько раз стукнуть ею свою дочь по голове. Та убежала, и у лестницы, где де Клиссон настиг ее, упала, сломав себе ногу. И с тех пор ее звали (и так она и вошла в историю) под именем Маргариты Хромой. В то время ни одно подобное происшествие не оставалось без внимания. А затем де Клиссон сам отправился в Ренн, где должен был короноваться двенадцатилетний мальчик, будущий герцог Жан V.

С этого момента де Клиссон почти не покидал Жосслен. При нем там построили прекрасную церковь, Нотр-Дам-дю-Ронсье. Здесь скончалась его жена, что повергло его в тоску, и здесь же 23 апреля 1403 года умер и он сам. Замок окончательно перешел в руки де Роганов благодаря

Беатрис, второй дочери коннетабля, ставшей женой Алена VIII де Рогана.

В 1440 году тот самый герцог Жан V, которого короновали в двенадцать лет, приехал в Жосслен как раз в тот момент, когда в замке гостил Жиль де Рэ, ставший прототипом Синей Бороды. Жилю, который грубо обошелся с казначеем герцога, так и не удалось оправдаться, а судебный процесс, начавшийся немного позже и закончившийся казнью на костре, пролил свет на темные дела де Рэ, которые тот творил в Жосслене.

В частности, статья XIX обвинительного акта сообщала, что «... вышеупомянутые Жиль де Рэ и Франческо Прелати, на одном из лугов близ замка и города, именуемых Жосслен, вызывали злых духов и совершали другие ритуалы», а также, что «тот же обвиняемый убил нескольких доставленных ему детей, совершив над ними грех содомии...».

В 1488 году крепость была разрушена по приказу герцога Франциска II в наказание Жана II де Рогана, вставшего на сторону Генриха IV. Франциск пользовался полной поддержкой знати, ставшей в 1572 году герцогами, пэрами и принцами Леонскими. Лишившись защиты, Жан II примирился с ситуацией и потом выстроил замок заново.

Надежный донжон впоследствии стал жертвой де Ришелье, который не переносил феодальных башен. Говорят, что кардинал, встречая герцога де Рогана в Лувре, всякий раз кричал: «Я приеду, месье, и запущу хорошенькое ядро в эти ваши башни-кегли!»

В следующие два века замку пришлось многое пережить, но в 1824 году очаровательная и безумная герцогиня Беррийская взялась за его реставрацию. Восстановительные работы, объединившие всех де Роганов, ведутся в замке и по сей день.

Часы работы

Со 2 апреля по 13 июля с 14.00 до 18.00.
С 14 июля по 31 августа с 11.00 до 18.00.
С 1 сентября по 30 сентября с 14.00 до 17.30.
С 1 октября по 31 октября
с 14.00 до 17.30 (по выходным).

http://www.chateaujosselin.fr/

Иф
(Château D'If)
Ребенок, рожденный морем

*Свободный человек,
всегда любить ты будешь море...*
Шарль Бодлер

Одним ветреным декабрьским днем 1598 года некая юная прачка из Марселя села на небольшой корабль, который незамедлительно отправился в замок Иф, куда ей было нужно доставить белье для гарнизона. Поступила она крайне неосмотрительно, так как небо было затянуто тучами, а море неспокойно. Вдобавок к этому, она еще была беременна, и срок явно не предполагал никаких путешествий. Но она обладала беспечностью, характерной для молодости, и полагала, что море и небо отведут ей достаточно времени, чтобы беспрепятственно добраться до замка. К тому же моряк, сопровождавший ее, пообещал, что доставит ее к месту без всяких приключений: как и всякий марселец, он с преувеличенным оптимизмом считал себя лучшим в мире мореплавателем. А ведь ему следовало бы знать, что Средиземное море — самое непредсказуемое из всех.

Первая половина путешествия прошла спокойно. Но ровно на полпути поднялась настоящая буря. И какая буря! Свирепая, мощная, изнуряющая!.. Под маленьким суденышком, гонимым могучим ветром, забурлили грозные волны, сотрясая неблагоразумных путешественников.

Их качало так, что беспечная молодая прачка родила крупного мальчика еще до того, как корабль подплыл к замку Иф.

Эта крепость была предназначена для того, чтобы защищать подступы к Марселю. За семьдесят четыре года до этого случая, когда город был осажден войсками Карла V, возглавляемыми коннетаблем де Бурбоном, Франциск I решил снести свой очаровательный охотничий домик, украшавший самый маленький из трех островов, располагавшихся у входа в порт (Помег, Ратонно и Иф). В те времена эти острова были покрыты бурной растительностью, в которой в изобилии водилась дичь. Но король решил, что сильный замок в этом месте будет куда полезнее, чем охотничий домик. И вот 20 декабря 1524 года был заложен первый камень. Под ним были положены пузырек с маслом, бутылка вина, сундучок с горстью зерна и медная дощечка с выгравированной на ней знаменательной датой.

Франциск I приехал посмотреть на этот замок с тремя белыми башнями 8 октября 1533 года, когда ожидал в Марселе прибытия корабля, несущего на своем борту племянницу папы и его будущую невестку Екатерину Медичи. Но вернемся к нашей прачке и ребенку, появившемуся на свет таким оригинальным образом.

Управлял замком Поль де Фортиа де Пилль, выходец из влиятельной марсельской семьи, которая сохраняла свое положение в городе до 1771 года (и там находилась их гробница).

Естественно, именно он первым узнал о рождении ребенка на корабле. Он взял ребенка, чтобы посмотреть на него, пока матери оказывали необходимую медицинскую помощь. Малыш был просто очарователен, и де Пилль решил дать ему свое имя, стать его крестным отцом и проследить за его взрослением. Ходили, правда, слухи, что он и раньше был знаком с этой симпатичной прачкой.

Как бы то ни было, маленький Поль остался на острове, где и провел первые двенадцать лет своей жизни, частенько посещая и Марсель. В один прекрасный день, блуждая по старому порту, он попросил хозяина маленького одномачтового судна принять его в команду. Вот уже двенадцать лет он изо дня в день смотрел на море, и сейчас его желание уплыть далеко-далеко вдруг стало особенно сильным. Он хотел стать моряком.

Но хозяин отказал ему: он не брал на борт кого попало. Поль не настаивал, но, едва наступила ночь, тайно проник на корабль. Лишь на следующий день, когда Марсель был уже далеко, хозяин обнаружил на судне одного лишнего юнгу. Делать было нечего, и Поль остался, и пробыл он на корабле целых четыре года, до того момента, пока у берегов Ля-Сьота их судно не повстречалось с мальтийской галерой. Моряки-монахи! Вот это были настоящие мастера своего дела! И Поль немедленно предложил им свои услуги, которые на этот раз были приняты без малейших колебаний. В результате за четыре года он, несмотря на свой юный возраст, превратился в заметного парня. И с сильным характером! Один старый сержант, с которым он поссорился на улицах Ля-Валетты, испытал этот характер на собственной шкуре: Поль вызвал его на дуэль и убил безо всякого труда.

Дело принимало серьезный оборот: наш сорвиголова рисковал быть повешенным... если бы кто-нибудь не вмешался. И тут оказалось, что Поль де Фортиа, бывший губернатор замка Иф, находился на Мальте. Какое чудо! Он пришел к крестнику на выручку, добившись, чтобы того отправили на бригантине защищать от берберских пиратов берега Греции. Там произошло еще одно настоящее чудо: когда капитана убили в бою, команда выбрала новым капитаном отважного опытного юнгу, а на тот момент ему было всего двадцать лет.

С тех пор греческие острова постоянно слышали о его подвигах: находясь на одной из башен города Митилены, до сих пор носящей имя Капитана Пауло, он дал жару берберам, и однажды ему даже удалось с одним кораблем захватить их галеру и пустить ко дну другую, хотя всего против него их было аж пять. Такой подвиг принес Полю славу, и, несмотря на то, что берберские пираты назначили плату за его голову и обещали четвертовать наглеца, на Мальте его встречали как героя. В 1637 году рожденный морем мальчик из замка Иф стал рыцарем Мальтийского ордена. Отныне он именовался рыцарем Полем, и сам гроссмейстер ордена Жан де Ласкари-Кастеллар рекомендовал его кардиналу де Ришелье, который как раз подыскивал себе хороших капитанов. Так началась его фантастическая карьера.

Став сначала капитаном 16-пушечного «Нептуна», предыдущим командиром которого был Абрахам Дюкен, рыцарь Поль прославил свое знамя во всех морях, где ему приходилось побывать. Однажды он даже потопил английское 35-пушечное судно, которое отказалось его поприветствовать, и это — в мирное время. И вот, уже в 1650 году, Поль, которому к тому времени уже был жалован дворянский титул, стал командиром эскадры. Мазарини назначил сына хорошенькой прачки генерал-лейтенантом военно-морских сил в странах Ближнего Востока. Слава о нем могла бы греметь очень и очень долго. Но на самом деле больше всего на свете он любил в одиночку выйти в море, и больше ничего — в душе он так и остался одиноким морским волком. И именно море принесло ему любовь.

О его избраннице известно не так много. Она была испанкой, из дворянской семьи, и ей было всего двадцать лет, когда он, уже шестидесятилетний, захватил галеон, на котором она плыла. Вместо того чтобы отправить пленницу к семье, он решил оставить ее при себе. Он прятал ее в маленьком домике, построенном в сосновом бору под Тулоном. Многие считали, что он держал ее у себя насильно, и тем, кто осмеливался его в этом упрекнуть, он отвечал: «Она сама не хочет покидать меня. Спросите у женщины сами...»

И она все-таки покинула его, но это смерть унесла ее после нескольких лет безоблачного счастья. Рыцарь Поль был растерзан горем. Он ушел в море, отчаянно сражался до октября 1667 года, а потом, изнуренный огромным количеством боев и ранений, он возвратился в Тулон, чтобы тихо умереть. Единственное, о чем он попросил, так это о том, чтобы ему, адмиралу Востока, оказали честь быть похороненным в братской могиле... вместе с его моряками.

После этой восхитительной и невероятной истории трудно возвращаться к замку Иф, где она так романтично начиналась. В замок Иф, ставший государственной тюрьмой. Тюрьмой, через которую прошли такие необычные заключенные, как таинственная Железная Маска, Мирабо, Филипп Эгалите, принц и цареубийца, проголосовавший в Конвенте за казнь своего кузена Людовика XVI. Все эти люди испытали немало страданий и отчаяния, находясь в этой крепости. Но именно благодаря Александру Дюма замок Иф стал известен во всем мире.

Для бесчисленных читателей «Графа Монте-Кристо» старая марсельская крепость остается, прежде всего, тюрьмой Эдмона Дантеса. Камеру главного героя показывают во время каждой экскурсии наравне с соседней, камерой аббата Фариа, как будто они существовали на самом деле.

В конце прошлого века в замке жил сторож по имени Гроссон. Он любил рассказывать о замке и был таким гидом, каких сейчас уже не сыщешь — говорливым и наделенным богатым воображением, как истинный южанин.

Однажды Гроссону довелось показывать замок самому Александру Дюма, захотевшему снова увидеть места, описанные им в романе. Конечно же, великий писатель не представился.

— Здесь вы видите дыру, — сказал Гроссон, — которую проделал аббат Фариа. Месье Александр Дюма рассказал об этом в своем знаменитом романе «Граф Монте-Кристо».

— Вот как! — воскликнул Дюма. — Так этот господин, должно быть, много всего знает. Вы с ним случайно не знакомы?

— Очень хорошо знаком, — с уверенностью заявил сторож. — Это один из моих лучших друзей!

— И он вам за это признателен...

И писатель вложил в руку ошеломленного сторожа два луидора...

Часы работы

С 15 мая по 20 сентября с 9.40 до 17.40.
С 21 сентября по 14 мая с 9.30 до 17.30 (закрыто
для посещений по понедельникам).
Закрыто также 1 января
и 25 декабря.

http://if.monuments-nationaux.fr/

Карруж
(Carrouges)
Кровь феи

И все благовония Аравии не перебьют
запаха,
исходящего от этой маленькой ручки.

Шекспир, «Макбет»

Существовал ли замок или, по крайней мере, укреплен-
ное сооружение на пересечении этих лесных тропинок, на
этом краю высокого обрыва, откуда видна вся Нормандия,
во времена Меровингов, когда правили кровавые Хлотари?
Или это всего лишь легенда, пережившая много-много
веков?

В то время хозяином Карружа, что на местном наре-
чии означало «перекресток», был граф Ральф, муж знат-
ной и очаровательной женщины, чье имя как будто было
взято из сказки: Эвелина дю Шам де ля Пьер[1]. Пара была
бы абсолютно счастлива, если бы у них был ребенок, но
за семь лет совместной жизнь колыбель так и осталась
безнадежно пустой и покрывалась пылью.

Однажды, после долгих лет молитв о помощи, графиня
объявила, что небо оказалось благосклонно к ней и она
ожидает ребенка.

---

[1] С франц. яз. это имя можно перевести как «Эвелина с каменных
полей».

Ради такой новости устроили праздник, на котором присутствовало множество гостей. Были приглашены все желающие, друзья и вассалы. И вдруг прямо во время праздника, частью которого была охота в лесу, граф Ральф исчез. Его искали несколько часов, но так и не нашли. Ночью он так и не явился.

На самом деле с ним не случилось ничего страшного. Увлеченный погоней за дичью, он заблудился в лесу, где его и застала ночь. Там он долго бродил, пока не пришел в небольшую долину. Луна уже взошла и отражалась в фонтане, около которого стояла молодая девушка в белом платье. Это была самая красивая женщина, когда-либо виденная графом, фея, чарам молодости и красоты которой наш граф поддался и позабыл о жене и о будущем ребенке. Все его мысли и желания теперь были только о фее. Та ему улыбнулась и начала танцевать с ним дурманящий танец вокруг фонтана, рядом с которым они затем легли, чтобы предаться любовным утехам.

Утром граф вернулся домой, где о нем все сильно волновались. Он объяснил, что потерялся в лесу, что было почти правдой, и ему удалось найти хижину дровосека. Об этом быстро забыли, и праздник продолжился. Но вечером, под предлогом мер предосторожности, которые должна была принимать его жена, он уложил ее спать одну и ушел в ночь.

Так продолжалось несколько месяцев, пока, наконец, графиня Эвелина не обнаружила, что ее муж не шел спать, когда желал ей спокойной ночи, а садился на лошадь и уезжал в лес. Однажды вечером она последовала за ним и узнала о своем горе: Ральф танцевал под лунным светом со сказочным созданием, а потом погружался с дивной девой в сверкающую воду фонтана.

На следующий день она пришла туда раньше него. Фея, сидя у фонтана, расчесывала свои длинные светлые волосы. Тогда Эвелина достала золотой кинжал, который носила на ремне, и вонзила в нее. Фея с громким стоном упала в фонтан, и он тут же окрасился в красный цвет, а убийца поспешила обратно, в свой замок.

А утром рядом с замком нашли тело графа, он был мертв. Тот же клинок, что убил фею, перерезал ему горло. Страшную новость тут же побежали сообщить графине, которая еще спала. Но когда свет дня упал на ее лицо, все увидели, что на ее лбу появилось кровавое пятно, наподобие пятна леди Макбет, которое невозможно было смыть. Что еще хуже, когда ребенок графини появился на свет, на его лобике оказалось то же самое кровавое пятно. Дитя назвали Карлом, а народ дал ему прозвище Красный...

Если отойти от легенды и обратиться к истории, то сведения о первом хозяине Карружа восходят к 1150 году. Его звали Роже, и на гербе его рода находились звериные морды, обвитые серебряными лилиями. Раньше этот феод принадлежал нормандским герцогам, и достоверно неизвестно, кто сохранил его. Но настоящая драма разыгралась в этом замке в XIV веке. Жан де Карруж, уехавший к берегам Англии с адмиралом Жаном де Вьенном, оставил в замке под хорошей охраной свою жену Маргариту. Видимо, охраны было недостаточно, потому что по приезде он застал ее всю в слезах. По ее словам, ее изнасиловал некий Ле Гри, камергер герцога Алансонского. Можно себе представить гнев ее мужа! Ситуацию расследовали, подали жалобу в парламент Нормандии. У Ле Гри было алиби на ту ночь, но Карруж ему не поверил. Он потребовал, чтобы тяжба разрешилась дуэлью. Дуэль состоялась. И Ле Гри был убит.

И как вы думаете, что произошло? Угнетаемая угрызениями совести, жена Карружа в отчаянии ушла в монастырь, где провела всю оставшуюся жизнь.

Во время Столетней войны Робер де Карруж воевал за англичан, но потом сменил сторону, что стоило ему конфискации земель английским королем Генрихом IV. Несколько лет спустя, когда по Нормандии прошла Жанна д'Арк, земли вернулись в его владение. Так или иначе, затем наш Карруж участвовал в защите Мон-Сен-Мишеля и был убит в битве при Вернёе.

После феодом управляли женщины, потом — семейство де Блоссе, и наконец, — Филипп Ле Венёр, сеньор де Тийер. Замок оставался во владении Ле Венёров до 1936 года.

Нужно, конечно, сказать, что это была весьма странная семья. Настолько странная, что они называли себя Монморанси Нормандскими, хотя сами были родом из Бретани. Их фамилия происходила от родовой должности — ловчие короля. Большие нормандские леса должны были стать для них путем к высшим должностям. Так и произошло.

Аббат Бека, потом Мон-Сен-Мишеля, затем епископ Лизьё и, наконец, высшее духовное лицо при короле, Жан Ле Венёр короновал Элеонору Австрийскую на ее свадьбе с Франциском I в 1526 году. Он был другом Рабле, а также представил Жака Картье, уроженца Сен-Мало, королю. И именно благодаря ему тот предпринял свое великое путешествие к берегам Канады.

Его внучатому племяннику, Габриэлю, Макиавелли посвятил одно из своих произведений. Он был другом королевы Екатерины Медичи и братом того Ле Венёра, что унаследовал Карруж. В 1570 году он принял там королевский двор. Он был хорошим человеком и придерживался умеренной политики. Во время религиозных войн Ле Венёр сражался, исполняя свой долг, с самого начала войны, но отказался наказывать жителей Авранша, где он был губернатором. На этот счет он сказал:

«Я доблестно победил их на поле боя и имею право не быть их палачом!»

В 1550 году этот герой женился на Магдалене де Помпадур, и та родила ему двух детей: Жака и Марию, которая, выйдя замуж за Поля де Сальма, стала бабушкой герцога Орлеанского и Франсуа Лотарингского, а тот, в свою очередь, принял на себя титул императора Австрии, женившись на Марии-Терезии.

Жак Ле Венёр проделал основательные работы в замке, приняв в наследство плод фантазии кардинала Ле Венёра, построившего входную часть. Тогда-то замок и приобрел вид, который имеет сегодня. Так его описал Ля Варанд:

«Карруж возвышается над осушенными рвами, окружающими его балюстрады. Огромное сооружение, состоящее из нескольких частей, оно сочетает в себе веяния моды и достижения архитекторов нескольких веков, начиная с XIII. Замок сделан из кирпича и камня. Местность вокруг замка строгая, но во времена постройки она, должно быть, была иной, когда к югу простирался огромный пруд».

Семейство развивалось вместе с замком, и не сосчитать количество известных имен, которые сочетались в нем браком на протяжении многих лет. Среди них — Роган-Шабо, Бассомпьер (она величала себя Екатериной и была сестрой известного маршала, товарища Генриха IV), д'Аркур, Ге де Баньоль, Лувуа, д'Эспарбэ де Луссан и многие другие. Ле Венёры никогда не сочетались браком с неравными себе, и так продолжалось десятилетиями, пока на свет не появился любопытный представитель рода: Алексис-Поль, живший с 1746 по 1833 год, практически сто лет.

Смолоду выбрав военную стезю, он отличился при осаде Гибралтара, затем стал депутатом от дворянства в Генеральных Штатах. Но, как и большинство молодых офицеров, Алексис увлекся либеральными идеями, родившимися в Войне за независимость США. Он даже решил отказаться от своих привилегий, начиная с 20 марта 1789 года, и затем, в Карруже, показал всем пример, оплачивая учебу своих подчиненных и делая благотворительные вклады в монастыри. Именно он оплатил проживание монахини Марии-Франсуазы Гупиль в парижском монастыре. Мария-Франсуаза, вышедшая затем замуж за Эбера, непримиримого «Папашу Дюшена»[1], окончила свои дни на эшафоте, как и ее муж.

Даже после смерти короля Ле Венёр остался верен Республике. Его адъютантом был сын одного из сторожей его охотничьих угодий в Тийере: его звали Лазар Гош[2]. Тот спас его от тюрьмы в 1793 году, когда Ле Венёр был арестован, как Кюстин, как Богарне и многие другие.

Во времена Империи он был депутатом, и Наполеон наградил его титулом виконта Ле Венёра. Его имя выгравировано на своде Триумфальной арки в Париже. Умер он в 1833 году. А женат он был на Шарлотте-Генриетте де Верделен, которая стала ему самой любящей и преданной женой во времена якобинского террора. Она даже стояла перед Конвентом и не испугалась унизительных визитов к самому Робеспьеру.

---

[1] «Па па ша Дю ше н» (*франц.* Père Duchesne) — так назывался ряд французских радикально-демократических газет. В частности, так называлась газета, издававшаяся в Париже в 1790—1794 годах под редакцией Жака-Рене Эбера. Идея была такова: Папаша Дюшен — это типичный представитель народа, и он в характерной манере комментирует происходящие события.

[2] Лу и-Лазар Гош (1768—1797) — знаменитый революционный генерал, отличившийся при разгроме роялистского восстания в Вандее и в командовании Самбро-Маасской армией.

У них было множество детей, которые смотрели за Карружем до второй половины XX века. Но поддерживать замок в хорошем состоянии было трудно из-за дороговизны. Пришлось в итоге продать замок государству.

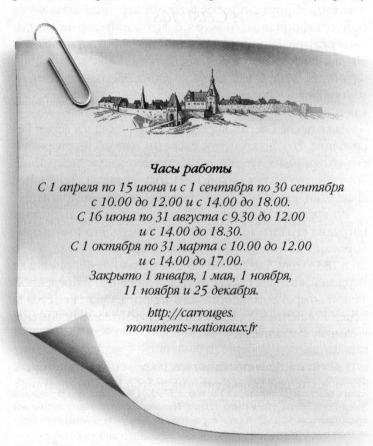

Часы работы

С 1 апреля по 15 июня и с 1 сентября по 30 сентября
_с 10.00 до 12.00 и с 14.00 до 18.00._
С 16 июня по 31 августа с 9.30 до 12.00
_и с 14.00 до 18.30._
С 1 октября по 31 марта с 10.00 до 12.00
_и с 14.00 до 17.00._
Закрыто 1 января, 1 мая, 1 ноября,
11 ноября и 25 декабря.

http://carrouges.
monuments-nationaux.fr

Кастри
(Castries)

Настоящая «герцогиня де Ланже»

...молодая женщина, представлявшая собою яркий пример своего сословия: его силу и слабость, его величие и ничтожество...

Оноре де Бальзак

Замок Кастри был возведен на холме у небольшой деревни, окруженной садами. Эти сады могли быть созданы итальянцами, но в конце концов хозяева замка выбрали для этого Андре Ленотра. Замок окружен рвом с ключевой водой, которую подводит акведук длиной в семь километров, построенный Рике три века назад. Кастри встречает рассветы и закаты на фоне великолепного пейзажа, который вполне мог бы увековечить в своей картине Юбер Робер[1]. Этот замок — место славы, там жили действительно достойные люди, многие из которых стали великими личностями и одними из самых верных подданных Франции.

---

[1] Юбер Робер (1733—1808) — французский пейзажист, получивший европейскую известность благодаря габаритным холстам с романтизированными изображениями античных руин в окружении идеализированной природы.

Родословную рода де Ля Круа де Кастри (по-французски произносится как «кастр»[1]) можно проследить с XV века, и никто в нем никогда не страдал отсутствием чести, хотя...

Хотя поговорим сначала о женщине, даже о замужней даме: она действительно заслуживает отдельного росчерка пера. Особенно если эта история любви покорила сердце великого литератора. Романтическое вдохновение и нравственность не всегда хорошо сочетаются, но кого это волнует, если в итоге получается шедевр?

В 1816 году Эжен-Эркюль де Кастри, будущий герцог, адъютант маршала Даву и генерал, был маркизом. Он сыграл пышную свадьбу с Генриеттой де Майе, дочерью герцога де Майе, одаренной неземной красотой и королевской изящностью. Филарет Шасль довольно любопытно описал ее: «Продолговатое благородное лицо, профиль скорее романский, нежели греческий, рыжие волосы спадали на высокий бледный лоб. Ее появление затмевало свечи...» Так или иначе, маркиза де Кастри была одной из самых красивых женщин Парижа и нравилась обществу художников и писателей. Чего нельзя сказать о ее супруге.

В 1819 году они развелись, не вынося сор из избы. Мадам де Кастри испытывала чувства, которые остались с ней до конца жизни, к князю Виктору фон Меттерниху, сыну канцлера Австрии, и эта любовь была взаимна. Эта страсть стоила ей репутации, но она не обращала внимания на злые языки. Этот роман закончился лишь со смертью принца в 1829 году. С того момента маркиза жила, как ей хотелось, в своем замечательном доме на улице Гренелль, где она принимала самых ярких столичных интеллектуалов.

---

[1] Про деревню говорят «Кастри», а про членов семьи — «Кастр». Не путать с другими Кастрами в Тарне.

Однако одного из них не хватало в ее коллекции. В июле 1831 года Оноре де Бальзак, проживавший в небольшом замке Саше, в Турени, получил письмо под английским псевдонимом. Незнакомая собеседница выражала восхищение его произведениями, с оговоркой насчет нравственности некоторых героев. Войдя в азарт, Бальзак ответил на письмо и получил приглашение, подписанное настоящим именем дамы. И вот он приехал на улицу Гренелль, ослепленный «величественными фронтонами этого патрицианского дома», а также ослепленный хозяйкой, которая, подобно мадам Рекамье, любила принимать гостей, лежа в шезлонге. Нужно сразу же заметить, что какое-то время она делала это не из прихоти: мадам де Кастри повредила позвоночник, упав с лошади, что, однако, не лишило ее прирожденной изящности.

В салоне молодой женщины Бальзак встретил весь цвет легитимистского общества: герцога де Майе, отца Генриетты, герцога де Фитц-Джеймса, ее дядю; и, не отдавая в том себе отчета, писатель начал проникаться их взглядами. И так, придя однажды, он стал посещать ее дом регулярно. Но огню, разожженному в его груди, приходилось довольствоваться только нежной белой ручкой, протянутой для поцелуя.

Бальзак действительно был покорен ее чарами, и летом 1832 года, когда мадам де Кастри отправилась в Экс-ле-Бен, он последовал за ней. Эмиль Анрио пишет: «Романист превратился практически в другого человека. Он стал щеголем, разборчивым в одежде, и начал следить за собой. Он приобрел кабриолет, расположился на улице Кассини, в апартаментах, обставленных со вскусом: эксклюзивная мебель, китайские ковры из дорогой ткани, произведения искусства и другие изящные вещицы».

Проживание в Экс-ле-Бене придало ему вдохновения. Бальзак окончательно влюбился в мадам де Кастри, что не помешало ему работать по двенадцать часов в день, питаясь одними яйцами и кофе. Все вечера он проводил с женщиной, очаровавшей его. Он ходил с ней на прогулки к озеру, и во время одной из них, по слухам, мадам де Кастри даже позволила ему поцеловать себя.

Она совершила промах, потому что Бальзак сразу же захотел большего. Своей подруге, Зульме Карро, он написал следующее: «Я приехал за малым и за многим одновременно. За многим — потому что я вижу грациозную и любезную женщину, за малым — потому что знаю, что она никогда не полюбит меня. Это самая утонченная дама, которую я когда-либо знал... Все эти любезные манеры были даны ей за счет душевных качеств. Так ведь бывает, не правда ли?»

Между тем мадам де Кастри решила отправиться в Италию в компании герцога де Фитц-Джеймса, своего дяди. Она пригласила Бальзака поехать с ними, и писатель, без гроша в кармане, написал своего «Сельского врача» за три дня и три ночи, чтобы все-таки достать денег и присоединиться к возлюбленной.

Увы, Бальзак неожиданно закончил свое путешествие в Женеве. Что же произошло? На самом деле в точности никто не знает, но впоследствии он сообщил мадам Ганской, с которой он состоял в многолетней переписке, что покинул Женеву «разочарованным, проклиная все и чувствуя отвращение к этой женщине».

Согласно догадкам и сюжету романа, который родился из этого неудачного путешествия, можно предположить, что красавица маркиза спохватилась и отказалась от всех своих обещаний. Неизданная прекрасная страница, найденная Эмилем Анрио, помогла пролить свет на эту историю:

«Вот и окончилась эта ужасная история! История человека, который наслаждался пейзажем и солнцем этой прекрасной страны, но который полностью ослеп... Несколько месяцев радости и все! Зачем было обнадеживать меня? Зачем в течение нескольких дней называть меня своим возлюбленным, а затем лишать меня радости, которой так жаждало мое сердце... Она подтверждала чувства поцелуем, этим чистым и святым обещанием, которое не стерлось с моих губ. Когда она меня обманула? Как произошла эта страшная катастрофа? Очень просто: вчера я был всем для нее, а сегодня — ничто...»

Два года спустя Бальзак вылил всю жажду мщения в своем романе «Герцогиня де Ланже», в котором, как мы знаем, повествуется о миленькой даме, которая отказывает молодому человеку, воспылавшему к ней любовью... На самом деле весь Париж распознал в чертах героини герцогиню де Кастри. Но она была не такой низкой личностью, как считал влюбленный писатель, потому что не перестала ему писать и поддерживать с ним дружеские отношения. Кстати, Альфред де Мюссе и Сент-Бёв также были принесены в жертву на невидимом алтаре в ее сердце, который она воздвигла для князя Виктора фон Меттерниха, ее единственной и настоящей любви...

Но оставим нашу герцогиню и вернемся к великим господам из рода де Кастри. В 1495 году феод был куплен Гийомом де Ля Круа, который по этому случаю взял титул барона де Кастри. Он был губернатором Монпелье. Его сын Жак воздвиг замок на руинах старого средневекового строения, но он сильно пострадал в следующем веке от герцога де Рогана, главы протестантов. Ущерб был быстро устранен: Рене Гаспар, отличившийся в Тридцатилетней войне, сделал из своих владений маркграфство. Затем он восстановил замок, построил огромную лестницу, заказал

119

у Ленотра ландшафтный дизайн и попросил Рике, которому поручали строительство Южного канала, построить акведук, чтобы иметь возможность орошать сады.

Его сын, Жозеф-Франсуа, был мужем племянницы мадам де Монтеспан, удивительной молодой женщины, чей живой портрет оставил нам Сен-Симон:

«Мадам де Кастри была лишь на четверть женщиной. В остальном оставалась чем-то вроде горелого печенья, очень маленькой, но при этом полной. Ни фигуры, ни шеи, ни подбородка; она была очень некрасива и постоянно выглядела озабоченной и удивленной. При этом ее глаза светились умом и говорили о многом. Она знала все: историю, философию, математику, греческий и латынь; порой казалось, что на древних языках она говорила лучше, чем даже на французском. А говорила она всегда уверенно, энергично, красноречиво, даже о самых обыденных вещах, используя обороты, свойственные только Мортемарам[1]. Любезная, забавная, веселая, серьезная, уделявшая внимание всем, она могла быть очаровательной, когда хотела понравиться. Она знала толк в тонком юморе, но при этом не любила, когда шутили над ней. При этом она легко отпускала остроты, но никогда не забывала обиды. Отдавая себе должное, она считала, что удачно вышла замуж, и испытывала к мужу дружеские чувства. Она уважала его за все, чего он добился, и гордилась им больше, чем собой. Он отвечал ей взаимностью,

Увы, умерла она молодой, а ее муж, которого эта умница так любила, женился снова. Его избранницей стала дочь герцога де Леви. Они породили великого воина, одного из самых верных подданных королевства — Шарля-

---

[1] Мортемары были одними из самых проницательных и искусных деятелей французского двора и риторов своей эпохи.

Эжена-Габриэля де Кастри, который в шестнадцать лет женился на внучатой племяннице кардинала де Флёри, а затем смог стать самым молодым бригадным генералом, самым молодым генерал-лейтенантом, самым молодым кавалером ордена Святого Духа и, наконец, одним из самых молодых французских стратегов. Ему было всего тридцать три, когда он принес Франции победу в сражении при Клостеркампене, где погиб шевалье д'Асса, его сосед, чей замок можно было видеть с большого балкона Кастри. Затем он стал министром военно-морского флота Людовика XVI — с 1780 по 1787 год. Он организовал большую морскую экспедицию во главе с адмиралом де Грассом, которая привела к сражению при Йорктауне и победе Соединенных Штатов Америки над Англией. К тому же он отдавал приказы Сюффрену, Ля Мотту Пике и, при поддержке короля, предоставил Франции самый мощный флот той эпохи. К несчастью, революция разрушила большую часть его трудов, но не все: Шербурский порт и кодекс морского права — результаты его усилий, дошедшие до наших дней.

После взятия Бастилии маршал решил эмигрировать, потому что, очевидно, в нем более не нуждались, но он все еще хотел послужить родине и пытался помешать публикации Манифеста герцога Брауншвейгского, который имел ужасные последствия[1]. Будучи премьер-министром

---

[1] Манифест герцога Брауншвейгского — обращение к народу революционной Франции, в котором было сказано, что все, кто будет сражаться против войск Австрии и Пруссии, «будут наказаны как бунтовщики, восставшие против своего короля». Манифест имел последствия, прямо противоположные его основным целям. Он не принудил французов к повиновению, а способствовал радикализации революции и в конечном итоге стал поводом к массовым убийствам аристократов в сентябре 1792 года.

короля в ссылке, в ссылке он и умер, а именно — в Воль-фенбюттельском дворце. Память этого великого человека почтили жители чужой страны.

Его сын достойно продолжил военную стезю, по которой шло его семейство.

Сам же замок сильно пострадал от революции: он был разграблен, продан и разделен между четырнадцатью владельцами. Восстановить владения и реставрировать замок удалось лишь мужу нашей «герцогини де Ланже», который успешно совмещал это занятие с великолепной военной карьерой. Но детей у него не было, и пришлось завещать замок и титул своему племяннику Эдмону. Следует отметить, что сестра этого Эдмона вышла замуж за маршала Мак-Магона... и, таким образом, стала женой президента Республики!

Другие великие военные в этом роду? Анри был товарищем Шарля де Фуко, основателем Исторической службы Марокко и советником маршала Лиотэ. И, наконец, генерал де Кастри — великий воин, который останется в нашей памяти благодаря героической обороне Дьенбьенфу. Именно в умиротворении и тишине замка он вернул себе потом здоровье и душевное спокойствие.

К счастью, замок, нуждавшийся в ремонтных работах, был восстановлен, начиная с 1936 года, молодой парой, посвятившей этому двадцать лет жизни: герцогом и герцогиней де Кастри. Он занимался садами, а она — внутренней отделкой. Замок как будто заново родился. Он остался таким же красивым, как и раньше, только сделался более удобным для жизни. В течение десяти лет молодая герцогиня не выезжала в Париж.

Но, возможно, забота о замке не была единственной причиной. Она желала наблюдать за важными историческими работами своего мужа, которые позволили бы герцогу стать членом Французской Академии. Он не избрал шпагу смыслом своей жизни, но его талант все-таки принес ему одну — и чрезвычайно престижную![1]

Последний герцог де Кастри умер в 1986 году и завещал замок Французской Академии.

*В 2012 году замок еще был закрыт
на реставрационные работы.
Уточнить информацию можно на сайте:*

*http://www.institut-de-france.fr/fr/
patrimoine-musees/
château-de-castries*

---

[1] Имеется в виду место во Французской Академии, где ее членам вручалась шпага. (*Прим. пер.*)

Башня Констанс
(La Tour De Constance)

Жены камизаров

Кто не знал любви,
Тот не знал страданий...

Томас,
«Тристан и Изольда»

Жара не спадала. Шли последние дни августа 1704 года, и похолодания не намечалось. Засуха длилась вот уже несколько месяцев. Даже ночью было тягостно и душно. Солнечные дни лишь добавляли страданий иссохшей земле, серым от пыли деревьям и людям, которым пришлось безжалостно сократить дневное количество потребляемой воды. В Эг-Морте, окруженном крепостными стенами и болотами, жители особенно страдали от жажды. А темницы были переполнены...

В башне Констанс, большом донжоне, выступавшем вперед перед крепостными стенами, словно часовой, все этажи были переполнены пленниками гражданской войны: мужчины — на первом, женщины — на втором, а особо непримиримых помещали на третий, где жара переносилась особо тяжко. Каждый из этих этажей представлял собой круглый сводчатый зал, где пленников держали, как животных — больных вперемешку со здоровыми. Все надеялись на гипотетическое решение властей о сокращении числа заключенных. Мужчинам разрешалось выходить из тюрьмы лишь на каторжные работы. Женщинам же покидать башню не разрешалось вообще. И все лишь потому, что тюремщики и заключенные молились одному Богу на разный лад! Вот уже десять лет как во Франции пылал огонь религиозных войн.

Все началось в 1685 году, когда король Людовик XIV, последовав дурному совету маркизы де Ментенон (своей тайной жены) и всемогущего Общества Святого Причастия[1], решил обеспечить искупление своих грехов перед небесами посредством отмены Нантского эдикта. Короля удалось убедить, что старая привилегия, данная гугенотам его предком Генрихом, была более не нужна. И он, без всякой задней мысли, задумал объединить разные конфессии в единую католическую религию.

Множество гугенотов тогда добровольно эмигрировало, переехав из Франции в Женеву, германские княжества, Нидерланды, Англию и даже в Америку, оставив страну без ценной рабочей силы, без буржуазии и без умного и эффективного дворянства. Потом эта «рана» кровоточила на протяжении долгих веков.

Некоторые, охваченные страхом, решили подчиниться, по крайней мере, для вида, но пламя уже разгоралось. Протестантские проповедники тайно ходили по деревням, упрекая новообращенных в трусости и пытаясь вновь привести их к вере Лютера и Кальвина. Чаще всего им это удавалось. Но самый большой урожай был собран в дикой

---

[1] Общество Святого Причастия было создано в 1630 году герцогом де Вентадуром. Оно объединяло ревностных и могущественных христиан, сторонников католицизма, и имело около 50 отделений. Помимо благотворительности Общество занималось выкупом пленных христиан у берберских пиратов, надзирало за столичными нравами и т. д.

части Лангедока: в суровых Севеннах, поросших густыми непроходимыми зарослями, населенных пастухами и мелкими ремесленниками. На протяжении веков на этих древних землях процветали анархия и учение катаров, а народ был открыт для любых идей, которые могли принести им хотя бы иллюзию свободы. Реформистское зерно пустило свои корни.

Как только объявили об отмене эдикта, пламя разгорелось, и страна пробудилась: 23 июля 1702 года в Понде-Монвере бандой фанатиков был убит приходской инспектор аббат Лангдад дю Шайла. Эта банда была похожа на многие другие, которые под началом отважных командиров ушли в лесные заросли. Они стали беспрерывно нападать на священников и церкви, сжигать и грабить деревни, заподозренные в связях с католиками. Имели место кровопролитные столкновения, причем жестокость в них проявляли обе стороны. Впрочем, подавление мятежей было не менее суровым.

Повстанцы называли себя «камизарами», потому что носили белые рубахи, служившие для них отличительным признаком[1]. Они выступили против войск под командованием графа де Брольи, затем — маршала де Монревеля и, наконец, маршала де Виллара, которых Версаль выслал против них. Но это только усилило взаимную ненависть и зверства.

У камизаров было много командиров, но особо выделялись двое: Жан Кавалье и Пьер Лапорт, называемый «рыцарем Роландом». Первый ранее был булочником из Ма-Ру, второй — пастухом из Ма-Субейран, но оба были благородны и храбры. Юные и смелые, они горели верой и отвагой. К несчастью, это мужество привело к драме

---

[1] От camisol (*франц.*) — кофта.

126

и заключению в переполненных тюрьмах Эг-Морта, где помимо прочих заключенных содержались еще и две очень молодые дамы, несшие двойной крест безнадежного отчаяния. Звали их Катрин и Марта Бренгье де Корнели. Старшая была женой Роланда, потому как, к их несчастью, религиозную страсть юного командира усилила горячая любовь.

В конце августа 1703 года по Севеннам прошла новость, что в ущелье Бизу, что возле Андюза, состоится большое собрание верующих. Роланд пригласил на него всех окрестных протестантов. В Лассале тогда жили Франсуа Бренгье де Корнели с женой и десятью детьми, отрекшиеся против своей воли и к великому негодованию старших дочерей, Белотты и Луизон. Их вера не позволила отречься, и они потихоньку возвращали в протестантство и остальных членов семьи. Девушки с радостью приняли новость о собрании и решили на него пойти, заявив, что мешать им бесполезно.

Отец признал себя побежденным, но отказался отпускать с ними двух других дочерей, Катрин и Марту. Они были слишком молоды: одной — двадцать, а другой — семнадцать. К тому же в районе находились войска микелетов[1]. Это все было небезопасно.

Но Катрин и Марта вот уже много дней мечтали увидеть рыцаря Роланда, о котором говорили, что тот очень красив и безумно храбр. Мысль о том, что он будет стоять совсем рядом с ними, терзала их. Когда они увидели, что сестры покидают дом, чтобы отправиться на собрание, они больше не раздумывали: прихватив с собой Марию,

---

[1] Регулярные войска, чье название происходит от названия каталонских грабителей.

старую служанку, которая не могла остановить их, они прокрались из дома ночью, чтобы пойти в ущелье Бизу.

Приближаясь к цели, беглянки наткнулись на группу микелетов, которые немедленно взяли их в плен. Но их крики и в особенности крики служанки разнеслись по всей округе, и вскоре солдаты очутились лицом к лицу с двумя мужчинами со шпагами в руках. Бой был коротким. Новоприбывшие были молоды, сильны и хорошо обучены. А микелетов было всего шесть человек. Вскоре сестры де Корнели были освобождены.

Они увидели перед собою двоих мужчин. Тот, что покрепче, был черноволос, с правильными чертами лица, чуть затронутого оспинками. На нем была красная одежда, расшитая золотом, и черные штаны. Его спутник также был брюнетом, но одет в простую черную шерстяную кофту. Он, пожалуй, был красивее, но не так строен. Первый был Роландом, а второй — Майе, его лейтенантом. И обе пары сразу же влюбились друг в друга, как в романе. Катрин и Роланд не замечали никого вокруг, так же как и Майе с Мартой. Роланд разбил лагерь на горе в окрестностях Лассаля, и довольно часто они с Майе спускались в деревню и пробирались в сад своих подруг, чтобы улучить несколько минут счастья посреди этой безжалостной войны. Иногда они встречались на каменистых склонах, возвышающихся над Салендранком. После каждой из встреч расставаться становилось все сложнее и сложнее. Но, несмотря на ореол славы, окружавший повстанцев, Роланд и Майе не осмеливались предстать перед семьей Корнели. Хоть они и были протестантами, любовь своих дочерей к бывшим пастухам жители Лассаля, возможно, не одобрили бы. Перед тем как объявить о себе, им нужно было обрести столько славы, чтобы не возникало даже и мысли об отказе. К несчастью для камизаров, дела пошли под гору.

Разгневанный все возрастающим сопротивлением и ударами с тыла, Монревель провел зиму, занимаясь тем, что потом назвали «великими делами». Десятки деревень в Верхних Севеннах были разорены и стерты с лица земли по его приказу, а многие их жители — депортированы. Остальным оставалось лишь наблюдать, как войска разрушают их пекарни и мельницы. Всех охватил страх.

В начале 1704 года Жан Кавалье потерпел сокрушительное поражение в пещерах Эзе. Но недовольный король отозвал Монревеля и заменил его маршалом Вилларом, которому предстояло усмирить Лангедок. В первую очередь тот решил договориться с Жаном Кавалье. Ему удалось это сделать с помощью местного дворянина. Месье д'Эгалье подарил ему полк, звание полковника и без труда получил от него согласие не участвовать больше в войне. Но Роланд не хотел заключать мир. Многочисленные встречи между двумя мужчинами не принесли результатов: Роланд хотел вновь удалиться в горы и продолжить борьбу. Майе, естественно, последовал за ним.

Тогда Катрин и Марта решили разделить участь своих любимых. Без них жизнь была им не мила, они не хотели более проводить свою жизнь в разлуке. Мужчины не осмелились отказаться от счастья, которое выпало на их долю. Они отправились в замок Кастелло, оставленный предыдущими владельцами. Там друзья хотели устроить новый штаб. Катрин и Марте оставалось лишь последовать за ними.

Но девушки были слишком сознательны, чтобы уйти из дома, никому ничего не сказав. Катрин и Марта объявили родителям, что собираются последовать за последними командирами повстанцев, дабы стать их верными спутницами по жизни. И Франсуа де Корнели отпустил их, но с условием, что вскоре будет сыграна свадьба, освященная пастором. Они дали обещание. 14 августа 1704 года сестры Корнели присоединились к лагерю камизаров. Тем же вечером в горной пещере при свете свечей Катрин вышла за Роланда, а Марта — за Майе.

Церемония, состоявшаяся теплой и ясной ночью, полной ароматов земли и диких полей, была простой и трогательной, на ней присутствовали только самые верные люди. Конечно, это было опасно, но все выглядели такими счастливыми... Все, кроме одного человека!

Речь идет о некоем Маларте, которому все доверяли, потому что уже многие месяцы он был связным агентом. Но все забыли о том, как он любил золото. И пока молодожены держали путь в замок, дабы провести там первую брачную ночь, Маларт потихоньку отстал от приглашенных, скрылся за скалой, подождал, пока все пройдут, и направился в Юзес. К четырем часам утра в замке все спали. Абсолютно уверенный в своем окружении, Роланд думал лишь о своей возлюбленной, и он не только не выставил часовых, но даже позволил тем четырем, что остались внутри замка, пойти спать, чтобы набраться сил перед вылазкой, которая была запланирована на следующий день.

Никто не заметил, как драгуны капитана де Ля Кост де л'Абади подкрались к замку и окружили его, вслед за чем один отряд стал ломиться в ворота под прикрытием мушкетов.

Роланд пробудился от первого же удара тарана, вскочил с кровати и выглянул окно: снаружи замок был окружен красными мундирами. Следовало бежать и защитить Катрин и Марту, потому что Бог его знает, что с ними могли сделать драгуны!

Он отправился на поиски Майе и Марты. Хвала небесам, позади замка имелся потайной ход, который вел в заросший кустами овраг. Утро еще не настало, поэтому через него можно было скрыться.

Некоторое время спустя небольшая группа из четырех камизаров и старой Марии оказалась в лесу. Но очень скоро стало очевидно, что солдаты напали на их след, и тогда Роланд принял мудрое и самоотверженное решение: он со своими людьми должен отвлечь преследователей. Они умели сражаться и голыми руками их бы не взяли. В это время женщины должны были разделиться и отправиться разными дорогами в Туара, где они бы встретились позже.

Наступил волнительный момент, среди деревьев уже мелькали красные мундиры. Катрин вырвалась из рук Роланда и увлекла за собой сестру с Марией. Они спустились в овраг и перешли через насыпь. Позади них послышались выстрелы, но они верили в своих храбрых мужей. Женщины надеялись, что те выйдут победителями и вскоре присоединятся к ним. Но внутренний отчаявшийся голос нашептывал Катрин, что она обманывает сама себя и никогда больше не увидит своего любимого живым.

Голос оказался прав. Пули настигли Роланда, и он был убит. Несмотря на ожесточенное сопротивление, солдаты захватили Майе и его четырех спутников. Женщин нашли 15-го числа в лесах Туара, когда силы их практически покинули. Они были доставлены в Ним, где Катрин узнала о смерти супруга и о пленении остальных. Их осудили и должны были казнить на следующий день.

16-е число стало самым кошмарным днем в жизни несчастных женщин. Сопровождаемые солдатами, они увидели, как их мужей с товарищами везли в грязной и пыльной повозке. Роланд был мертв, но его наскоро забальзамировали, чтобы при такой жаре его вообще можно было узнать. Но Майе был жив и держался очень храбро.

Его приговорили к колесованию. Он с песней поднялся на помост, призывая товарищей последовать его примеру. Когда палач поднял лом, чтобы перебить молодому человеку конечности, Марта испустила крик и упала в глубокий обморок. Испытание, через которое она прошла, было слишком тяжелым для нее, особенно в эту жару, измучившую город. У нее началась лихорадка, и в бессознательном состоянии ее перевезли в башню Констанс, где их, по всей видимости, оставили страдать, пока смерть не сжалится над ними.

При такой жаре бедная Марта могла умереть раз сто. Сестра и Мария сохранили ей жизнь благодаря какому-то чуду, ниспосланному свыше. Они отказывали себе во всем ради нее, стараясь отыскать ей место на каменных плитах, где было бы посвежее. Сокамерники считали их героинями. Их историю, ставшую легендой, пересказывали друг другу. Над ними простералась, как спасительный покров, красно-золотая тень Роланда. И, в конце концов, пошел дождь, и условия в башне стали не такими ужасными. Можно было, наконец, утолить жажду, помыться и восстановить силы...

Но маршал де Виллар знал цену символам в стране, раздираемой войной. В ноябре он приказал освободить сестер де Корнели из тюрьмы при условии, что они уедут в Швейцарию, где их уже ждала семья.

Однажды утром, под покровом тумана, принимавшего самые причудливые очертания над зелеными прудами, Катрин, еще до конца не оправившаяся Марта и Мария покинули Эг-Морт. Их сопровождала стража, которая должна была сопровождать женщин до границы. И они ушли в туман и безвестность. История закрыла перед ними свои двери, об их дальнейшей судьбе ничего не известно.

А старая башня, построенная Людовиком Святым, когда тот основал порт Эг-Морт, сначала выполняла функции сторожевого здания, а потом из нее сделали тюрьму. После этих событий в ней содержалась настоящая героиня, известная во всем регионе, как знамя протестантского движения: Мария Дюран, которая вместе со своей семьей была заключена в темнице еще девочкой и пробыла там тридцать семь долгих лет. Времени не удалось заставить ее отречься от веры, не потеряла она и надежды, и щедрости, ибо постоянно помогала своим соседкам и вселяла в них уверенность, когда те были на грани отчаяния. На краю колодца, окаймленного железом, там и теперь можно увидеть слова: «Ради Бога. Сопротивляйтесь!»

Ее и тринадцать оставшихся узниц освободил принц де Бово, ставший губернатором Лангедока в 1767 году...

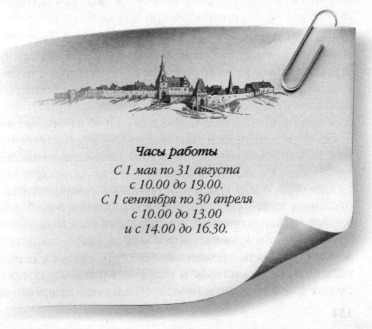

Часы работы

С 1 мая по 31 августа
с 10.00 до 19.00.
С 1 сентября по 30 апреля
с 10.00 до 13.00
и с 14.00 до 16.30.

Кропьер
(Cropières)
Дом Анжелики

Кто легкомысленная самая из них?
Ужель то королева Монтеспан?
Или Гортензия с извечной своей книгой,
Иль с требником церковным Ментенон,
Или Фонтанж с известной всем
подвязкой?

Альфред де Мюссе

Едва ли Кропьер можно назвать замком. Скорее это большой дом в горах, наполовину ферма, наполовину усадьба. Его гордость и украшение — лестница с перилами в духе Версальского дворца. Она служит памятью об утонченном вкусе красивой женщины. Вокруг простирается прекрасный пейзаж: небольшая долина в кантальском плато, журчание реки и тишина, тяжело переносимая зимой, но которая позволяет свободно цвести диким цветам с наступлением весны. Хозяйка была очень на них похожа.

Она была очень красива, и поэтому к семнадцатилетней юной Анжелике де Скорай де Руссилль в отчий дом осенью 1678 года приехала тетушка-каноница. Небольшое круглое лицо девушки, скрытое под копной золотистых волос, было очень свежим, освещенным сиянием серых глаз, белоснежных зубов и изящного розового ротика. Вместе с тем высокая и гибкая, обладающая природным очарованием девушка не отдавала себе отчета в своей красоте, зато ее семья видела ее достоинства и вполне могла оценить их.

В доме набожную даму встретили с радостью и почтением, потому что она привезла важную новость: Анжелику собирались сделать фрейлиной герцогини Орлеанской, невестки короля Людовика XIV.

Эту завидную привилегию для своей юной племянницы тетушка смогла получить благодаря поддержке всемогущей аббатисы де Фонтевро, Марии-Мадлены де Мортемар, сестры маркизы де Монтеспан, которая не гнушалась пристраивать своих знакомых в различных кругах королевского двора. Можно себе представить радость семьи, окрашенную корыстными мыслями о финансовой выгоде от этой затеи. Чтобы показаться при дворе, даже и у герцогини Орлеанской, нужны были платья и остальное приданое, а семья де Скорай не была богата. Однако все ее члены решили собрать деньги, чтобы одеть ребенка, потому что их девочке выпал просто уникальный шанс. Ведь ее красота — это весьма выгодное вложение финансов.

Благодаря совместным усилиям Анжелика, сопровождаемая тетушкой, в один прекрасный день пересекла порог Пале-Рояля в Париже и сделала реверанс перед герцогиней.

Теперешняя ее хозяйка — это не та хрупкая и порой жестокая Генриетта. Это была вторая супруга Месье[1]: княгиня Палатинская, крепкая немка, бранящаяся, как извозчик, и пьющая пиво в свободное время, когда ее охватывала

---

[1] М е с ь е — это был титул, который давался родному брату короля Франции, следующему за ним по старшинству. В данном случае речь идет о Филиппе I, герцоге Орлеанском, сыне Людовика XIII и младшем брате Людовика XIV. Его первой женой была Генриетта Сьюарт, умершая в 1670 году.

ностальгия по родной Германии. Однако она была умна, добра и умела радоваться жизни.

Мадам благожелательно приняла юную провинциалку, но задала ей несколько вопросов: как так получилось, что ее порекомендовала сестра главной фаворитки, этой сорокалетней Монтеспан, которую та ненавидела и которая, уже изрядно пополнев, пыталась не допустить к Королю-Солнцу любого, кто вызывал у нее беспокойство?

При первой же возможности Мадам обратилась к аббатисе де Фонтевро, которая ответила ей без малейшего смущения: малышка прекрасна, но глупа, как пробка. Нет ничего полезнее дурака, которым умеешь управлять. Именно так размышляла мадам де Монтеспан.

Тут-то княгиня Палатинская и поняла: мадам де Монтеспан предпочитала сама поставлять королю-любовнику развлечения, чем оставлять это на волю случая. Чуть позже эту жительницу Оверни практически отняли у герцогини: Анжелику пригласили в личный круг общения фаворитки в замок Кланьи, роскошное строение на севере от Версаля, не дошедшее до наших дней.

Знакомство удалось на славу: молодая девушка была достаточно ослепительна, чтобы привлечь внимание короля, но глупа. Мадам де Монтеспан думала, что в опытных руках простушка будет податлива, как тесто, и не представит никакой опасности. Тут-то коварная маркиза и ошибалась!

Анжелика вовсе не была глупа. Просто ее шокировала перемена обстановки. Ее выдернули из овернской усадьбы, чтобы без всякой подготовки привести в самый красивый дворец мира, кинув в самую гущу одновременно блистательного и опасного королевского двора. Женщины тут были так же дерзки, как и мужчины, поэтому «крестьянка» услышала о себе достаточно неприятных вещей. Понадобился железный кулак мадам де Монтеспан, чтобы заткнуть рты болтунам и поддерживать видимость спокойствия вокруг своей протеже.

Казалось, все шло точно по плану. Во время первого же визита в Кланьи мадемуазель де Скорай представили королю. Девушка была так испугана, что ей понадобилось некоторое время для исполнения реверанса. Она оказалась лицом к лицу с королем: это позволило ему хорошенько ее разглядеть. Ошибка в этикете лишь вызвала его улыбку, тогда как, по мнению остальных, Анжелика заслуживала замечания. Но какой мужчина рассердился бы, увидев столько восхищения в глазах юной девушки?

Восхищения... Наверняка не только потому, что, исполнив реверанс, она заметила, что ее сердце забилось чаще. Один обмен взглядами, и, как ранее Ля Валльер, она оказалась заложницей собственного сердца, навсегда влюбленного в короля.

Преисполненная тайного ликования, она покинула Пале-Рояль с его запахом капусты, чтобы переместиться в Версальский дворец, под опеку мадам де Монтеспан. Здесь она могла встречаться с королем практически каждый день.

Вскоре она увидела его гораздо ближе, чем могла когда-либо себе представить. Праздничная ночь в Кланьи, которую посетил король, прогулка по саду, чтобы отдохнуть от душного салона. Мадам де Скорай не заметила двух мужчин, идущих позади. Вскоре она очутилась перед небольшой беседкой, освещенной мягким светом, в которую ее пригласил войти король, следовавший за ней с герцогом де Ларошфуко. Там был накрыт стол и была создана уютная, приятная атмосфера. Вскоре за парой закрылась дверь, а герцог стоически охранял их снаружи, готовый остановить любого любопытного, если бы таковые нашлись. Он был придворным, хорошо знающим свой долг и умеющим преодолевать неприятности ради блага короля. И, действительно, на следующий день он подхватил простуду и несколько новых земель в придачу.

Новость о том, что король увлекся Анжеликой, словно бомба, взорвала Версаль. Некоторые считали это прихотью, кто-то — настоящей любовью. Никогда еще король не совершал подобных безумств ради женщины. За короткое время у Анжелики появились наряды, карета, украшения и земля в Фонтанже. Поговаривали даже, что король хотел сделать ее герцогиней. Мадам де Монтеспан, огорошенная таким поворотом событий, пришла в ярость. А ведь план казался ей таким продуманным... Всего за несколько дней ее покровительство превратилось в ненависть.

То был разгар самого ужасного времени в истории, когда все сильные мира сего прибегали к помощи ядов, когда гадалки, ясновидящие и прочие ведьмы ценились больше всего на свете. Они задавали настрой всей Франции. Быть может, мадам де Монтеспан приобрела яд у Ля Вуазен или у Филастры, после ареста предыдущей, чтобы избавиться от своей соперницы?[1] Похоже, ясность в этом деле не наступит никогда.

С течением времени влияние мадемуазель де Фонтанж все усиливалось. Забеременев, она стала герцогиней, и мадам де Монтеспан вынуждена была наблюдать, как ее со-

---

[1] Принято считать, что Анжелика была отравлена. В связи с ее смертью в 1681 году было начато так называемое «Дело о ядах». Ля Вуазен (она же Катрин Монвуазен) была обвинена в продаже ядов своим клиентам из числа французской знати, и она назвала маркизу де Монтеспан среди них. В настоящее время доказано, что Анжелика умерла от экламсии (формы токсикоза при беременности). Тем не менее Монвуазен была осуждена за колдовство. А Филастра была крестницей Монвуазен, и она тоже была арестована. Общее число обвиняемых достигало тогда 147 человек. Дело было замято, но маркизу де Монтеспан удалили от двора и отправили в ссылку в ее собственное поместье.

перница садилась в то знаменитое кресло, о котором ей приходилось только мечтать.

Однако здоровье подводило новоиспеченную герцогиню. Беременность переносилась ею плохо, девушка худела, теряла яркость и через месяц после казни Ля Вуазен произвела на свет мертвое дитя.

От горя ли, либо от других страданий герцогине становилось все хуже. Она совсем потеряла свой блеск, а тело, из которого медленно уходила жизнь, начало подводить ее. Страшно было смотреть на ту, что когда-то была самой ослепительной женщиной королевства. А Людовик XIV терпеть не мог больных. Вскоре он отвернулся от любовницы и отослал ее к гувернантке своих незаконнорожденных детей, к мадам де Ментенон, которая, как могла, пыталась успокоить больную.

Та, в слезах, отвечала ей: «Вы советуете оставить любовь, как будто это просто привычка».

Вскоре она скончалась. После поездки в аббатство Шелль, главой которого она сделала свою сестру, Анжелика направилась в Пор-Рояль, где умерла 26 июня 1681 года... В возрасте двадцати лет.

Своей семье в Кропьере, о которой никогда не забывала, она отправляла золото, очень много золота, а также повелела построить террасу, лестницу и зал для театра. Семья получила королевские проценты со своего вложения. Она же, несчастная хрупкая герцогиня, заплатила за это состояние своей кровью и жизнью...

В настоящий момент замок находится в собственности семьи Шефдебьен и не предназначен для посещения.

Лимоэлан
(Limoëlan)
Человек с адской машиной

*Да, совесть все же есть, и она
жжет, как яд!*

Вольтер

Был канун Рождества 1800 года. Все ужасы Великой французской революции начали постепенно забываться. Бонапарт, первый консул, восстановил в стране порядок, и религиозные треволнения угасли. По правде говоря, они исчезли вовсе, поскольку церковные мессы по большей части были запрещены и вскоре стали скорее единичными случаями, причем проводились втайне и с величайшими предосторожностями. Однако мадемуазель Аделаиде де Сисе никогда не было особого дела до предосторожностей...

Казалось, Революция никоим образом не повлияла на эту пятидесятилетнюю женщину. Святая великодушная женщина в самый разгар террора продолжала посещать больных, помогать бедным и даже устроила у себя нечто вроде прибежища для гонимых религиозных деятелей. Щедрость же ее была поистине безгранична. Она даже не озаботилась убрать частицу своего имени (признак дворянского рода) и скрыть тот факт, что она была сестрой двух епископов. Но примечательнее всего было то, что эту женщину любили и уважали все без исключения. Очевидным было одно: стоило какому-нибудь неосмотрительному глупцу донести на нее, он вряд ли бы дожил до старости.

Так что нет ничего удивительного в том, что каждый год, под Рождество, Аделаида проводила в своем парижском доме на улице Кассетт ночную мессу. Тем более что богослужение проводил ее старинный друг, отец Клоривьер.

Но в тот вечер помимо священника в доме были одни только женщины: разумеется, сама мадемуазель де Сисе, несколько монахинь, три родственницы Аделаиды из рода Лимоэлан и некая девушка, Анна-Мария де Д..., чья фамилия так никогда и не была раскрыта. Она, как и дамы де Лимоэлан, проживала в Версале и была замужем за их сыном и братом. Анна-Мария была крайне взволнована, поскольку ее жених, Жозеф, по какой-то необъяснимой причине задерживался...

Это был рослый обаятельный молодой человек, тридцати двух лет от роду, довольно приятной наружности, несмотря даже на слабую близорукость, которая вынуждала его носить очки. Дамы де Лимоэлан никогда не покидали пределов Франции, но вот Жозеф не так давно вернулся из-за границы, так что любящие его родственницы всегда переживали, если он немного опаздывал. Тем более в столь поздний час. А Анна-Мария переживала даже больше остальных, поскольку была глубоко привязана к своему жениху (их союз никак нельзя было назвать браком по расчету). По правде сказать, любовь эта была еще совсем незрелой, и девушка даже толком не знала, кому отдала свою руку и сердце.

Впрочем, она знала, что он принадлежал к древнему бретонскому роду и был племянником отца Клоривьера. Полное его имя было Жозеф-Пьер Пико де Лимоэлан де Клоривьер. Родился он в Нанте 4 ноября 1768 года, но все свое детство провел в прекрасном замке, построенном его отцом в 1779 году неподалеку от Жюгона и Броона, где появился на свет выдающийся военачальник Столетней войны и коннетабль Франции Бертран Дюгеклен. В замке, где Анна-Мария рассчитывала вскоре жить сама, ведь ей так много о нем рассказывали!

Строение это красовалось в самом конце дубовой аллеи, окруженное ковром из цветущей зелени. Великолепный фасад с куполообразной крышей и просторная терраса с выходом в сад поражали воображение. Жить в нем, вероятно, было одно удовольствие, несмотря на то, что во время Революции замок фактически пустовал. Дело в том, что смерть уже наложила на него свой отпечаток: строитель замка, Ален-Мишель де Лимоэлан, замешанный в заговоре маркизы де Ла Руэри, был гильотинирован в Париже 18 июня 1793 года.

Эта смерть крайне возмутила Жозефа. Он тогда служил в армии принца де Конде, но, вернувшись во Францию, примкнул к шуанам и с наслаждением ввязался в эту партизанскую войну, промышляя в придорожных канавах и лесах близ бретонских деревень. В течение долгих лет он вел бродячую жизнь, до того дня, когда изменить что-либо в ненавидимой им республике стало просто невозможно. Тогда он сложил оружие и вернулся к своим версальским родственницам...

Месса уже подошла к концу, а Жозефа де Лимоэлана все не было. Гостиная мадемуазель де Сисе вновь обрела свой прежний вид, и радушная хозяйка предложила гостям лакомства, как вдруг за дверью раздались чьи-то торопливые шаги. Не говоря ни слова, в комнату ворвался Лимоэлан. Он был бледен и имел какой-то странный диковатый вид, к тому же его одежда была сплошь покрыта пылью. Он даже не поздоровался с дамами: ему срочно был нужен священник, отец Клоривьер. Тот проследовал за молодым человеком, не задавая лишних вопросов. Оба вышли, оставив взволнованных дам одних. А беспокоиться было из-за чего!

Незадолго до этого вечера Бонапарт, его жена Жозефина и дочь Гортензия, которые должны были поехать в Гранд-опера, чудом избежали готовившегося на них покушения. Их карета едва отъехала от дворца Тюильри, когда на соседней улице Сен-Никез, по которой должна была проехать императорская семья, взорвалась бочка с порохом, установленная на телеге.

К счастью для первого консула и его семьи, их карета уцелела, однако «бомба» унесла с собой жизни двенадцати человек. Дворец загудел, как растревоженный улей. Телега, равно как и лошадь, в нее запряженная, были куплены заговорщиками, и один из них (вот она, поистине жуткая деталь!) попросил стоявшую неподалеку четырнадцатилетнюю девочку подержать поводья некоторое время. И ребенок, и телега, и лошадь были разорваны на кусочки, а вместе с ними — и десяток человек, праздновавших Рождество в кабаке по соседству. Прохожие и один из всадников императорского эскорта были ранены. С этого момента полиция под начальством Фуше не знала покоя. Министр был убежден, что покушение спланировали роялисты. И он не ошибался...

Тем временем Анна-Мария с подругами вернулась в Версаль, но жениха своего там не обнаружила. Три недели спустя она с удивлением и ужасом узнала страшную новость: мадемуазель де Сисе и дамы де Лимоэлан были арестованы. Стало доподлинно известно, кому принадлежал план с адской машиной: прежде всего, самому Лимоэлану, его управляющему Карбону и бывшему морскому офицеру Робино де Сен-Режану — все они были товарищами и вместе состояли в рядах шуанов. Именно из-за Карбона Жозеф явился искать отца Клоривьера: мужчина был серьезно ранен. Позднее его перевезли к мадемуазель де Сисе, где о нем позаботились должным образом. Однако, оправившись, он имел неосторожность покинуть свое убежище. Его узнали, арестовали 18 января, и он во всем сознался...

Принимая во внимание смятение Анны-Марии и невзирая на опасность, которая ему угрожала, поскольку он тоже числился в розыске у полиции, отец Клоривьер сумел как-то вечером навестить девушку. Он рассказал ей все, стараясь, насколько возможно, смягчить жуткую правду: да, Лимоэлан был зачинщиком в заговоре против Первого консула и все еще состоял в рядах подпольного движения шуанов, и, да, погибли невинные. Жозеф замешкался в последний момент и отдал приказ поджечь фитиль слишком поздно. Это промедление и спасло Бонапарта. Сен-Режан, коему поручили поджечь порох при помощи его трубки, сделал все наобум. Его тоже арестовали. Ну а сам Жозеф попросту исчез...

Одному лишь отцу Клоривьеру было известно, где тот скрывался, однако этого он не сказал даже безутешной невесте. Фуше рыскал повсюду, арестовывал все, что движется, все, что казалось ему хоть сколько-нибудь подозрительным. Он даже пообещал сохранить Лимоэлану жизнь, если тот явится с повинной. Но шевалье в эту ловушку не попался. Ему слишком хорошо были известны уловки полицейского. Анне-Марии же пришлось довольствоваться твердым заверением: тот, кого она любит, находится в надежном месте, и он в безопасности.

1 апреля Карбон и Сен-Режан были приговорены к смерти. Приговор был приведен в исполнение, остальные подозреваемые — отпущены. Отныне Фуше был уверен, что в заговоре были замешаны трое пресловутых субъ-

ектов. Мадемуазель де Сисе и дамы де Лимоэлан могли, наконец, вернуться к себе.

Тем временем Жозеф отсиживался в полуразрушенном погребе церкви Сен-Лоран, где его укрыл дядюшка и откуда выходил исключительно под покровом темноты. Когда до него дошли слухи о казни двух его товарищей, он пришел в ярость и захотел покинуть это треклятое подземелье, где его буквально раздирало чувство вины. Однако отец Клоривьер убедил его покинуть Париж. Переодетый старьевщиком Жозеф сел в телегу-развалюху и незамеченным проехал до Бретани, где достиг своего замка Лимоэлан, куда уже приехали его мать и сестры. Одна из них, Мария-Тереза, не так давно вышла замуж за некоего дворянина, месье де Шаппделена, который унаследовал большое состояние от своего американского дядюшки.

В замке шевалье занял комнату на первом этаже, оснащенную специальным вращающимся книжным шкафом, за которым располагался большой отсек. Там он мог в любой момент спрятаться, стоило только полиции заявиться в замок с обыском. А это случалось довольно часто, поскольку Фуше не терял надежды поймать террориста, который был до сих пор приговорен к смерти.

Однажды рано утром в Лимоэлан нагрянула очередная облава. Полицейские и солдаты явились в замок в сопровождении мадам де Шаппделен. Последняя прилагала все усилия, чтобы скрыть свою тревогу. Дело в том, что на этот раз Лимоэлан отказался прятаться, объяснив свое решение такими словами: «Сегодня свершится предначертанное. Меня арестуют, если на то будет воля Божья...»

Напряженная процессия подошла к двери комнаты. Полицейские уже хотели было войти, но тут мадам де Шаппделен открыла окно и воскликнула: «Посмотрите, господа, какой потрясающий рассвет!...» Это была всего лишь уловка, однако этого хватило, чтобы отвлечь внимание соглядатаев Фуше. Дверь так и не была открыта, и полицейские ищейки ушли без добычи...

Некоторое время спустя чета Шаппделен решила уехать в Америку, где их дожидалось немалое наследство, и сестра стала умолять Жозефа последовать за ними. Но шевалье отказался ехать без своей любимой девушки, с которой он не общался уже несколько месяцев. Вообще-то торопиться ему было некуда, поскольку до него дошли вести о том, что полиция обнаружила труп, примерно соответствовавший описанию его собственной внешности. Так что Фуше ошибочно считал его мертвым. Такой шанс упускать было нельзя: необходимо было уезжать из страны, чтобы министр и дальше пребывал в блаженном неведении относительно истинной сути вещей. Но Лимоэлан заупрямился. Он никуда не поедет без своей Анны-Марии!

Тогда мадам де Шаппделен удалось передать через отца Кло́ривьера письмо для брата девушки. Это было письмо, в котором Лимоэлан поведал своей невесте о том, что собирается уехать в Балтимор, и просил ее отбыть вместе с ним. Он ждал. Но в ответ ему пришла записка такого содержания: «Я вас любила и никогда не любила никого, кроме вас. Я по-прежнему вас люблю, но я приняла обет, который навсегда отделяет меня от вас. Вы живы-здоровы. Бог меня услышал. Да святится имя Его. Я же удалилась в монастырь и буду благодарить Его за оказанную мне милость всю оставшуюся жизнь...»

Монастырь? Какой еще монастырь? Один из самых суровых: аббатство кармелиток. Анна-Мария не только решила быть свято верна своему слову (уйти в монахини в случае, если Лимоэлан выживет), но также рассудила, что кому-то нужно искупить вину троих фанатиков, проливших невинную кровь. И этим «кем-то» стала она сама.

Раздавленный горем, Лимоэлан все же уехал в Америку вместе с Шаппделенами, переодетый в домашнего слугу. В Балтиморе он старался жить, как все, но не смог. Воспоминания об Анне-Марии и угрызения совести мучили его беспрестанно. Забыть о своем прошлом у него не получалось. И вот как-то вечером он постучался в ворота монастыря Святой Марии и примкнул к монахам-сульпицианцам под именем Клоривьера.

Смерть пришла к нему 29 сентября 1826 года, в монастыре Джорджтауна. Причем вся округа знала его, как человека исключительно доброго и милосердного. Но никому до сих пор не известно, умер ли он с миром, или же чувство вины мучило его до самой последней минуты...

Сегодня замком Лимоэлан владеет некий месье де Лоне, унаследовавший его от Шаппделенов. Посетить его, увы, не представляется возможным.

Люневилль
(Lunéville)

Прелестные подружки
короля Станислава

Жил да был один король, —
Где, когда — нам неизвестно
(Догадаться сам изволь).
Спал без славы он чудесно... [1]

Беранже

Когда в 1737 году Станислав Лещинский, бывший король Польши, тесть короля Людовика XV и новый герцог Лотарингский, поселился в Люневилле, он оказался в самом приятном месте во всей Европе, краше которого было не найти. Сам замок появился совсем недавно: прежний герцог Леопольд I Лотарингский поручил его строительство Боффрану в период с 1703 по 1720 год, чтобы избежать неприятной ситуации в Нанси, связанной с нахождением там французских войск во время войны за испанское наследство.

Станислав был правителем, отличавшимся довольно мягким, приятным и даже несколько патриархальным нравом, и в своем новом владении он ввел за правило особое искусство наслаждения жизнью. Стиль жизни был

скопирован с дивного Версаля, как минимум, по степени элегантности и хорошего вкуса. В остальном же атмосфера в Люневилле радикально отличалась: здесь никогда не скучали, тогда как скука всегда была типичной каждодневной проблемой во дворце Великого Короля.

Каждый в этом уютном лотарингском дворце жил как ему захочется, не заботясь о запретах и ограничениях, о которых никто даже и не задумывался, а Станислав — меньше, чем кто бы то ни было.

Когда в 1748 году ему исполнилось шестьдесят, он все еще был довольно крепок и не страдал отсутствием аппетита, как за столом, так и в постели. Что же до последнего, то этот его аппетит иногда даже перекрывал первый. И не без последствий.

Сердцем бывшего короля — так же как и всем его маленьким двором — правила очень красивая женщина: маркиза де Буффле, полная грациозности вдова, чья мать, княгиня де Бово-Краон, была любовницей создателя Люневилля. Итак, Екатерина де Буффле чувствовала себя здесь как дома. Ей было тридцать четыре года, но внешне она выглядела лет на десять моложе благодаря своей свежести, а ее темперамент прекрасно сочетался с ее молодостью. По этой причине некоторые злые языки наградили ее хоть и поэтическим, но от этого не менее язвительным именем «госпожа Сладострастие».

Будучи натурой пылкой и страстной, эта маркиза любила веселье, знатное общество и остроумные игры, и она старалась окружать себя самыми блестящими знатоками в разных областях. Станислав, конечно же, с радостью одобрял подобный образ жизни. Таким образом, завсегдатаем тут стал Гельвеций, равно как и Мопертюи и президент парламента Эно, которые называли себя верными рыцарями маркизы. В замке бывал и любезный Дево, сборщик податей в Люневилле, которого друзья звали Панпаном, ибо он больше увлекался сочинением изящных сонетов и буриме, чем преследованием лотарингских налогоплательщиков. За это ему, без сомнения, были признательны все жители этого региона.

Естественно, в руках такой снисходительной хозяйки Люневилль быстро стал чем-то вроде убежища для всех, кто во Франции и за ее пределами не ладил с властями или с церковью. И действительно, даже некий Ля Галезьер, занимавший пост канцлера и назначенный Версалем для управления герцогством, не смог долго сопротивляться очарованию мадам де Буффле, начав буквально есть из ее рук. Герцог-король же прекрасно знал о вольностях, которые позволяла себе маркиза, и порой закрывал глаза на проделки своей милой подружки.

И вот однажды вечером, шепча нежности своей дорогой Екатерине, он вдруг понял, что не в силах... закончить фразу. Станислав замер на несколько мгновений, затем встал, надел халат и вышел, мягко объявив:

«Спокойной ночи, мадам! Мой канцлер доскажет вам все остальное».

Помимо новых любовников, мадам де Буффле обожала принимать у себя и новых знакомых, особенно если они были известными личностями. И вот однажды ей в голову пришла мысль пригласить в Люневилль человека, ненавидимого как Версалем, так и иезуитами, — любезного, беспощадного, остроумного и опасного господина де Вольтера.

Великий писатель получил приглашение, находясь в замке Сире, что в Бургундии, где он сожительствовал с маркизой дю Шатле. Надо отметить, что это происходило с безмолвного одобрения господина дю Шатле, который, будучи офицером короля, предпочитал проводить большую часть своего времени в армии. Естественно, мадам дю Шатле тоже была приглашена, и очень скоро начались сборы в Люневилль.

Хотя Вольтер и был два года назад избран членом Академии, он до сих пор чувствовал себя не в своей тарелке при дворе — его ненавидела маркиза де Помпадур и даже сама Мария, дочь Станислава Лещинского. Королева, будучи женщиной глубоко религиозной и даже набожной, не скрывала ужаса, который в нее вселяли саркастические насмешки гениального философа над религией. Таким образом, у Вольтера появилось два серьезных врага, и поэтому приглашение в Люневилль, к отцу королевы, пришлось весьма кстати.

Через несколько дней Вольтер и его дорогая Эмилия, являющаяся, без сомнения, одной из самых образованных женщин своего времени, вышли из кареты, а Станислав и мадам де Буффле встретили их с распростертыми объятиями и разместили в самых шикарных апартаментах замка. По крайней мере, Вольтера: его же спутнице пришлось довольствоваться апартаментами, находящимися этажом выше.

«Правда, нет в мире лучшего человека, чем этот король?» — вздыхал великий философ, пока его дорогая Эмилия снимала с него шали и меха, в которые он постоянно кутался, считая, что ему грозит смерть от простуды. «Но я боюсь, что не смогу долго пользоваться его гостеприимством. Мне что-то очень нехорошо».

Сказав это, он лег в постель, принял позу надгробного памятника, какие можно видеть на саркофагах: сложил смиренно руки на груди, закрыл глаза и заявил, что скоро последует его последнее издыхание. Не прошло и часа, как он открыл глаза, не без удовольствия отмечая многочисленные знаки внимания со стороны короля Станислава.

И через двадцать четыре часа недавний умирающий, свежий как огурчик, одетый с иголочки, напудренный и побритый, уже принимал участие в увеселениях в замке. Без особых усилий он завоевал сердца всех его обитателей, и вскоре Вольтера уже нельзя было увидеть без короля, а короля — без Вольтера. Это был Олимп!

Что касается женщин, то они окружали их заботой. Екатерина и Эмилия проводили с ними все свое время, оставляя их только для того, чтобы сочинить очаровательные записочки и стихи, еще более красивые, чем те скромные и сдержанные послания, которые Вольтер писал поочередно обеим дамам.

Итак, все шло к лучшему в этом лучшем из миров, пока однажды в мирное люневилльское уединение не вторглась любовь. На самом деле она далеко и не уходила, ведь, хотя мадам де Буффле и считалась очаровательной женщиной, нравственность не была главным из ее достоинств. И вот эта соблазнительница, разлюбив Ля Галезьера, открыла тайное очарование в молодом офицере, оказавшемся еще и поэтом и философом: в Жане-Франсуа де Сен-Ламбере.

Но к моменту приезда Вольтера эта новая любовь уже уступила место другой: обольстительный Адемар де Марсанн без стеснения ухаживал за маркизой. Придя в бешенство, Сен-Ламбер решил отплатить ветреной особе ее же монетой и переключил все свое внимание на мадам дю Шатле. Конечно же, вначале он вел себя крайне робко, не будучи уверенным на «незнакомой территории».

Однако, к его большому удивлению, так как тщеславие ему было несвойственно, подруга Вольтера приняла его робкие ухаживания и ответила на них с неожиданным энтузиазмом. И надо сказать, что в свои сорок лет гордая Эмилия уже начала чувствовать горечь нерастраченной любви, ведь «божественный» Вольтер буквально похоронил ее под потоком своих лекарств, под весом своих пилюль и под тяжестью своих «последних издыханий». А посему зарождающаяся любовь молодого мальчика, красивого и остроумного, стала для мадам дю Шатле самым настоящим бальзамом на раны.

Ах, какая чудесная весна выдалась в тот год в Люневилле! Для некоторых, ибо для Сен-Ламбера это была пора печали, ведь ему так и не удалось вызвать ревность у мадам де Буффле. И надо отметить, что он тяжело переживал свои неудачи. Например, ему пришла в голову идея броситься к ногам своей прежней любовницы, чтобы признаться, со слезами в голосе, что он «предал их любовь» с мадам дю Шатле. Но красавица маркиза, прекрасно умея обращаться с мужчинами, сыграла с ним злую шутку. Она начала утешать его, поздравила с хорошим выбором и наличием хорошего вкуса и попросила продолжать в том же духе. Из этой передряги Сен-Ламбер вышел с разбитым сердцем.

А тем временем компания ненадолго распалась: король Станислав должен был уехать на лето в Версаль. Пришло время расставания, хотя все обещали друг другу снова встретиться осенью, на охоте в Коммерси.

Увы, в Коммерси было не так хорошо, как в Люневилле. Приехав туда, Вольтер узнал о неверности «дорогой Эмилии» и принялся тяжело переживать эту новость. Разыгралась настоящая драма, даже трагикомедия, во время которой знаменитый философ впадал в бешенство, выгонял из своих покоев подругу, запрещал ей попадаться ему на глаза. Более того, он даже отказывался читать письма, которые она постоянно ему писала. Но мадам дю Шатле все же удалось пройти через эту дверь, и, в стиле актрис из бульварных спектаклей, она убеждала Вольтера, что предала его только физически, а ее любовь, сердце, мысли, ее нежность — все это по-прежнему и навсегда принадлежит только ему.

И выглядела она при этом так убедительно, что в конечном итоге Вольтер бросился в объятия Сен-Ламбера, заявляя, что все забыто. Без сомнения, прежняя замечательная жизнь может теперь вернуться! И все могло бы получиться как нельзя лучше в этом лучшем из замков, если бы свидания Сен-Ламбера и Эмилии не принесли своих плодов. Обнаружилось, что мадам дю Шатле беременна, и Вольтеру стало казаться, что он умрет от страха за нее.

Впрочем, этот испуг не продлился долго, но когда в ночь с 3 на 4 сентября 1749 года Эмилия произвела на свет девочку, которая, к сожалению, не прожила долго, что сильно огорчило Вольтера.

Увы, в будущем его ждало еще большее горе. Через четыре дня после рождения ребенка в Люневилле от родильной горячки умерла и ее мать. В отчаянии и гневе Вольтер бросил Сен-Ламберу:

«Боже мой, месье! И зачем вам только вздумалось сделать ей ребенка?»

Вскоре он покинул Люневилль и отправился в Пруссию, куда его пригласил Фридрих Великий.

После смерти Станислава Лещинского замок прекратил свое существование и возродился лишь в 1801 году, во время проходивших в Люневилле мирных переговоров, но затем, с течением времени, муниципальные власти решили, что будет лучше сделать из него музей.

Часы работы

*После ужасного пожара, случившегося в 2003 году
и уничтожившего историческое сердце замка,
реставрируемые части открываются для посещения,
начиная с 2010 года.
Справки можно получить
на сайте в Интернете
или по телефону 0383762151.*

*http://www.chateaudeslumieres.com/
fr/accueil.html*

Монсегюр-Сюр-Лозон
(Montségur-Sur-Lauzon)
Замогильная любовь

> *Увы! Где красота моя, и где очарованье?*
> *Лишь хладный цвет ланит да дом*
> *в сырой земле...*
> Старинная датская баллада

Несколько фрагментов крепостной стены и древняя часовня, восстановленная местными властями с особым тщанием, — вот и все, что осталось от замка, в котором некогда произошла одна из самых странных и трагических историй, когда-либо пережитых человеком. Историй, которые поражают настолько, что могут изменить чью-то судьбу...

Однажды, в июле 1745 года, юный барон де Клансэ, приехавший вместе со своими друзьями в особняк близ Сен-Поль-Труа-Шато, предложил им прогуляться. Стояла замечательная погода, в воздухе плавали пряные ароматы лаванды и розмарина, так что идея выбраться из дома была встречена с энтузиазмом. Целью прогулки стал старый замок Монсегюр-сюр-Лозон — древняя крепость, уже частично разрушенная, но все равно весьма внушительная. К тому же то место обладало дурной славой, что еще больше подхлестнуло интерес молодых людей. В самом деле, поговаривали, что в этом замке, вот уже тридцать лет как оставленном и заброшенном, водятся призраки. Жители окрестных городов и деревень, еще издали завидев мрачный силуэт крепости на краю обрыва, снимали свои головные уборы и принимались креститься, словно на похоронах. То была своего рода дань уважения усопшим...

Когда-то Монсегюр принадлежал ужасному барону Дезадре, чья слава была не менее велика, чем его жестокость. Во времена религиозных войн этот злобный глава протестантов, как никто, умел умерщвлять своих плененных врагов самыми для них неприятными способами. Подобно знаменитому католику Блезу де Монлюку, барон слыл настоящим виртуозом пыток и превращал смерть своих жертв в бесконечные страдания. И вот говорили, что в безлунную ночь его призрак все еще витает на территории замка.

Разумеется, древние байки не только совершенно не пугали группу молодых людей, карабкавшихся по развалинам замка, но — наоборот — прибавляли их веселью остроты. Они шли охотиться на привидение! Ну а самыми безрассудными храбрецами, участвовавшими в этой затее, были виконт Анри де Рабастен, гасконец двадцати лет от роду, и его приятель по имени Бомон. Тогда они твердо решили развеять все легенды, касающиеся этого мрачного места.

К все еще частично меблированному замку был приставлен старик-сторож. Хозяйка замка, графиня де Пракомталь, не хотела, чтобы замок слишком уж пустовал, пускай сама она там и не жила уже очень и очень давно... Хотя, сказать по правде, внутреннее убранство замка не вызывало особого интереса, так что банда шалопаев с легким разочарованием блуждала по пыльным коридорам, грязным переходам и пустынным залам. Неожиданно кто-то заметил на склоне крутого холма, где стоял замок, какой-то каменный крест. Ну, наконец-то хоть что-то стоящее!

Приятели поспешили к нему, сгрудились вокруг. На кресте были начертаны имя и дата: «Люси де Пракомталь, 25 июня 1715 года...» Заинтригованные ребята позвали сторожа, и тот им все объяснил...

Тридцать лет тому назад, практически в тот же день, в еще целом бурлящем жизнью замке устроили празднество. Дочь графини де Пракомталь, восемнадцатилетняя Люси, выходила замуж за молодого виконта де Кенсона, который был старше ее на семь лет. Оба были юны, красивы, богаты, любили друг друга (что было редкостью!), и все вокруг были счастливы. Ну, или, по крайней мере, рады... Пока в конце праздника не случилось небольшое происшествие.

А произошло вот что: новоиспеченная виконтесса де Кенсона, желая разделить сдвоенный миндаль, чтобы угостить им своего супруга, сломала обручальное кольцо, которое проносила всего каких-то пару часов. Она побледнела, углядев в произошедшем дурное предзнаменование. Однако супруг ее ничуть не смутился и даже отпустил шутку по поводу того, как девушка торопится поскорее от него «избавиться». Так что вскоре улыбка вновь заиграла на губах Люси, и они вместе с мужем покинули стол ради новых услад.

В ожидании большого вечернего бала кто-то из гостей предложил игру в прятки: старинный замок прямо-таки создан для этой забавы. Засидевшиеся за столом гости были рады размяться. Водить первым вызвался сам виконт де Кенсона. Но прежде чем ему завязали глаза, он поцеловал свою супругу со словами:

— Вам никогда не удастся спрятаться от меня, душа моя. Я слишком люблю вас, так что найду без промедления, даже с завязанными глазами...

Все разбежались. Игра длилась довольно долго. Замок наполнился криками, смехом, возгласами, шумом хлопающих дверей и торопливых шагов. Но когда запыхавшаяся компания, наконец, собралась в главном зале, все увидели, что одного человека не хватает: Люси не пришла.

В течение нескольких часов ее искали, звали по имени, осматривали каждый уголок. Гости, стража, слуги, развлекавшиеся во дворе крестьяне — все буквально сбились с ног. Но без толку! Тогда они подумали, что Люси свалилась в овраг. Было уже поздно, так что, помимо веревок, принесли еще и фонари.

Решили даже, что девушку могли украсть цыгане, днем стоявшие лагерем неподалеку от замка. Они и впрямь могли позариться если не на красоту, то на украшения виконтессы. Пустились по их следу, но, увы, цыгане оказались ни при чем. В таборе нашлась одна пожилая цыганка, которая даже посочувствовала безутешной мадам де Пракомталь и сказала ей: «Однажды ты увидишь свою дочь, и я не могу сказать, когда и каким образом...»

Слабое утешение! Мало-помалу надежда отыскать Люси живой угасла вовсе. Люди думали, что девушка вышла из замка и упала в какой-нибудь особенно глубокий овраг, либо же стала жертвой дикого зверя. Наступил траур, а вместе с ним родилась и легенда о женщине в белом, которая по ночам блуждает в старом замке и плачет. Будучи не в состоянии жить в этом доме, где столь печальным образом исчезла ее дочь, мадам де Пракомталь велела заколотить все двери и окна и уехала в Валанс, где посвятила себя служению Богу и благотворительности...

Этот трагический рассказ, поведанный очевидцем, заметно остудил веселость юных посетителей. Чтобы хоть как-то развеяться после мрачной истории, они сели перекусить на траву возле крепостной стены. Но Анри де Рабастен предпочел уединиться. Он не был голоден. История, рассказанная сторожем, потрясла его до глубины души. Сидя на сухих камнях невысокой стены, он рассеянно гладил большого серого кота, который был собственностью старика-сторожа и, казалось, был не против общества юного виконта. Мысли юноши витали где-то далеко-далеко: он представлял себе фигурку в белом облачении, сияющее личико, обрамленное светлыми волосами, под кружевной вуалью. Большего он вообразить не мог. Но Анри чувствовал, что некая мистическая сила неотвратимо влечет его к этой девушке... Тут явился его друг Бомон, сел рядом и без обиняков рассудил, что приятель попросту влюбился в привидение... Для самого Бомона все было ясно как день: вопреки услышанному, Люси не нравился виконт де Кенсона, вот она и воспользовалась игрой в прятки, чтобы сбежать с тем, кого по-настоящему любила. Но Рабастен воспротивился этому объяснению, порочащему светлый образ той, что всецело завладела его мыслями. Когда кто-то из его приятелей предложил сыграть в прятки, как тогда на балу, Рабастен поначалу тоже начал ворчать, но потом, чтобы не показаться совсем уж брюзгой, присоединился к остальным.

Вскоре он увлекся игрой, которая стала для него замечательной возможностью пуститься на поиски вожделенного белого призрака. По извилистым коридорам он вышел в пустынные залы, откуда попал в крошечную комнатку со сводчатым потолком. С другой стороны комнаты виднелся черный проход. Рабастен заколебался (впереди не было видно ни зги), как вдруг услышал шаги позади. Испугавшись, что его найдут, он вбежал в темный проход и притаился возле стены. Неожиданно он почувствовал, что стена подается назад.

Решив, что это просто неприкрытая дверь, он отступил еще дальше, притворив за собой «дверь», которая на поверку оказалась массивной деревянной панелью. Та встала на место так же бесшумно, как и открылась. Кромешная темнота внутри была наполнена затхлым удушливым запахом. Рабастен услышал, как звуки шагов постепенно затихают вдали, и решил, что пора бы ему выбираться, но... не нашел ни ручки, ни замка, ни засова — лишь гладкие деревянные панели. Рабастен был храбрым малым, но даже у него сердце принялось учащенно стучать. Наиглупейшим образом он оказался заперт в каком-то шкафу. Нужно было срочно выбираться...

Тыкаясь впотьмах, словно слепой крот, он все же нашарил что-то у себя под рукой. Он нажал на это «что-то», однако стена отъехала не впереди, а позади него. Откуда-то сверху в новое помещение просачивался неверный сероватый свет. В крошечную комнату, расположенную ниже предыдущей, вели четыре ступеньки. Рабастен поспешно спустился вниз, но в полумраке не смог различить ничего конкретного, кроме того, что помещение представляло собой некий небольшой подвал. Под низким потолком комнаты располагалось зарешеченное слуховое окно, через которое и лился бледный свет. Постепенно глаза юноши начали привыкать к темноте, и он увидел стол и два кресла с высокими спинками. В одном из кресел кто-то сидел: он различил обилие белых тканей, женский силуэт и подумал, что, вероятно, какая-нибудь подруга из их компании обнаружила это место раньше него. Но, когда Рабастен приблизился, он понял, что перед ним был ссохшийся труп, мумия в белом подвенечном платье...

Даже несмотря на свою храбрость, молодой человек почувствовал, как у него волосы встали дыбом. Он понял, наконец, что случилось с несчастной Люси де Пракомталь, о которой он мечтал последние несколько часов. Ужас охватил его: если никто не смог отыскать девушку, то, значит, и его тоже не найдут. Рабастену подумалось, что вскоре ему придется умереть здесь — так же, как она, сидя напротив скелета в кресле, которое, казалось, манило его к себе...

Обезумев от страха, он попытался пролезть в слуховое окно, ухватившись за прутья решетки и пытаясь их раздвинуть (чего никогда бы не вышло у бедной Люси). Но за ними он не увидел ничего, кроме каменных глыб и густого кустарника. Тогда он принялся звать на помощь и кричал, пока не охрип. Время шло, наступила ночь, а бедняга так и не услышал ни единого звука. Он оказался пленником каменной темницы, и надежды на спасение не было никакой. Тут, наконец, Рабастен нашел в себе силы взглянуть на свою мрачную соседку, с которой ему предстояло быть связанным посмертными узами. Невероятно, но, даже несмотря на страх, ему было невыносимо жалко это бедное дитя, для которой моменты величайшего в жизни счастья обернулись кошмарной, мучительной агонией. И как только ее супруг не снес тут каждый камень, чтобы найти любимую?

И тут в полумраке Рабастен разглядел какое-то движение: это был кот сторожа. Он проскользнул в помещение через слуховое окно и, судя по всему, здесь он бывал довольно часто. И тогда молодого человека озарило. Рабастен снял свой шейный платок, схватил сопротивляющееся животное и привязал кусок ткани к коту. Затем он поднес усатого мышелова к слуховому окну и вытолкнул его наружу. Конечно, шанс был невелик, но почему не попробовать? Быть может, наверху его еще ищут?

И верно, не желая бросать поиски приятеля, Клансэ и Бомон все еще находились в замке. Появление кота вернуло всем надежду, и поиски возобновились с еще большим рвением. В результате кот привел Бомона на узкий внутренний двор, больше похожий на заваленный камнями колодец... Там же нашли и слуховое окно. Через прутья решетки Рабастену передали немного вина и еды. Затем при помощи кирки разворотили оконце. Рабастен был спасен. Но за два дня, проведенных в неволе, его волосы сделались совершенно белыми.

Мадам де Пракомталь рассказали о произошедшем. Женщина нашла в себе мужество вернуться из Валанса, чтобы предать земле тело дочери. Она все-таки увиделась со своей девочкой, как и предсказала пожилая цыганка.

Что же до Анри де Рабастена, то трагическое свидание с Люси открыло ему путь к Богу. Молодой человек стал священнослужителем и до конца своих дней молился за душу той, которую он любил в течение нескольких часов...

Нант
(Nantes)

Смерть Жиля де Рэ

Мы должны молиться, потому что это время Князя Мира.

Поль Клодель,
«Мрак»

15 сентября 1440 года большой отряд солдат герцога Бретонского подошел к воротам замка Машкуль, что примерно в десяти лье от Нанта. Во главе солдат находился Жан Лаббе, а сопровождал его Робен Гийоме, нотариус, действующий от имени епископа Жана де Малетруа, епископа-канцлера Бретани. Это была впечатляющая демонстрация силы, так как речь шла об аресте одного из самых высокопоставленных господ герцогства: Жиля, сеньора де Рэ и целой россыпи других феодальных владений, маршала Франции, бывшего товарища Жанны д'Арк, на котором висел груз ужасного обвинения в нескольких преступлениях, в том числе и в содомии.

Вопреки тому, чего можно было опасаться, Жиль позволил себя арестовать, не пытаясь оказать ни малейшего сопротивления. Возможно, он устал от этого мира тьмы и ужаса, в котором жил почти девять лет... после того, как Жанна взошла на костер в Руане. Лишенный своего ангела, он обратился к дьяволу.

Его доставили в Нант и заточили в башне Буффэ, одной из самых высоких в замке. Процесс, начавшийся сразу же по прибытии, открыл ужасное! Около трехсот мальчиков были убиты в различных замках Жиля: в Шантосэ, в Тиффоже, в Машкуле, в Бургнёфе, — и все они послужили объектами противоестественных увлечений монстра. Последние из этих детей, кроме всего прочего, были принесены в жертву во время вызывания злых духов.

В те грубые времена судьи не отличались особой чувствительностью, но даже они увидели перед собой душераздирающие когорты родителей пострадавших детей, которых больше не сдерживал страх. Все раскрылось: и ночные оргии, и разврат, в котором этот отвратительный человек погряз с восторгом и без остатка. Вместе с вельможей задержали и его сообщников, его слишком уж усердных слуг и, прежде всего, некоего итальянца по имени Франческо Прелати, его злого гения, который в течение нескольких месяцев дурачил хозяина, утверждая, что может регулярно общаться с самим Сатаной.

Перед судьями Жиль де Рэ сначала все отрицал, демонстрируя гордость, презрение и величие своей фамилии по сравнению с происхождением его обвинителей. Но вдруг случился поворот: аристократ-изувер был отлучен от церкви, что считалось тогда прелюдией к вечному проклятию, и он «сломался». Этот поворот следствия получился ярким, чрезмерным, как и все, что было связано с маршалом. Он признал все свои преступления и, утопая в слезах, стал просить прощения у тех, кто пострадал от его действий. И это покаяние было столь искренне, будто шло из самых потаенных глубин его души. В день его смерти даже люди, чьих детей он убил, принялись с большим рвением молиться за него.

26 октября Жиль де Рэ и двое его сообщников были выведены из замка и доставлены к месту казни на площадь Буффэ. Огромная процессия, в которой шла даже его жена, Катрин де Туар, одетая во все белое (она не была счастлива с Жилем и много лет проживала отдельно), сопровождала приговоренного к этому месту. Жиль де Рэ держался прямо, глаза его были устремлены к небу, и он шел навстречу смерти, распевая молитвы. Еще несколько минут, и ему надели петлю на шею, а затем подожгли костер, приготовленный прямо под виселицей.

Тело вынули из огня до сожжения, чтобы потом передать его семье для захоронения в одной из церквей города Нанта: в Нотр-Дам-дю-Мон-Кармель. На месте костра Мария де Рэ, дочь Жиля, возвела несколько лет спустя искупительный памятник, который теперь называют памятником нантской «Синей Бороде».

От помещения, где состоялся суд, ничего не осталось. Двадцать шесть лет спустя герцог Франциск II Бретонский решил восстановить замок и соорудил с помощью Матьё Родье, который также являлся архитектором собора, прекраснейшее жилище. Им можно восхищаться и в наши дни. Герцог Франциск женился там в 1471 году на Маргарите де Фуа, которая подарила ему единственного ребенка в его семье: эта была маленькая герцогиня Анна, которая потом стала и до сих пор является символом Бретани.

Герцогиня по титулу, Анна стала ею в 1488 году после смерти своего отца, когда ей исполнилось двенадцать лет. На место жениха хватало претендентов, и среди прочих находились ее двоюродный брат Ален д'Альбре, а также немецкий император Максимилиан, с которым она и была помолвлена в 1491 году. Но запланированная свадьба обеспокоила молодого короля Карла VIII Французского и особенно его сестру, которая была регентшей. Анна Божё[1] посоветовала брату самому жениться на молодой герцогине, что и произошло 16 декабря в замке де Ланже.

Анна жила королевой, а после смерти Карла вернулась в Нант. Но не надолго: в 1499 году, в часовне, ныне разрушенной, она вышла замуж за преемника своего мужа, за Людовика XII, и так она стала королевой Франции во второй раз. Но вместе с этим угас и суверенитет Бретани, которая с тех пор принадлежит Франции.

Четыре раза Франциск Валуа, муж Клод Французской, дочери и наследницы Анны Бретонской, останавливался в Нанте: в 1518-м, в 1520-м, в 1522-м и, наконец, в 1532 году, когда присоединение Бретани к Франции было торжественно провозглашено в замке Нанта.

Замок использовался каждый раз, когда короли приезжали в Бретань, но с 1592 года, после завершения обороны, организованной герцогом де Меркёром[2], губернатором Бретани, замок практически превратился в государственную тюрьму. Видели ли когда-нибудь более красивые и мощные стены? Когда Генрих IV, бывший противник герцога де Меркёра, прибыл в Нант после примирения в Пон-де-Се, он не смог скрыть своего восхищения.

— Черт побери! — воскликнул он. — Эти герцоги Бретонские не были маленькими людишками!

Именно в Нанте, кроме всего прочего, был издан знаменитый указ, отмененный по глупости Людовика XIV, подталкиваемого мадам де Ментенон, что лишило Францию

---

[1] См. рассказ о замке Амбуаз.

[2] Когда Генрих IV стал королем, герцог де Меркёр встал во главе Бретонской Лиги, мечтая восстановить независимость старинного герцогства.

167

значительной части ее населения, а заодно и обеспечило высокую репутацию швейцарских часов[1].

Но какими бы ни были стены замка, из него можно было сбежать. Вот свидетельство кардинала де Реца, смутьяна времен Фронды, который был заточен в 1654 году. Содержание в тюрьме было довольно мягким, если верить «Мемуарам» этого кардинала:

«Все виделись со мной. У меня даже была возможность развлечься; почти каждый вечер ставились комедии. На них присутствовали дамы. Они часто оставались на ужин».

Тем не менее, что это за тюрьма, если из нее не убегают, если улыбнулась удача? 8 августа 1654 года, среди бела дня — в пять часов пополудни — двое слуг кардинала, Руссо и Вашеро, спустили своего хозяина вниз по стене, используя веревку, ремень и палку, пропущенную между ног. Пока это происходило, другие заговорщики развлекали охранников. И они не испытали особых трудностей в этом, так как какой-то доминиканец решил утонуть во рву как раз в тот момент, когда Монсеньор осуществлял спуск. Вскочив на лошадь, кардинал хотел рвануть вперед, но он был плохим наездником, и лошадь, которую ему подобрали, быстро поняла это. Она встала на дыбы, и де Рец, оставив стремена, ударился плечом об угол ворот. Боль была очень сильная, но мешкать было нельзя. Он потом рассказывал, что во время этой своей первой конной поездки он вынужден был дергать себя за волосы, чтобы не потерять сознание.

---

[1] Знаменитый Нантский эдикт, даровавший французским протестантам-гугенотам вероисповедные права, был подписан в Нанте 13 апреля 1598 года, а отменен Людовиком XIV в 1685 году. После этого начали повсеместно разрушать гугенотские храмы и школы. В ответ гугеноты стали сотнями тысяч эмигрировать в Англию, Швейцарию и другие страны.

В сентябре 1661 года Людовик XIV собрал в Нанте заседание Генеральных Штатов Бретани. Король вызвал своего управляющего финансов Фуке Великолепного, который тогда еще не успел отойти от сказочных праздников, что он давал в замке Во-ле-Виконт. В конце встречи с королем Фуке был арестован д'Артаньяном, капитан-лейтенантом мушкетеров, брошен в карету и отвезен в Венсеннский замок, где ему пришлось ждать начала судебного процесса.

Другими заключенными были бретонские дворяне, обвиненные в заговоре против Регента, организованном принцем Селлемаром, послом Испании. Решение было вынесено 26 марта 1720 года, оно гласило, что «господа Ге де Понкаллек, де Монлуи, де Талуэ и дю Куэдик, пленники замка, обвиняемые в преступлении против Его Величества и в измене, приговариваются к обезглавливанию на эшафоте, который будет воздвигнут на площади города Нанта». То есть на той самой площади Буффэ, которая видела гибель Жиля де Рэ. Четыре бретонских дворянина не были убийцами. Они просто были храбрыми людьми, которые верили в возможность возвращения Бретани ее прав и свобод. Они принадлежали к кругу высшей знати и приняли смерть с достоинством.

Конечно, тюрьма Нанта знала и других заключенных, но последняя, кого следовало бы тут упомянуть, — это на редкость обаятельная женщина, которую звали Мария-Каролина, герцогиня дю Берри, и она пыталась вырвать трон Франции у своего дяди короля Луи-Филиппа в пользу своего сына, молодого герцога Бордоского. Прятавшаяся в нескольких шагах от замка в доме дам де Гиньи, герцогиня была предана неким Симоном Дётцем, негодяем, которому, чтобы не запачкаться, деньги следовало бы передавать с помощью пинцета. Она, возможно, и спаслась бы, если бы полицейскому не пришла в голову мысль зажечь огонь в камине, в котором она пряталась с тремя своими друзьями. Надо было сдаваться... или сгореть.

Восстановленный в 1881 году, замок был продан государством городу Нанту, который организовал в нем несколько музеев.

Расписание

Двор и стены (открытый доступ):
ежедневно с 10.00 до 19.00
(с 9.00 до 20.00 — в июле и августе).
Интерьер замка, музеи и выставки:
ежедневно с 10.00 до 18.00, кроме понедельника
(с 10.00 до 19.00 — в июле и августе).
Закрыто: 1 января, 1 мая,
1 ноября и 25 декабря.

http://www.chateau-nantes.fr

Нерак
(Nérac)

Король, королева и кокетка

Есть женщины, чья невер-
ность — единственное, что еще
связывает их с мужьями.

Саша Гитри

В конце 1578 года королева-мать Екатерина Медичи подумала, что для блага семей и всего королевства неплохо было бы как-то примирить дочь Маргариту (более известную как Марго) и зятя Генриха Наваррского, лидера протестантов (более известного по прозвищам «Беарнец» и «Вечный повеса»). Эти двое были женаты вот уже шесть лет, но практически не жили вместе. Было очевидно, что события Варфоломеевской ночи, развернувшиеся буквально через несколько дней после их свадьбы, едва ли способствовали укреплению брака, однако теперь дела шли совсем худо: окопавшись в своей Наварре, Генрих развязал открытую войну со своим шурином, королем Генрихом III. Впрочем, он имел на то все основания: приданое жены он так и не получил.

Полная решимости доставить Маргариту законному супругу, Екатерина отправилась в Нерак, где любил жить Беарнец. Это был великолепнейший замок, расположенный на берегу реки Баиз. Некогда другая Маргарита —

Маргарита Ангулемская, сестра Франциска I — сделала его своей резиденцией, после свадьбы с королем Наварры. И даже сама Жанна д'Альбре, суровая Жанна, мать Генриха, не могла противиться чарам этого жилища. Можно было предположить, что и Марго там должно было понравиться.

Но поскольку Екатерина знала зятя как себя, она приняла меры предосторожности и окружила королеву Наварры несколькими самыми аппетитными девушками из своего знаменитого «Летучего эскадрона любви». И ее план удался! Генрих не только с видимым удовольствием принял супругу, но также был чрезвычайно вежлив и с тещей. Он тут же позабыл обо всех политических распрях и с упоением ринулся на приступ парижских нижних юбок.

Поочередно он ухаживал то за красавицей Викторией де Айалой, то за мадемуазель Ле Ребур, но, наконец, его взгляд остановился на пятнадцатилетней девочке, с лицом ангела, но глазами сладострастного демона: то была Франсуаза де Монморанси-Фоссе по прозвищу «Фоссёз».

Между маленькой Фоссёз и двадцатичетырехлетним королем возникла нежная дружба. Причем довольно лицемерная: Генрих называл Франсуазу своей «девочкой» и обращался с ней, как с ребенком. Но при этом он сажал ее к себе на колени, якобы для того, чтобы попотчевать сладостями, хотя сам щупал округлости прелестной девчушки.

Эти амурные игры забавляли Марго. Она никогда не любила своего мужа, а потому и не ревновала. К тому же она довольно скоро поняла, что некий молодой красивый виконт де Тюренн смотрит на нее не с должным уважением, а скорее глазеет с вожделением. Так что Марго быстро прониклась доверием к скромному отдыху в Нераке, в который еще совсем недавно даже приезжать не хотела.

Итак, каждый из супругов был доволен, и такая «идиллия» могла бы продолжаться еще очень и очень долго, если бы Генрих III не решил позвать на помощь своего младшего брата Франсуа, герцога Анжуйского, с целью окончательно заключить мир с Наваррой. К несчастью, Франсуа тоже любил приударить за женщинами, и по прибытии в Нерак он не нашел ничего лучше, как начать ухаживать за малышкой Фоссёз. Та, в свою очередь, прекрасно знала, чем нужно отплачивать принцам крови, так что ее обворожительная улыбка в сторону Франсуа резко пошатнула спокойствие Генриха Наваррского. Последний дошел до того, что пожаловался на затею брата своей жене. Поначалу Марго лишь рассмеялась, однако под Рождество 1580 года юная кокетка настолько разошлась, что королеве Наварры пришлось «побеседовать» с Франсуа.

Сделала она это с величайшей тактичностью, ведь ей совершенно не хотелось, чтобы ее любимый брат покидал Нерак в дурном настроении. Ей вообще не хотелось, чтобы он уезжал. И причиной тому были не дипломатические переговоры между двумя государствами, а некий барон де Шамваллон из числа приближенных Франсуа, который очень уж приглянулся королеве.

Задуманный план был исполнен наилучшим образом: оба короля остались довольны. Генрих мог и дальше крутить любовь с молоденькой кокеткой, а та, в свою очередь, благодарить его томным голоском; герцог Анжуйский нашел себе другую прелестную пассию, ну а Марго принялась без устали танцевать с Шамваллоном под ревнивыми взорами виконта де Тюренна.

Увы, все хорошее рано или поздно заканчивается. Франсуа Анжуйский вернулся в Париж, а барон де Шамваллон, к вящему огорчению Марго, уехал вместе с ним. Пожалуй, единственным, кому это обстоятельство принесло радость, был де Тюренн, который сразу же поспешил утешить королеву в трудную минуту.

Как-то вечером мадам де Дюра, главная среди придворных дам, заявила с самым невозмутимым видом, что Фоссёз вот уже несколько месяцев как беременна. После чего добавила, что сама юная особа не испытывает по этому поводу ни малейших угрызений совести. Напротив, она надеется родить сына, что весьма ощутимо пошатнет положение королевы Марго. Крошка сразу же напомнила о себе: она — Монморанси, а значит, принадлежит к великому роду.

Марго нужно было принимать бой. Прежде всего против самого супруга, который явился с кислой миной, чтобы сообщить, что у его «девочки»... вздутие живота и ей необходимо лечение на целебных водах. Более того, он попросил королеву сопровождать «больную». Разумеется, Марго вежливо отказала супругу. Стоит ли говорить, что целебные воды не помогли никоим образом. В июле месяце даже слепой заметил бы, что пресловутое вздутие живота есть не что иное, как обыкновенная беременность.

Сжалившись над девушкой, королева предложила Фоссёз провести месяцок-другой в каком-нибудь тихом, спокойном местечке, в замке Мас д'Ажне, например. Но та отказалась. Ей было хорошо и в Нераке. Она даже до самого конца отрицала факт своей беременности, пока однажды Генрих не пришел к своей жене и не стал умолять ее разместить «девочку» подальше от любопытных глаз и злых языков придворных дам. Марго согласилась, и вскоре Фоссёз родила девочку, которая, впрочем, сразу же умерла, пока Генрих был на охоте. К королеве он явился уже с жалобами от своей любовницы: та была недовольна апартаментами, в которых ее разместили. Для сохранения репутации необходимо было поселить ее у самой Марго.

Возмущенная королева ответила резким отказом, и в течение нескольких месяцев ей пришлось вести холодную войну с этой несносной девчонкой, которая к тому времени превосходно научилась вить веревки из влюбленного Генриха. В результате влияние ненасытной Фоссёз на короля приобрело силу и последствия стихийного бедствия. Марго пришлось обратиться за советом к матери. Екатерина ответила без промедления: «Приезжайте и прихватите ее с собой. Наваррский приедет следом».

Но Наваррский не приехал. Он слишком боялся враждебно настроенной тещи. Вернувшись в Лувр, Марго с плохо скрываемой радостью избавилась от Фоссёз, которую Екатерина без лишних разговоров отправила к родителям. Генрих погоревал несколько дней, но быстро нашел утешение в объятиях прекрасной графини Дианы де Гиш, называвшей себя Коризандой.

К несчастью для Марго, ее брат Генрих III прогнал ее из Парижа, и королеве Наварры пришлось возвратиться в Нерак. Однако замок уже потерял для нее былую привлекательность. Вот что пишет по этому поводу Мишель де Ля Югери:

«Приехали король с королевой, и гуляли одни по галереям замка вплоть до самого вечера, когда я увидел ее, заливающуюся слезами и несчастную. Когда все собрались за ужином и я захотел еще раз на нее взглянуть, то удивился: никогда в жизни я не видел столь влажного от слез лица и столь покрасневших от рыданий глаз. Когда я наблюдал, как она сидит подле мужа, а тот преспокойно общается со своими придворными, мне стало очень жаль королеву. Никто, решительно никто не хотел с ней разговаривать».

Марго стала практически узницей Нерака. Причем замок стал представлять для нее реальную опасность. Официальная фаворитка Генриха, пресловутая Коризанда, попыталась даже отравить королеву, чтобы завладеть ее короной. Но вместо Марго отравленный бульон выпила одна из служанок. Неизвестно, как бы все это закончилось, если бы 10 июня 1584 года скоропостижно не умер Франсуа Анжуйский. Теперь главным претендентом на престол становился Генрих Наваррский, и Марго прекрасно поняла, что, оставшись с ним, подвергнет себя еще большей опасности. Тогда она уехала в принадлежавший ей Ажан. Нерак она с тех пор не видела. Невероятные приключения королевы Марго продолжились в другом месте.

Французская корона вскоре погубила всю красоту и величие Нерака. Став королем Генрихом IV, хозяин перебрался во Францию и навсегда позабыл о своем некогда любимом замке.

Революция и вовсе его частично разрушила и лишила всех прекрасных садов. Ныне это городской музей. Музей несколько унылый, где выставлены расшитые и с фижмами платья королевы Марго и ее соперниц.

Часы работы
*С 1 октября по 31 марта с 14.00 до 18.00
(закрыто по понедельникам и пятницам).
С 1 апреля по 30 сентября с 10.00 до 18.00.
Закрыто 25 декабря и 1 января.
http://www.nerac.fr/
chateau-henri-iv.html*

Нуэтт
(Les Nouettes)

Дом примерных девочек

> *Я буквально зачитываюсь «Записками осла». Иногда мне кажется, что я читаю свою собственную историю.*
>
> Луи Вейо

Наблюдая за историей замков и особняков, диву даешься, с какой легкостью личность писателя (а особенно писателя-женщины) затмевает собой всех прочих владельцев жилища. Так случилось с маркизой де Севинье и замком Роше, с Жорж Санд и Ноаном, и вот, наконец, с графиней де Сегюр и замком Нуэтт происходит все та же история.

Правда, не стоит сбрасывать со счетов храброго генерала Лефевра-Денуэтта, которому, собственно, замок и обязан своим именем. Будучи шталмейстером императора Наполеона I, коему он служил верой и правдой на протяжении всей бонапартовской эпохи, граф Лефевр-Денуэтт был блестящим офицером и смог неплохо продвинуться на военном поприще, даже несмотря на то, что одно время он был переведен в вестфальскую армию под командование очаровательного, но совершенно бесталанного Жерома Бонапарта. Бравый Лефевр-Денуэтт даже однажды попал в плен к англичанам, но сумел сбежать. Его преданность императору была поистине безгранична, но, увы, после разгромного поражения при Ватерлоо его фамилия была занесена в проскрипционные списки. Тогда он решил оставить родную Нормандию, свой любимый замок и отбыл в Америку. Однако уже в 1822 году он решил вернуться на родину. Садясь на корабль с гордым названием «Альбион», он едва мог скрыть свою радость. Увы, возле берегов Ирландии судно потерпело кораблекрушение, и славный граф погиб, так и не увидев милой Франции.

Впрочем, фамильный замок уже тогда два года как ему не принадлежал. Он стал собственностью молодой супруги графа Эжена де Сегюра. Однако за этой типично французской фамилией скрывалась личность, имя которой заставило бы нашего Лефевра-Денуэтта застыть от ужаса или же завопить от ярости. Ее звали Софья Ростопчина, и она была дочерью того самого человека, который организовал большой московский пожар в 1812 году на глазах у всей Великой Армии.

Генерал-губернатор Москвы граф Федор Ростопчин великолепно говорил по-французски, любил саму Францию, но люто ненавидел Наполеона. После поражения на Бородинском поле граф рассудил, что лишь тотальное уничтожение сможет спасти город от захватчика. Он сжег не только Москву, но и собственный дворец, предварительно отправив всю свою семью в имение Вороново.

Уже после войны страдающий ревматизмом Ростопчин решил подправить свое здоровье на целебных водах различных европейских городов. Пользуясь своим положением и подвернувшейся возможностью, он посетил Париж, воспоминания о котором грели его душу. Он с ностальгией вспоминал то время, когда казаки разбили лагерь на Елисейских полях, в то время как русский царь занял главный парижский дворец.

Новое путешествие во французскую столицу, которую сам Ростопчин без лишней лести называл «Царицей всей Европы», не разочаровало графа. Более того, Париж ему настолько понравился, что вскоре Ростопчин со своей семьей перебрался в красивый особняк на авеню Габриэль.

Его жена, Екатерина Петровна, урожденная Протасова, была красивой утонченной женщиной из благородной семьи, однако детей она воспитывала в слишком уж вольном духе. Она считала, что для мягкости характера юных отпрысков не стоит наказывать их. За понюшкой табачку (а табак она нюхала так, что любой вояка позавидовал бы) она прощала все их детские шалости. Впрочем, справедливости ради надо признать, что дети росли послушными, и поведение их было практически безупречным, равно как и образование, за которым строго следил отец семейства.

К восемнадцати годам их дочь Софья стала премилой темноволосой девушкой с личиком в форме сердечка и чуть раскосыми зелеными глазами. Ее старшая сестра Наталья имела оглушительный успех в парижских салонах высшего общества. На одном из таких званых вечеров Софья и познакомилась с высоким красивым юношей, обаятельным, приятным во всех отношениях... но не слишком богатым. Звали его Эжен де Сегюр.

Но денежное состояние для зажиточной Ростопчиной не играло ровным счетом никакой роли, так что взаимное увлечение двух юных сердец плавно переросло в свадьбу, которую сыграли в июне 1819 года.

Первые годы супружества были исполнены счастья и ласки. Однако парижская суета претила Софье: девушка все больше скучала по своему родному имению в Воронове. Она буквально грезила о жизни в деревне и страстно желала заиметь какой-нибудь маленький замок в Нормандии. Так и случилось. Как-то раз, приехав в гости к одной из подруг, Софья буквально влюбилась в замок Нуэтт, о чем незамедлительно рассказала отцу.

1 января 1820 года граф Ростопчин, который души не чаял в своей дочери, обнял ее и гордо вручил ей пухлый конверт с такими словами: «Вот тебе, Софьюшка, новогодний подарок!» В конверте было 100 тысяч франков — именно столько стоил замок Нуэтт. Девушка, уже носившая под сердцем своего первого сына Гастона, была несказанно счастлива. Ей очень приглянулся этот просторный светлый особняк, из шестнадцати оконных дверей которого открывался потрясающий вид на зеленую нормандскую местность. В ходе своих восьми беременностей она будет все больше времени проводить в этом замке. С соседями, равно как и со всеми местными жителями, Софья будет дружна, добра и щедра. Все будут любить ее, уважать и славить ее имя.

В 1835 году наступил долгий тринадцатилетний период, когда графиня вообще не покидала Нуэтт: рождение последней дочери, Ольги, сильно подорвало ее здоровье. Страшные мигрени терзали ее и не давали даже встать с кровати.

«В эти дни, — говорила Ольга де Сегюр, — особняк Нуэтт превращался в своего рода аббатство Ла-Трапп и юдоль тишины, поскольку всеми любимая больная не переносила никакого шума».

Но дети росли. Старший, Гастон, постригся в монахи и уехал в Рим. Там, в посольстве Ватикана, он повстречался с бароном Полем де Маларе. Между ними завязалась дружба, и Поль стал частым гостем в поместье Нуэтт. А потом, в 1848 году, Поль женится на Наталье де Сегюр, будущей придворной даме императрицы Евгении (она даже будет запечатлена на знаменитой картине Винтерхальтера), которая стала матерью двух примерных девочек — Камиллы и Мадлен де Маларе.

К пятидесяти семи годам мадам де Сегюр, уже семь раз бабушка, чувствовала себя совершенно счастливой. Она обожала своих внуков и внучек: троих Маларе, одного Питрэ, одну Френо и двоих Сегюров. Они отвечают ей взаимностью, поскольку бабушка, как никто, умела рассказывать потрясающие волшебные сказки. Они любили по вечерам усаживаться возле ее кровати и слушать, слушать, слушать... И хотя безграничной любви бабули хватало на всех, особую привязанность она все же питала к Камилле и Мадлен.

И вот в 1855 году случилась настоящая катастрофа: барона де Маларе назначили секретарем в посольстве Лондона, так что тот был вынужден уехать вместе со всей своей семьей. Малыши были настолько расстроены разлукой с любимой бабушкой, что та пообещала им и дальше рассказывать сказки, но уже в письменной форме.

Так один за другим из-под ее пера стали выходить повести и рассказы, ставшие в дальнейшем сборником под названием «Новые волшебные сказки». В то же время в замок Нуэтт приехал погостить известный писатель и журналист Луи Вейо, с которым графиню связала теплая дружба.

Вейо тогда издавал газету «Люнивер» и совершенно случайно узнал от мадам Маларе о существовании необычной рукописи, коей зачитывались ее малолетние дочери. Разумеется, писатель захотел ознакомиться с этим произведением.

«Как вам понравились мои простоватые сочинения?» — полюбопытствовала графиня.

Конечно же, он был абсолютно пленен ими! За чтением он провел всю ночь и на следующий же день, с рукописью под мышкой, отправился в Париж. Поначалу мадам де Сегюр долго упрямилась, утверждая, что совершенно не видит себя на писательском поприще, да и в принципе не имеет для этого подходящего таланта. Однако Вейо убедил ее в том, что скрывать столь тонкие, очаровательные истории от сотен пытливых малышей — это настоящее преступление, и пожилая графиня сдалась. В феврале 1857 года «Новые волшебные сказки» увидели свет и имели столь оглушительный успех, что издательство «Ашетт» решило заключить с Софьей контракт на все ее произведения.

От такого предложения невозможно было отказаться, и графиня целиком и полностью отдалась полюбившемуся делу. Постепенно стали выходить ее новые творения: «Сонины проказы» (книга отчасти автобиографическая), «Примерные девочки», «Каникулы», «Генерал Дуракин», «Записки осла». О последних Луи Вейо так писал своей подруге: «Я буквально зачитываюсь «Записками осла». Иногда мне кажется, что я читаю свою собственную историю. В книге я нахожу немало вещей, о которых не раз задумывался и сам, причем испытываю то же насмешливое настроение к людскому роду».

Графиня действительно стала знаменитой писательницей. Каждый из ее небольших романов содержал в себе размышления об обществе и повседневном мире. Софья любила людей, однако ее перо нередко обличало неприглядные или дурные характеры, свойственные некоторым персонажам.

Для того чтобы отслеживать появление книг и советоваться с издательством, она снова начала зимой приезжать в Париж, где останавливалась в своем особняке на улице Варенн. Но в 1853 году, после смерти любимого (хоть и немного ветреного) супруга, она перебралась в небольшую квартирку на улице Гренель, которую в шутку называла своей «холостяцкой обителью».

За двенадцать лет графиня де Сегюр написала двадцать четыре книги, однако работа сильно подорвала ее здоровье: в 1869 году с ней случился инсульт, который едва не стоил ей жизни. Тем не менее она отважно боролась с болезнью на протяжении долгих пяти лет. Она умерла лишь 9 февраля 1874 года, в Париже, охваченная страшной агонией. Все это время за ней присматривал ее сын-священник, монсеньор де Сегюр. К тому времени он уже практически ослеп, что, впрочем, лишь еще больше приблизило его к Богу.

Графиня Софья была похоронена рядом со своим сыном, но не в Нормандии, а в Бретани, на маленьком кладбище Плюнере в департаменте Морбиан. На ее могиле, представляющей собой простую гранитную плиту, начертаны всего четыре слова: «Бог и мои дети».

Что же до замка Нуэтт, то еще долгое время он принадлежал почтенному семейству де Сегюров. И хотя теперь это уже не частное имение, замок верой и правдой служит той благой цели, которую определила для него графиня де Сегюр: во имя детей. Нуэтт стал закрытой клиникой для малышей, больных туберкулезом.

О
(Еи)

От вдовы Меченого
до Великой Мадемуазель

Все привлекало внимание Мадемуазель.
Ее интересовали тысячи деталей.

Сен-Симон

Благородный и меланхоличный дворец О был построен на границе между Нормандией и Пикардией для того, чтобы принимать у себя королевский двор, но сегодня его здание и зеленые парки, зауженные из-за городских потребностей и муниципальных капризов, пригодны лишь для воспоминаний о прошлом.

В древние времена на его месте возвышался замок О, построенный длинноногим викингом по имени Роллон, первым герцогом Нормандии. Его прозвали «Пешеходом», поскольку, согласно легенде, при езде верхом его ноги практически касались земли.

Это местечко ему понравилось, и его любовь к родному краю передавалась из поколения в поколение. В замке, в частности, женился на Матильде Фландрской Вильгельм Завоеватель, еще тогда не получивший это прозвище. А та поначалу отказывалась выходить за незаконнорожденного, но чудесным образом изменила свое мнение, когда получила от Вильгельма самую сказочную взбучку, которую когда-либо производила рука мужчины, став ему верной и нежной супругой. Говорят, празднества тогда вышли пышными и веселыми.

Затем феод переходил к Лузиньянам, Бриеннам, семейству д'Артуа, и, наконец, он оказался во владении Жана Бургундского, герцога Неверского, который так и не воспользовался его гостеприимством из-за Людовика XI. Тот боялся Карла Смелого и Англии, которая могла протянуть герцогу Бургундскому руку помощи, а посему приказал снести замок О до основания.

Поэтому когда О стал владением Екатерины Клевской в результате ее брака с князем де Порсьеном, домену нечего было ей предоставить в качестве жилища. Юная дама совершенно об этом не задумывалась, пока однажды, уже будучи вдовой, не вышла замуж за юного герцога де Гиза, того самого Генриха Меченого, любовника королевы Марго, любимца парижан, основателя Католической Лиги, вдохновителя Варфоломеевской ночи и вообще знаменитого смутьяна.

Де Гиз не стал пренебрегать О и даже решил построить там дворец — согласно тогдашней моде. Этот дворец практически в том же виде сохранился до наших дней, за время его существования к нему только пристроили одно крыло, согласно планам братьев Леруа.

Меченый не смог воспользоваться новым дворцом. Только он отпраздновал новоселье, как 23 декабря 1588 года король Генрих III казнил его в замке Блуа при содействии своих помощников, получивших название «Сорок пять»[1],

---

[1] Так назывался элитный отряд телохранителей короля в составе сорока пяти молодых дворян, во главе которого стоял лихой гасконский вояка де Луаньяк. Число телохранителей, кстати, дало название для романа Дюма «Сорок пять».

и сделано это было для того, чтобы спасти королевство от угрозы испанского нашествия. Впрочем, этим он сам подписал себе смертный приговор, сознавая, что братья по оружию де Гиза сделают все, чтобы отомстить. Так, собственно, и произошло.

Эта смерть обескуражила вдову убитого. Екатерина Клевская обожала мужа, который ей постоянно изменял. Свою последнюю ночь он провел с красивой маркизой де Нуармутье, Шарлоттой де Сов. Эта ночь, полная любви, не поспособствовала быстроте его реакции. Знала ли Екатерина об этом? Возможно, что и нет. И жаль, ведь тогда бы она не так убивалась по супругу. Она обосновалась в О и безвылазно прожила там сорок пять лет — вплоть до самой своей смерти. Это время было посвящено воспоминаниям об умершем и благотворительности. Среди прочего — содержание коллежа, основанного ее мужем, в стенах которого он покоился. Затем для них обоих Екатерина построила великолепный склеп, где она с ним и воссоединилась в 1633 году.

В 1660 году замок О был выставлен на продажу. Его купила Мадемуазель. Точнее — Великая Мадемуазель, которая во времена Фронды осмелилась вести огонь из пушек Бастилии по войскам своего кузена, юного короля Людовика XIV. За эту ошибку ей пришлось расплачиваться еще долгое время, и это она, в сущности, не позволила ей стать королевой Франции: Людовик так и не простил ей ту канонаду.

В 1660 году Мадемуазель (она же Анна-Мария Орлеанская, герцогиня де Монпансье и княгиня де Домб) скучала и пребывала в меланхолии. Людовик XIV женился на инфанте Марии-Терезии, а его сестра, не знавшая, куда девать время и деньги, купила О и осмотрела его летом 1661 года. После этого было принято решение о переделке внутреннего убранства дворца и его садов. Теперь О стал по-настоящему роскошен и достоин Короля-Солнце, славе которого двоюродная сестра и посвятила внутреннее оформление. Хоть тридцатишестилетняя Мадемуазель не выглядела ни красивой, ни хорошо сложенной, чувства вкуса у нее было не отнять.

Она доказала это через несколько лет, потеряв голову от самого соблазнительного мужчины королевского двора: любезного, остроумного, дерзкого и невыносимого Антонена Номпара де Комона, маркиза де Пюигилема и графа де Лозена.

Это произошло 29 июля 1669 года, когда весь двор, и Мадемуазель в том числе, присутствовал на вручении жезла командующего Первой роты телохранителей этому невысокому резвому и отважному мужчине, от которого сходили с ума все женщины. С того дня Мадемуазель трясла любовная лихорадка, от которой она так и не нашла лекарства.

Де Лозен, конечно, был очень хитер и сразу догадался о ее чувствах. И он разработал план: если бы удалось жениться на двоюродной сестре короля и самой богатой женщине Франции, то он, будучи человеком амбициозным, достиг бы головокружительных высот. Кстати, у него это едва не получилось: король после долгих речей все-таки дал разрешение на этот брак, и де Лозен чуть было не стал герцогом де Монпансье. Но мадам де Монтеспан и Лувуа подтолкнули короля отозвать свое разрешение, и де Лозен так и остался де Лозеном.

Его, безусловно, охватила ярость, и, не решившись связываться с королем, он принялся за его фаворитку. Однажды Людовик XIV узнал, что де Лозен перемещается по двору и по городу в компании своей любовницы, обращаясь с ней, как с «чертовой публичной девкой». Он рассердился, приказал арестовать непокорного и отправить того в крепость Пиньроль, что в Пьемонте, где вот уже долгие годы томился суперинтендант Фуке. Де Лозен провел там десять лет. Десять долгих лет страха и отчаяния для бедной Мадемуазель, которая орошала слезами полы О, где ей так хотелось провести свой медовый месяц.

Не исключено, что де Лозен остался бы там вечно, если бы мадам де Монтеспан не пришла на ум одна идея: пусть Мадемуазель усыновит герцога Мэнского, старшего из ее детей от короля. Таким шагом маркиза хотела убить одновременно двух зайцев: обеспечить почти королевское наследство ребенку и доставить удовольствие королю, который теперь предпочитал ей мадам де Ментенон, а та обожала маленького герцога Мэнского.

Мадемуазель долго противостояла тем, кто хотел ее обмануть, но шантаж удался. Бедняжке так хотелось вновь увидеть своего возлюбленного, что она пожертвовала ребенку часть своего состояния, хоть и не проявляла к нему каких-то теплых чувств до самой смерти. И тут вернулся освобожденный Лозен...

Увы! Былой лихач за это время постарел, озлобился, а его и без того часто весьма жесткий юмор превратился в чистой воды издевательство. К тому же за десять лет воздержания он стал еще более охоч до женщин. Но влюбленная Мадемуазель не замечала ни его седины, ни дырок в его зубах, и она тайно вышла за него замуж и привезла де Лозена в О.

Очень скоро благородная дама пожалела об этом решении, потому что обнаружила, что приютила у себя самого ужасного грубияна, которого только носила земля. В О де Лозен критиковал абсолютно все: убранство, сады, которые были под стать версальским, прислугу и, конечно же, больше всего он ругал свою жену. Три недели спустя он бежал в Париж к своим любовницам, бросив Мадемуазель одну.

К несчастью, она поехала за ним. Она застала его в Люксембургском дворце, где он стал вести себя с ней как со слепой и глупой женщиной, коей она не являлась.

В конце концов, устав от бесконечных нападок, она вернулась в О, оставив де Лозена в Париже. Брак был разрушен, и в одну из редких встреч, на которой он позволил себе обращаться с ней, как с прислугой, она прогнала его со словами:

«Не попадайтесь более мне на глаза. Вы — мерзавец!»

Замок О не принес удачи потомкам де Монтеспан. Ее внука, графа д'О, сослали туда после заговора Челламаре[1]. Герцог де Пантьевр, его наследник, приезжал туда не более раза в год. Затем настал период вынужденной тишины, которую Революция наложила на многие благородные здания. Во времена Империи руанское правительство решило частично разрушить дворец из-за непомерной стоимости содержания. Пришлось дожидаться Реставрации, чтобы вдовствующая герцогиня Орлеанская, дочь де Пантьевра, восстановила его.

Дворец вновь ожил при будущем короле Луи-Филиппе. Как и все герцоги Орлеанские, он очень любил этот дворец и сделал его своей резиденцией для отдыха. За три года до конца правления он принял там королеву Викторию, у которой остались прекрасные воспоминания об этом визите.

---

[1] Заговор Челламаре — политический сговор во Франции, инспирированный Испанией в 1718 году с целью удаления Филиппа Орлеанского с поста регента Французского королевства. Заговор назвали по имени князя Антонио де Челламаре, который был послом короля Испании Филиппа V во Франции.

«Я хотела бы написать об этом прекрасном дворце, — сообщала она Леопольду I, бельгийскому королю, который был ее дядей и зятем Луи-Филиппа. — Мы жили в окружении очень любезной и приятной семьи, чувствуя себя как дома, как среди своих. Прием короля и королевы был замечателен и очень нам польстил».

Часы работы
С 15 марта по 6 ноября с 10.00 до 12.00
и с 14.00 до 18.00.
Закрыт в среду
и в пятницу утром.

http://www.ville-eu.fr/chateau-musee.php

Отфор
(Hautefort)

Поэт войны,
воительница любви

Трубы, горны, барабаны,
Флаги, кони всех мастей
Скоро нам послужат верно.
Жди нас в гости, богатей!
Тогда обозу не проехать,
И купец, как ни спеши,
Свой товар ты не доставишь.
Тот богат — кто грабит
от души...

Можно ли с большим воодушевлением и умением описать тяготы и невзгоды военного времени? Человек, который написал в конце XII века это жестокое и в чем-то безжалостное стихотворение, принадлежал, однако, к числу тех кротких певцов, коих мы называем трубадурами. В их рядах он занимал весьма значимое место. Давайте же ознакомимся с его личностью поближе.

Человек этот вовсе не походил на дамского угодника, вздыхающего о любви под звуки лютни возле ног какой-нибудь землевладелицы. Любовные песнопения и сочинение слезоточивых посланий не были его излюбленным занятием. Можете поискать: в его жизненном пути вы не найдете ни милой подруги, ни холодной, далекой дамы сердца. Его совершенно не интересовали пресные нежности, затуманенные взгляды и тихий, вкрадчивый шепот. Ему, Бертрану де Борну, виконту де Отфору, нужен был лишь жар битвы: после очередного сражения, пропитанный смогом войны, он возвращался к себе в шатер и выплескивал всю свою необузданную радость в стихи. После чего он обычно подзывал своего личного певца Папиоля, чтобы послушать, как звучит его новое творение:

> *Говорю вам, что еда,*
> *Сон, питье мне не услада.*
> *Сердце бьется, лишь когда*
> *Слышу крик: «Вперед, солдаты!»*
> *Стоны, крики по душе,*
> *Вид убитых с пикой в теле...*
> *Мы от счастья в кураже*
> *Гимны этой бойне пели*[1].

Жизнь этого творческого сорвиголовы, этого бродячего поджигателя войны перекликается с тем, о чем он пишет: битвы, битвы и еще раз битвы! Он не любил женщин, он любил, увы, лишь короля Англии, своего сюзерена, поскольку необузданное сердце Алиеноры Аквитанской стало причиной тому, что огромная часть французских территорий отошла к Плантагенетам. Сначала его королем был Генрих II. Однако любовь к нему несколько поостыла, когда в 1182 году этот самый Генрих передал земли Перигора Ричарду Львиное Сердце, у которого тогда не было ровным счетом никаких прав на корону. И в первую очередь Ричард ополчился против нашего Бертрана.

И у него на то были причины: у Бертрана был брат Константин, которого он ненавидел и с которым боролся

---

[1] Перевод В. Матвеева.

за обладание фамильным замком. Константин же подал жалобу на Бертрана самому Ричарду. Тот, конечно же, принял Константина под свою защиту, поскольку рассчитывал сделать из него своего верного вассала. Узнав об этом, Бертран поспешил присягнуть в верности Генриху, старшему брату Ричарда и его главному сопернику по совместительству. Выбор этот был бы весьма хорош, если бы Генрих по прозвищу Короткий Плащ в 1183 году внезапно не умер. Несколько недель спустя Ричард осадил Отфор, прогнал Бертрана и вручил ключи от замка Константину.

Разгневанный поэт написал несколько обличительных сирвент[1], пользуясь взаимной неприязнью между королем и Ричардом, причем сделал это настолько виртуозно, что уже в 1185 году вернул себе вожделенный замок. Правда, ненадолго: годом позже Константин вернулся, вновь вытеснил своего брата и вдобавок полностью разграбил Отфор.

К несчастью для Константина, поэтом он не был. Став королем, Ричард Львиное Сердце принял клятвенное обещание в верности Бертрана де Борна и по достоинству оценил талант трубадура, который полностью соответствовал его собственным вкусам. На этот раз Бертран оставался верен ему до конца. А после смерти короля он решил, что никто больше не достоин того, чтобы быть воспетым им... разве что Господь Бог. Тогда он удалился в Далонское аббатство, где умер в 1215 году в возрасте семидесяти пяти лет. За свою жизнь он написал около сорока пяти эпических поэм. Кстати, жениться ему все же пришлось. Замок Отфор унаследовали сначала потомки

---

[1] С и р в е н т а — жанр поэзии трубадуров XII—XIII веков. Главными в сирвенте являлись вопросы политические, а также личные выпады поэта против его врагов.

его дочери Маргариты, а затем, силой брачных связей, владение перешло к семейству Гонто.

После многочисленных перестроек замок приобрел свой окончательный вид лишь в XVII веке, став замечательным образчиком того, как гармоничное сочетание архитектурных форм сглаживает общую суровость крепости. Архитектором выступал Жак-Франсуа де Отфор, и строительство продолжалось с 1640 по 1680 год.

Обновленное жилище послужило на некоторое время пристанищем для одной из самых прекрасных женщин своего времени. Звали ее Мария, и она приходилась Жаку-Франсуа сестрой. Она также была придворной дамой из окружения Анны Австрийской, жены Людовика XIII, к которой питала нежную привязанность. И за этой красотой скрывались пыл и боевой задор, унаследованные ею через поколения от далекого предка, Бертрана де Борна. Свою гордую голову Мария склоняла лишь перед королевой.

Перед королевой, но не перед королем? Именно! И все это по одной простой причине: замкнутый и целомудренный Людовик XIII, человек, предпочитавший своей белокурой супруге общество друзей и лошадей, влюбился в Марию самым непредсказуемым образом. Вероятно, стрела Амура поразила короля потому, что девушка совершенно не походила на всех этих слащавых чопорных дам из его обычного окружения. Сен-Симон, чей отец был тогда доверенным лицом короля, довольно много писал о личности мадемуазель де Отфор и даже приводил некоторые фразы, сказанные самим Людовиком XIII, когда поверенный подстрекал его сделать девушку своей любовницей.

«Я действительно влюблен в нее, я это чувствую, я жажду обладать ею, я охотно говорю с нею и постоянно о ней думаю; верно также и то, что все это происходит не по моей воле, ведь я мужчина, и у меня есть эта слабость. Но, чем легче мне как королю удовлетворить свои желания, тем осмотрительнее я должен быть перед лицом порока и различных скандалов. Я прощаю вас в силу вашей молодости, но прошу вас впредь не заводить со мной подобных бесед, если вы хотите, чтобы я любил вас и дальше».

Несомненно, то были благородные и прекрасные слова, объясняющие странное упрямство, которое сильно раздражало саму Марию де Отфор. Чтобы достичь своей цели, она продолжала соблазнять короля. Однажды, войдя в покои к королеве, Людовик XIII увидел, как та передает Марии записку. Когда же король потребовал, чтобы ему дали ее прочесть, мадемуазель де Отфор только рассмеялась и сунула ее себе в декольте, вынуждая Его Величество взять послание силой. Людовик XIII покраснел и выскочил из комнаты, словно увидел самого Сатану. Впрочем, некоторое время спустя от ловушек, расставленных Марией, его спасла намного более сильная любовь к мадемуазель де Лафайетт. Мария де Отфор же замыслила заговор против Ришелье, что обернулось для нее первой ссылкой в родной замок. Ко двору она вернулась только после смерти Людовика XIII и, верная своим привычкам, принялась плести козни уже против кардинала Мазарини. Она не знала, что многое изменилось и что Анна Австрийская любила Мазарини столь же сильно, как некогда ненавидела Ришелье. Мария вновь была отправлена в ссылку. Два года спустя она вышла замуж за маршала де Шомберга, герцога д'Аллюена.

После Революции владельцем замка стал другой вояка, барон де Дама, муж Шарлотты де Отфор. Он был одним из тех воинов, что служат прежде всего Франции и уж потом политическому строю. Так, сначала он воевал во время Революции и Империи, а затем верно служил при

Реставрации — вплоть до своей ссылки к герцогу Бордоскому[1]. Шатобриан его ненавидел.

В 1929 году замком завладел барон де Батар. Отфор тогда находился в весьма плачевном состоянии, так что барон затеял комплексную реставрацию, которая длилась долгие годы и закончилась уже после смерти самого барона. А немного позднее в замке вспыхнул пожар и начисто уничтожил все плоды многолетних стараний. Тем не менее благодаря сбору средств баронессе де Батар, обладавшей завидным упорством, удалось вернуть замку Отфор надлежащий вид.

---

[1] Анж-Гиацинт де Дама (1785—1862) в 1828 году стал воспитателем восьмилетнего герцога Бордоского. После революции 1830 года он сопровождал дофина и короля Карла X в ссылку.

Часы работы

*Март с 14.00 до 18.00
(по выходным и праздничным дням).
С 1 апреля по 30 мая с 10.00 до 12.30
и с 14.00 до 18.30.
С 1 июня по 30 августа с 9.30 до 19.00.
Сентябрь с 10.00 до 18.00.
Октябрь с 14.00 до 18.00.
С 1 по 11 ноября с 14.00 до 18.00
(по выходным и праздничным дням).
В июле и августе, каждую среду, в 21.00
проводится ночное представление.*

http://www.chateau-hautefort.com/

По
(Pau)

Величайшие люди Беарна

Я грешил больше, чем Содом,
И наказан был горше Гоморры.

Гастон Феб

Их было двое. Двое поистине великих мужчин, с различными характерами и привычками, но одинаково прославивших древнюю крепость, выстроенную на заре веков семейством Монкад. Крепость, от которой сейчас осталась лишь одна башня.

Личность одного из них нам достаточно хорошо знакома. Сначала его звали Генрихом Наваррским, а затем, уже после того, как он стал королем Франции, начали величать Генрихом IV. Другой же, живший в Беарне тремя веками ранее, по масштабам своей личности практически ни в чем не уступал первому. Во всяком случае, он был куда эксцентричнее.

Это был Гастон, граф де Фуа и хозяин множества других владений. Он был красив, знаменит, статен, а его золотистой шевелюре позавидовало бы само солнце. А поскольку, в силу своего самомнения, сравнение это он воспринимал со всей серьезностью, псевдоним он себе взял под стать: Гастон Феб[1].

---

[1] Феб, или Аполлон — бог солнца, искусств и врачевания у древних греков.

Будучи еще большим гордецом, чем даже Людовик XIV (которому, слава богу, никогда не приходила в голову нелепая идея подписывать документы словами «Людовик-Солнце»), Гастон III де Фуа, де Беарн и прочая, и прочая, действительно превозносил себя до небес, что, впрочем, было вполне оправданно, поскольку его современники души в нем не чаяли. Его обожал и стар и млад, и мужчины и женщины. Особенно женщины! С ними у него проблем не было никогда. Доподлинно известно, что помимо родных детей у Гастона было еще, по меньшей мере, двое незаконнорожденных.

Начало его жизни, однако, было не столь безоблачным. «В молодости, — пишет хроникер Мишель де Берни, — он был рыхлым и много болел, но понемногу, благодаря увещеваниям своей матери, мадам Алиеноры (де Комменж), он начал работать над собой, стал мужественнее и благороднее». По сути, он был эдаким юным бунтарем, в отрочестве своем отдавшимся на волю всех демонов роскоши и дерзновенности. При этом он получил исключительное для своего времени образование. Он одинаково хорошо говорил по-лангедокски, по-французски и на латыни. Он был поэтом, писал песни и оставил после себя два больших произведения: «Книгу речей» и «Книгу об охоте», в которых, как ни странно, описывал себя достаточно иронично. На страницах этих произведений свое превращение в просветленного и мудрого (порой!) принца он объяснил не чем иным, как... божественным вмешательством.

4 августа 1349 года, в двадцатилетнем возрасте, он женился на Аньес Наваррской, четырнадцатилетней дочери Филиппа д'Эврё, короля Наварры, и Жанны Французской. Вместе они пробыли всего три месяца, три счастливых медовых месяца, проведенных в замке Конфланс. Но в то время во Франции еще свирепствовала черная чума (от ко-

торой, к слову, умерла мать девушки), и Гастон отвез Аньес в замок Монкад, что в Беарне, в ожидании, когда же ему, наконец, достанется свадебное приданое.

На горе бедной девушки, это приданое так и не было выплачено. Ее родители умерли вскоре после свадьбы. Наварра нашла себе нового правителя в лице ее брата Карла, ставшего королем Карлом II, коему история приплела недвусмысленный эпитет Карл Злой. Естественно, этот пренеприятный субъект, с чьей злобой могла сравниться разве что его же собственная жадность, наотрез отказался выплачивать деньги шурину. В итоге златокудрый Гастон отправил Аньес обратно в Наварру, где она была принята со всеми почестями, несмотря даже на то, что успела родить супругу сына (тоже названного Гастоном).

Сына этого Феб никогда не любил, отдавая предпочтение своим незаконнорожденным отпрыском, в частности Ивену де Лескару, который был его любимчиком и даже стал, с легкой руки отца, начальником его охраны. Уязвленный юный Гастон — способен ли он был действительно отравить собственного родителя или же просто пытался опоить его приворотным зельем, чтобы тот вернулся к его матери? Как бы то ни было, Гастон-старший заподозрил сына в заговоре против себя и бросил беднягу в тюрьму, где тот и скончался.

Но вернемся к замку По. Большая часть замка была построена именно Гастоном Фебом, хотя сам тогдашний владелец предпочитал жить в другом замке — в Ортезе. Строительство По носило скорее показной характер и должно было лишний раз подчеркнуть славу и значимость статуса хозяина замка. Работы начались в 1370 году, под управлением великого архитектора Сикара де Лорда, которого Феб еще не раз приглашал для возведения своих роскошных особняков. Результатом Гастон остался более чем доволен.

«Это самый красивый замок, который когда-либо сотворил человек», — писал некий путешественник. Феб посещал его лишь по особым случаям, по обыкновению, привозя с собой конюхов, охотничьих собак да и весь двор в его великолепном многообразии, который по праву считался одним из богатейших в Европе.

Преступление в отношении собственного сына стало для Гастона началом полосы неудач. Король Карл VI запретил ему оставлять наследство Ивену де Лескару. Замок По пришлось отдать представительнице боковой ветви рода, Изабэлле де Фуа-Кастельбон, которая, в свою очередь, передала бразды правления замком своему супругу, Аршамбо де Грэйи.

В дальнейшем всех сыновей в роду Фуа-Грэйи называли двойным именем Гастон-Феб. Из них по-настоящему известен лишь Гастон IV, который, женившись на Элеоноре Наваррской, стал принцем Наварры. Впоследствии его внук, Франсуа-Феб, стал королем Наварры, что сделало замок По королевской резиденцией.

Затем правители Наварры всячески содействовали процветанию замка. Даже Маргарита Ангулемская, сестра Франциска I, которая предпочитала просторному По маленький, но уютный Нерак, старалась преумножить достоинства и роскошь королевского замка. Однако истинный час славы пробил для По лишь 1 декабря 1553 года.

Генрих д'Альбре, муж Маргариты, был человеком другого времени. Будучи вообще весьма жестким по своей натуре, он решил, что его дочь, Жанна д'Альбре, наваррская наследница и жена Антуана де Бурбона, будет рожать исключительно в замке По. Из Компьеня, где она тогда находилась, Жанну спешно перевезли в замок. Когда у роженицы начались схватки, суровый отец приказал ей... петь, чтобы младенец, появившись на свет, «был доволен и не плакал». Разумеется, король Наварры был просто уверен, что у него будет именно внук.

Покорная дочь (стойкость Жанна унаследовала от своего отца) принялась не только петь, но даже сочинять музыку, которая впоследствии стала гимном для Нотр-Дам-дю-Бу-дю-Пон — церкви, расположенной неподалеку от замка. И какова же была радость короля, когда «чудо» свершилось: из материнского чрева с громким, здоровым криком появился мальчик.

Будучи вне себя от счастья, дед подхватил малыша на руки, по традиции потер ему губки зубчиком чеснока и дал выпить капельку жюрансонского вина, приговаривая: «Ты станешь настоящим беарнцем». Лишь после этого он согласился положить новорожденного в колыбель из черепашьего панциря, где им уже занялись сиделки.

Также сумасбродный старик требовал, чтобы его внук воспитывался в поистине крестьянских условиях: с босыми ногами и с непокрытой головой. Маленькому Генриху было всего два года, когда его суровый предок умер, однако Жанна д'Альбре посчитала подобное спартанское воспитание вполне приемлемым и не стала ничего менять. Ну а результат нам известен: Генрих IV был самым здоровым и закаленным из всех французских королей. Он обладал теми качествами, которые необходимы не только завоевателю (что уже само по себе было неплохо), но и хорошему правителю (что было просто замечательно).

Когда в 1572 году в замке сыграли свадьбу Генриха с восхитительной Марго, По наконец-то познал радость веселья и шумных празднеств, свойственных роду Валуа. Впрочем, увеселительные мероприятия проводились там нечасто, поскольку, подобно своей тезке, Маргарита Французская все больше времени проводила в Нераке, где в мягком сумраке тенистых аллей любила подолгу прогуливаться со своими многочисленными кавалерами.

К несчастью для замка, вступление на трон Генриха повлекло за собой упадок По. Наваррская корона постепенно меркла в свете короны французской, а сам Генрих приезжал в По лишь для того, чтобы забрать мебель, дорогие ковры и перевезти их в Лувр. А после того как королевство Наварра было присоединено к Франции, замок опустел окончательно. С тех пор если в По и заезжала персона королевских кровей, то лишь затем, чтобы посмотреть на ту самую спальню, в которой малютка-Генрих издал свой первый крик.

Великая французская революция превратила замок По в казарму. Наполеон, конечно, хотел восстановить былое величие замка (уж не в память ли о своем «дядюшке Людовике XVIII»?), но, увы, не успел. Замок был отреставрирован только при Луи-Филиппе, хотя этот монарх порой выказывал излишнее рвение, от чего результат вышел несколько гротескным. И все же именно благодаря ему в замке появились самые лучшие ковры, коих было не сыскать и во всех королевских резиденциях. Очевидно, По запал Луи-Филиппу глубоко в душу.

Наполеон III, Республика, ныне — государство... Замок по-прежнему переходит из рук в руки, продолжая свидетельствовать о величии Франции и ее славной истории.

Часы работы музея

*С 15 июня по 15 сентября с 9.30 до 12.30
и с 13.30 до 18.45.
С 16 сентября по 14 июня с 9.30 до 11.30
и с 14.00 до 17.00.
Закрыто 1 января, 1 мая и 25 декабря.*

Замок и его сады открыты

*С 15 октября по 31 марта с 7.30 до 18.30.
С 1 апреля по 14 октября
с 7.30 до 20.30.*

http://www.musee-chateau-pau.fr/

Полиньяк
(Polignac)

Деяния средневекового Лафайетта

Свадьба — одно из самых важных событий в жизни и, пожалуй, одно из тех, где меньше всего заботятся о приличиях.

Боккаччо

В январе 1467 года сеньор Гийом-Арман де Полиньяк стал вести мрачную и довольно-таки замкнутую жизнь. Зима в департаменте Верхняя Луара выдалась суровой, и ветер наметал огромные сугробы под стенами сеньорского замка — большой крепости, выстроенной на базальтовой скале возле тракта, ведущего к Ле-Пюи-ан-Веле. В каминах цитадели трещали здоровенные поленья, но даже они не могли согреть опечаленного Гийома-Армана.

Причин для столь пасмурного настроения было две: подагра в левой ноге, причинявшая ему острую боль, и дурные отношения с верховным сюзереном, королем Людовиком XI. С этим человеком шутить было нельзя.

Но вообще-то, сеньор де Полиньяк и не шутил: он просто взбунтовался, присоединился к герцогу де Бурбону и вступил в так называемую «Лигу общественного блага», поддержанную герцогом Бургундским. Впрочем, во время битвы при Монлери молодому королю удалось договориться с членами вышеупомянутой лиги. Однако Гийом-Арман, со своей стороны, посчитал, что лучшим выходом изо всей этой ситуации будет как можно скорее уехать к себе в горы и там затаиться, сделаться маленьким и неприметным (что было очень и очень непросто, учитывая его огромный рост). Тем самым он решил предоставить королю полную свободу действий. За свою судьбу он не слишком боялся: если король вдруг явится за огромной круглой головой де Полиньяка, то ему сначала придется перебраться через мрачную крепостную стену древней цитадели.

Во всяком случае, именно этим он себя утешал. Разумеется, он целиком и полностью полагался на мощь своих башен и высоту своих стен, однако это не мешало ему каждодневно, утром и вечером, нервно обозревать горизонт в ожидании появления какой-нибудь армии. Будучи счастливым отцом восьмерых детей (девятый на тот момент должен был вот-вот родиться), де Полиньяк считал, что еще слишком молод, чтобы умирать.

И вот как-то раз, в середине дня, стражники сообщили о приближении военного отряда. Отряда? Какого еще отряда? Порядка пятидесяти человек... Видны ли знамена? Да, два: одно из них не внушает особых опасений, потому как принадлежит юному Жильберу де Лафайетту, местному соседу, но вот второе... То французское знамя, и впереди солдат выступает Берри, военный герольд, фаворит Людовика XI.

Гийома-Армана охватил приступ паники. Что делать? Оборонять замок? Лафайетт никогда бы не явился к нему с дурными намерениями. Ну а герольд... что ж! С ним не бог весть какая армия! Тогда Гийом-Арман решил посоветоваться со своей женой, графиней Амедеей, которая склонялась к тому, чтобы принять войска радушно. Тут в голову землевладельца пришла интересная идея: он просто скажется больным! Пусть гостей примет Амедея, но скажет при этом, что сеньору сделалось совсем худо.

Госпожа Амедея возразила, что ее беременность, пожалуй, заметна больше, чем требуют этикет и приличия. Ну, тем лучше: так приезжие станут к ней относиться с еще большим почтением. На том и порешили: Гийом-Арман заперся у себя в спальне, а его жена, горестно вздохнув, принялась отдавать приказания к ужину. Когда ты Полиньяк и твой род своими корнями уходит в глубину веков, нельзя накрывать на стол что попало.

Госпожа Амедея это знала, а потому превзошла саму себя. Пир был великолепен. По традиции графиня разделила блюдо с мессиром Берри, а юный Жильбер де Лафайетт — с Изабо, старшей дочерью Амедеи. Пятнадцатилетняя цветущая девушка выглядела очень заманчиво. Со своей стороны, Изабо нашла Жильбера очень привлекательным и приятным, однако ограничилась приветливым светским флиртом.

Все складывалось прямо-таки прекрасно, пока, уже в конце пиршества, гости не поблагодарили госпожу Амедею... и не потребовали у нее ключи от замка. На случай отказа они предупредили радушную хозяйку, что все входы и выходы перекрыты. Вот так катастрофа!

Разгневавшись, юная Изабо бросилась на Лафайетта, но тот объяснил ей, что захватывать замок никто не собирается. Ему необходимо лишь препроводить господина Гийома-Армана в Клермон, где тот должен будет предстать перед мессиром Антуаном де Шабанном. Изменить решение Лафайетта не смогли ни ярость, ни девичьи слезы.

Сеньор болен? Что ж, тем хуже для него. А вместо лошади ему предоставят носилки — неплохая альтернатива.

Полиньяк был вынужден подчиниться. Его положили на носилки, закутали в меха, после чего эскорт двинулся в обратный путь.

Поездка доставляла Гийому-Арману массу неудобств, но куда сильнее ему докучали терзания не физические, но душевные. С господином Шабанном он был в ужасных отношениях, потому как когда-то отказался выдать свою дочь за его старшего сына. Про отношения с королем он и вовсе старался не вспоминать. Его отправят на эшафот, как пить дать отправят!...

Однако по приезде в Иссуар Лафайетт, исполявший роль главного охранника, внезапно решил остановиться на привал. Он поговорил с местным консульством и доверил им пленника, после чего во весь опор помчался обратно в замок Полиньяк, предварительно сообщив Гийому-Арману, что хочет жениться на его дочери!

Возвращение Жильбера в Полиняк устроило настоящий переполох. В замке уже царила траурная атмосфера, люди были морально готовы к смерти своего правителя. К тому же сразу же после отъезда мужа госпожа Амедея почувствовала острейшие схватки. Так что Лафайетт прибыл как раз в момент родов.

Нетрудно предположить, какие эмоции обуревали юную Изабо, когда наглец ворвался в спальню роженицы и потребовал руки ее дочери. Она плакала, кричала, сопротивлялась, но все же ей пришлось сложить оружие. Девушку отвели в часовню, куда вскоре явился едва живой от страха семейный капеллан. Впрочем, ужас наполнил его сердце яростью, и он с безрассудной храбростью отказался проводить эту насильственную женитьбу.

Ах, так он не хочет соединить их узами брака? Тогда Лафайетт клятвенно пообещал пообрубать головы всем и каждому в этом замке.

Что тут можно было ответить? Капеллан благословил молодых. Изабо, вся в слезах, произнесла решающее «да», с ужасом думая о том, что ее ждет впереди. Однако на сем жестокости того вечера себя исчерпали. Сделавшись внезапно нежным и обходительным, Жильбер оставил обескураженную девушку, вскочил на лошадь и уехал.

В Иссуаре Жильбер забрал своего пленника и отвез его в Клермон, где, по мнению самого Гийома-Армана, его ждала смерть.

Каково же было его удивление, когда на главной площади он не увидел эшафота. Более того, Антуан де Шабанн вполне гостеприимно встретил своего бывшего приятеля. Короче говоря, сеньору дали понять, что вовсе не собираются лишать его жизни. Ободренный вроде как радостной новостью, Гийом-Арман попросил, чтобы об этом известили его младшего брата, сеньора де Шаленсона, советника короля. То был лучший заступник из тех, на кого можно было рассчитывать.

Послали за Шаленсоном. Самого Полиньяка же посадили в тюрьму. Неуютная обстановка и строгий режим в чем-то даже помогли Гийому-Арману: скудное питание положительно сказалось на его прогрессировавшей подагре.

Не знал он только об одном: Шабанн сам решил арестовать своего бывшего приятеля. Казнить его он, правда, не собирался. Его все не покидала надежда женить своего сына на дочери Гийома, но Шабанн решил, что задание проще всего будет поручить юному Лафайетту. Жильбер с радостью согласился.

Продолжение этой истории нам известно. Милая Изабо так понравилась Лафайетту, что, выполняя поручения своего хозяина, он действовал как бы в своих собственных интересах. Напрасно Лафайетт и Шабанн переживали, что король может рассердиться, прознав о подобном самоуправстве. Тот был совершенно не против, чтобы фамилии Полиньяк и Шабанн породнились. Неожиданная свадьба Лафайетта, конечно, смешала все карты, но Людовик XI, впрочем, не слишком расстроился. Господину же Шаленсону досталась совершенно простая роль. Он поговорил с теми, пообщался с другими и в итоге разрешил все наилучшим образом.

14 апреля следующего года в соборе города Пюи Жаклин де Шабанн вышла замуж за Клода де Полиньяка. Там же брак Изабо и Жильбера был благословлен со всеми приличествующими традициями. Стоит отметить, что к тому времени Изабо перестала сердиться на мужа. Доказательством чему стали шестнадцать прелестных детишек, которых она подарила Лафайетту.

Что же до замка, оставленного некоторое время спустя, то на его месте сейчас высятся величественные руины, которые вы можете посетить, приехав в город Амбер.

Часы работы

*С 1 апреля по 31 мая с 10.00 до 13.00
и с 14.00 до 18.30.
С 1 июня по 16 сентября с 9.00 до 19.00.
С 17 сентября по 11 ноября
с 10.00 до 13.00
и с 14.00 до 18.00.*

Роше
(Les Rochers)
Места уединения мадам де Севинье

> *Я вновь обращаюсь к вам, моя дорогая, чтобы сказать, что, ежели вы желаете узнать в деталях, что такое весна, нужно приехать ко мне.*
>
> Мадам де Севинье

С XII по XV век земли Роше в бретонском городе Витре принадлежали семье Матефелон, однако со временем мужчин в этом знатном роду стало рождаться все меньше, и территории Роше в буквальном смысле превратились в женское царство.

Одна из наследниц рода, Анна, вышла замуж за барона де Севинье, который сразу же после свадьбы, в 1410 году, решил преобразовать старинные постройки тещи и тестя в красивый замок. Насладиться его видами можно и сегодня, правда, предстанет он перед вами с некоторыми изменениями, внесенными в XVII веке его самой известной хозяйкой, речь о которой пойдет ниже. К числу этих изменений относятся, например, высокие окна с маленькими форточками, а также элегантные слуховые окошки. Стоит отметить, что из всех многочисленных хозяев замка именно эта женщина оставила наиболее заметный след в истории. Вероятно, все прочие были не столь примечательными личностями.

В 1644 году семейство Севинье, чьи благородные представители сменили титулы баронов и баронесс на маркизов и маркиз, представлял один обаятельный отпрыск по имени Анри. Двадцатилетний Анри был не слишком богат, но вот отваги и воспитания ему было не занимать. А поскольку с шармом молодого кавалера могла тягаться разве что его же галантность, любовным похождениям Анри не было числа.

На первый взгляд Анри нечего было подарить девушке, кроме самого себя. Ну, или знатного рода, считавшегося одним из самых почтенных во всей Бретани. Был у него еще замок Роше, вот только последний остро нуждался в тщательнейшей реставрации. Но все же он сумел привлечь внимание аббата Филиппа де Куланжа, дяди и опекуна юной и богатой Марии де Рабютен-Шанталь. Помимо внушительного состояния, восемнадцатилетняя девушка обладала всеми качествами, о которых мог только мечтать мужчина: прежде всего, красотой и умом. Она и впрямь была чудо как хороша: золотистые волосы, приятный румянец на озорном личике и пронзительно-голубые глаза — не девушка, а мечта!

Однако она принадлежала к той странной категории людей, для которых любовь наступает либо слишком рано, либо слишком поздно, но вот в нужное время их сердца любить неспособны. Обычно такие люди страдают от неразделенной страсти: любят тех, кто не любит их самих, либо же еще не созрел для взаимности; и наоборот — стоит им только добиться объекта обожания, как все их романтические чувства вдруг сходят на нет. Таким образом, будущая мадам де Севинье проживет всю свою жизнь, так и не познав взаимной любви.

Когда она повстречала Анри де Севинье, тот был мгновенно покорен живостью ее ума и необыкновенной красотой. Она ему настолько понравилась, что неделю спустя он уже просил ее руки. Причем его настойчивость сыграла с ним злую шутку: выяснилось, что сердце прекрасной девушки не свободно. Им всецело завладел ее кузен Роже де Рабютен-Шанталь, блистательный молодой человек, наглый до крайности, но при этом чертовски умный, благодаря чему он снискал славу лучшего острослова во всем королевстве. Впрочем, если Роже и любил Марию, если с удовольствием общался с ней и писал ей письма, то у него все же было полно других дел и слишком мало свободного времени, чтобы уделять его кузине, которую, тем более, он знал всю свою жизнь. Перемены в нем произойдут много позже[1]. Несколько обескураженный подобным оборотом событий, Севинье в ожидании свадьбы, которая должна была состояться в мае, вернулся к той легкомысленной, разнузданной жизни, какую вел раньше. В результате за несколько дней до свадебной церемонии в особняке Куланж произошло очередное драматическое происшествие: Анри был серьезно ранен на дуэли.

По правде сказать, после смерти кардинала де Ришелье и короля Людовика XIII в этом не было ничего необычного: безрассудная парижская молодежь обнажала шпаги, где и когда угодно, по поводу и без оного. Однако новость о ранении будущего супруга произвела на Марию странное впечатление: она вдруг воспылала к нему страстью и, боясь потерять, ежедневно стала молиться за его жизнь. И Бог

---

[1] См. историю о замке Бюсси-Рабютен, описанную в книге Ж. Бенцони «Французская лилия».

внял ее мольбам, поскольку три месяца спустя епископ де Санлис поженил молодых в церкви Сен-Жерве, пожелав, чтобы те жили вместе в горе и в радости. На следующий же день новобрачные переехали в замок Роше.

Несмотря на ту привязанность, что питала к Парижу новоиспеченная маркиза, новый дом ей сразу же пришелся по вкусу. Она думала, что там они с Анри будут счастливы.

Но все сложилось иначе. Анри оказался разочарован, поскольку мог распоряжаться лишь приданым своей жены. Из соображений предосторожности аббат де Куланж не передал Марии состояние ее родителей, ссылаясь на то, что девушка еще не достигла своего совершеннолетия. Доходы же Севинье были столь скудны, что ему приходилось жить в деревне и фактически умирать со скуки.

Супруга интересовала его едва ли больше, поэтому, когда она родила ему дочь, разочарование молодого отца сложно было не заметить.

«Мне нужен наследник. А что я буду делать с дочерью?»

Едва сдерживая слезы, Мария в ответ только крепче прижала к себе дитя, которому она отныне станет отдавать всю свою нерастраченную ласку и нежность. Девочка и впрямь родилась прелестная, видимо, унаследовав материнскую красоту.

Но Анри уже не сиделось на месте. В то время его жена как раз стала совершеннолетней и могла в полной мере распоряжаться своим наследством. Так что, едва оправившись после родов, ей пришлось сесть вместе с новорожденной дочерью в карету, нагруженную всяким скарбом, и отправиться в Париж. Анри, наконец, смог приобщиться к столичной атмосфере: он снова начал встречаться с товарищами, знатными дамами и задирами-дуэлянтами! Словом, он был более чем доволен. В отличие от Марии, которая со слезами на глазах вспоминала полюбившийся ей замок, который она обставляла по своему вкусу и где обрела свое личное счастье.

И все же новый дом на улице Лион-Сен-Поль показался ей весьма неплохим. В Париже она навещала своих старых друзей, родственников, а особенно дядю Куланжа, которого она называла «славным дядюшкой». Также она завела себе новых друзей, и очень скоро вокруг этой красивой воспитанной девушки собрался вполне приличный круг знакомых. Беседа с Марией, немного самовлюбленной, но, безусловно, чрезвычайно умной, доставляла всем огромное удовольствие.

Анри в этом кругу места не было, однако молодой человек по большей части и не вспоминал о том, что женат. Впрочем, это не мешало ему и дальше растрачивать ее состояние, как бы вскользь упоминая в той или иной дружеской беседе, что супруга у него страстная, точно ледяная глыба. Даже рождение сына в 1648 году не смогло положить конец его безрассудным выходкам.

Когда до Марии дошел слух, что ее «благоверный» увлекся одной красоткой по имени Нинон де Ланкло, девушка не на шутку обеспокоилась. Все знали, что Нинон неустанно охотится за деньгами своих любовников, причем старается выбирать самых зажиточных. Выходит, ради этой Нинон Анри готов был разорить не только жену, но и собственных детей. И вот тогда Мария рассердилась по-настоящему.

«Можете изменять мне, месье, если это вам так уж нравится, поскольку я уже давно знаю, какого рода чувства вы ко мне испытывайте; только не разоряйте наших детей ради какой-то потаскушки!»

Разгневанный Севинье пожаловался на поведение жены пресловутому Роже де Рабютену, которого Мария когда-то любила и который с радостью ответил взаимностью на ее чувство теперь, если бы она только ему это позволила.

Рабютен чуть ли не вышвырнул Севинье из дома, после чего написал Марии пламенное письмо:

«Если вы хотите от него (Севинье) избавиться, любите меня, моя кузина, и я помогу вам ему отомстить, поскольку буду любить вас всю жизнь».

К несчастью, из-за досадной ошибки нерадивого слуги письмо попало прямиком в руки самого мужа, который, сразу же по прочтении, вернулся к Рабютену и вызвал его на дуэль. Но тот не согласился: будучи одним из лучших дуэлянтов королевства, он вовсе не хотел делать дражайшую Марию безутешной вдовой. Он ограничился лишь тем, что отнесся к Севинье как к несносному мальчишке и высмеял его.

Разъярившись еще пуще, Анри решил, что Марии вовсе не обязательно оставаться в Париже: на следующий же день он отправил жену с детьми в Роше, строго-настрого запретив возвращаться в столицу без его разрешения. Больше он их не видел.

В феврале 1651 года в замок Роше пришло письмо от аббата де Куланжа, в котором сообщалось, что месье Севинье был убит на дуэли шевалье д'Альбрэ (причиной стычки послужила некая мадам де Кондран).

Облачившись в траур, Мария провела в Роше еще два года. Она приглашала Леметра для обустройства сада, переписывалась с друзьями, в особенности со своим кузеном, и проводила долгие часы со своей лучшей подругой — герцогиней де Шольн, женой губернатора Бретани.

Несмотря на это, в Париж Мария все же вернулась, обосновавшись в особняке Карнавале. Однако до этого она еще не раз возвращалась в свой любимый маленький бретонский замок.

«Леса все так же прекрасны, — писала она в 1675 году своей дочери, ставшей к тому времени мадам де Гриньян, — здесь они во сто крат зеленее, чем в Ливри. Уж не знаю, что тому причиной: порода самих деревьев или же свежесть бретонских дождей; мне даже сравнивать не с чем, лес все такой же зеленый, как и тогда, в мае месяце. Опавшие листья уже сухие и безжизненные, но вот те, что еще держатся, — вы никогда не видели подобной красоты».

Анри похоронили в часовне на улице Сент-Антуан. Мария некогда изъявила желание быть похороненной рядом с ним. Однако покоится она вдали от мужа, вдали даже от милого сердцу Роше. В 1696 году она скончалась от оспы, будучи в гостях у своей дочери, в прекрасном замке Гриньян, обжигаемом южным солнцем. Славную Марию, бретонку не по роду, но по духу, похоронили в часовне этого замка.

Замок Роше до сих пор принадлежит давним потомкам Севинье, семье Э де Нетюмьер.

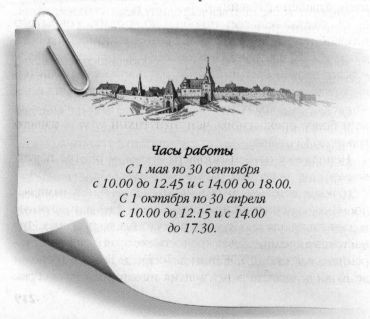

Часы работы
С 1 мая по 30 сентября
с 10.00 до 12.45 и с 14.00 до 18.00.
С 1 октября по 30 апреля
с 10.00 до 12.15 и с 14.00
до 17.30.

Ла Рош-Курбон
(La Roche-Courbon)

История любви
одной богатой девушки

Любая цель не стоит ошибки,
если та совершена по любви...

Мадам де Ля Саблиер

Этот замок очень любил Пьер Лоти, называя его «замком Спящей красавицы».

«Я объехал весь свет, но образ этого замка, сокрытого дубовой рощей, вновь и вновь возникал в моей памяти; в перерывах между путешествиями я всегда возвращался к нему, словно благоговейный паломник, влекомый навязчивыми воспоминаниями. Всякий раз я говорил себе, что в дальних краях нет ничего более умиротворяющего и более прекрасного, чем этот тихий уголок нашего графства Сентонж...»

Неподалеку от Сен-Поршера, в самом центре царственного дубового леса, расположен замок Ля Рош-Курбон с его восхитительными зелеными садами и голубыми водоемами, созерцание которых располагает к раздумьям и дает пищу для ума лучше, чем что бы то ни было. Это настоящая средневековая крепость, которая благодаря стараниям ее владелицы, Жанны де Гомбо де Бриэнь, госпожи де Курбон, оказалась не лишена некоторого изящества:

окна башен связаны меж собой изогнутыми сводчатыми галереями, в сад ведет широкая, на итальянский манер, каменная лестница, которая, впрочем, отлично вписывается в традиционный французский стиль архитекутры. Когда-то, в 1661 году, по этой лестнице спускался сам Великий Конде, окруженный ореолом славных побед Тридцатилетней войны и недовольством Фронды[1].

Шарль Перро тоже любил этот сказочный замок, впрочем, Ла Рош-Курбон знавал и времена, далекие от романтических чувств. Наступил период, когда извечное спокойствие и тишина покинули эти стены, где выросло не одно поколение благородных фамилий. Именно тогда в замке впервые прозвучали такие ужасные имена, как Фрондебёфы, Герры и Латуры. За время их правления замок утратил свой нежный, романтический флер и стал не чем иным, как суровой каменной броней, беспрестанно отражающей нападения многочисленных неприятелей.

Мирное однообразие поселилось в замке вместе с Курбонами. Благодаря им крепость смогла вздохнуть спокойно и открыться свету, свежему воздуху... Но только не счастливой любви.

Первым героем нашей истории станет Этроп-Александр де Курбон. Еще будучи моряком, в 1660 году он женился на Франсуазе Кольбер дю Террон, дочери интенданта портового города Ла-Рошель, рассчитывая на легкое продвижение по службе... Однако настоящая жена моряка должна быть терпеливой, мудрой и самоотверженной, но, увы, Франсуаза не обладала ни одним из этих качеств. Через десять лет после свадьбы она стала любовницей

---

[1] Фронда — обозначение ряда антиправительственных мятежей, имевших место во Франции в 1648—1653 годах и фактически представлявших собой гражданскую войну.

своего же племянника, шевалье де Буйона. Не слишком приятная новость для того, кто едва ступил на большую землю после длительного путешествия: узнав об измене, Курбон вызвал шевалье на дуэль и убил его.

Принимая во внимание высокое положение родственников Франсуазы, равно как и личность погибшего, несложно догадаться, что дело получило невероятно широкую огласку. Мадам де Курбон плакала и кричала, что больше не хочет жить с таким чудовищем. И она своего добилась: расторжение брака подтвердила даже Церковь, что позволило женщине повторно выйти замуж за принца Карпенья, римлянина по происхождению. Этроп-Александр, в свою очередь, женился на Марии д'Анженн, которая родила ему много детей, и в числе прочих сына Луи, ставшего главным действующим лицом трагических событий, положивших конец роду Курбонов. Событий, начавшихся, как ни странно, с обыкновенной школьной проделки.

В субботу, 22 октября 1737 года, настоятельница аристократического женского монастыря Нотр-Дам-де-Консоласьон, расположенного на улице Шерш-Миди в Париже, получила записку от некой мадам Пейренк де Мора, вдовы одного из влиятельнейших богачей Европы. В записке та просила настоятельницу отпустить ее дочь Анну-Марию (воспитанницу монастыря), дабы та приехала к матери в воскресенье, в замок Ливри. Экипаж за ней будет выслан.

У настоятельницы не было никаких причин отказывать благородной женщине, и уже на следующий день пятнадцатилетняя Анна-Мария вместе со своей гувернанткой мадемуазель Горри села в экипаж. Поначалу гувернантка несколько удивилась, что экипаж оказался обыкновенной почтовой каретой, но виду не подала и спрашивать ни

221

о чем не стала, потому как прекрасно знала, что у мадам де Мора имелось немало причуд.

Но вот когда карета вдруг свернула с привычного пути и покатила по незнакомой дороге, мадемуазель Горри забеспокоилась по-настоящему. Вскоре волнение ее перешло в панику: кучер остановился сменить лошадей на почтовой станции Этрепаньи. Куда их везут? Очевидно, это похищение! Но кому это нужно?

— Мне, — спокойно ответила ее ученица. — Я сама себя похитила!

Разумеется, гувернантка принялась кричать, возмущаться и вознамерилась было покинуть экипаж, как вдруг... Анна-Мария наставила на нее пару пистолетов, заметив, что не преминет ими воспользоваться, если мадам Горри и впредь будет брыкаться. Или не даст ей объясниться.

Приблизительно месяцем ранее мадам де Мора сообщила дочери, что планы по поводу ее замужества с Луи де Куброном изменились. Подобный альянс почему-то перестал соответствовать ее материнским требованиям. Отныне месье де Курбон не должен был более появляться ни в замке Ливри, ни в фамильном особняке на улице Варенн[1], построенном некогда Абрахамом Пейренк де Мора. Ни уж тем более в монастыре, куда молодой человек в последнее время зачастил, видимо, решив, что может встречаться со своей возлюбленной, когда ему вздумается. Самой же Анне-Марии предстояло выйти замуж за не слишком привлекательного графа де Кревкёра...

Девушка взбунтовалась. Она любила месье де Курбона, который ее тоже любил (в этом она была абсолютно уверена), так что она наотрез отказалась принять предложение матери. И вообще, с чего такая внезапная перемена?

---

[1] В настоящее время в этом особняке находится музей Родена.

Этого мадам де Мора не объяснила, сославшись на деликатность вопроса. А дело было вот в чем: месье де Курбон приходился кузеном некоему маркизу де Ля Мот-Уданкуру, бывшему любовнику мадам де Мора. И не было и речи о том, чтобы поддерживать с его семейством хоть какие-то отношения. Так что шикарное приданое Анны-Марии должно было вот-вот отойти к другому избраннику.

Осознав, что мать к ее слезам и уговорам остается глуха, девушка решила действовать хитростью. Она признала свое «поражение» и сделалась мягкой и покорной, хотя в душе прекрасно помнила обещание, данное своему отцу, Абрахаму Пейренку (человеку сильному, упорному и очень умному): выйти замуж лишь за того, кто будет дорог ее сердцу. Месье де Курбон, в свою очередь, безоговорочно подчинился воле мадам де Мора — его воспитание не позволяло ему перечить женщине. Он распрощался со своей «невестой» и отбыл в свой замок Ла Рош-Курбон, что в Сентонже. Именно туда и решила сбежать наша храбрая героиня. Осуществить побег ей помогли бывший секретарь ее отца и один из лакеев.

Экипаж увозил Анну-Марию и совершенно разбитую мадемуазель Горри все дальше и дальше. Видя, как переживает несчастная гувернантка, девушка пообещала ей написать матери сразу же по приезде на место. Сказать по правде, она написала ей задолго до этого, еще когда их карета сделала остановку в Пуатье. Покуда все отдыхали и приводили себя в порядок, девушка улучила минутку и написала мадам де Мора пару строк.

Изложив матери причины, по которым она желает быть с Луи де Курбоном, она с несвойственными столь юному возрасту ясностью и красноречием закончила письмо такими словами:

«Итак, я с трепетом пишу вам, что еду на поиски месье де Курбона: сказать о моих чувствах, подарить ему руку, сердце и мою судьбу. Прошу вас, матушка, простите свою дочь, обманувшую вас впервые в жизни. Я никогда бы так не поступила, не будь это самым важным моментом в моей жизни. Я люблю, и в этом мое преступление, столь оскорбительное для вас, но не извольте думать, что моя привязанность — легкое увлечение. Уже полтора года это сильное чувство живет во мне...»

Во второй половине дня, 30 октября, почтовая карета въехала под сень липовой аллеи, ведущей к замку, и, миновав ворота Львов, пересекла ров крепости по небольшому мосту. Огромный сказочный замок с высокими башнями словно улыбался осеннему солнцу изо всех своих окон. Вероятно, тогда Анна-Мария думала, что счастливой быть не так уж сложно, тем более в таком месте.

Впрочем, прием, оказанный ей Луи де Курбоном, несколько охладил ее пыл. Никогда она еще не видела его настолько удивленным и обеспокоенным. Тем более он был далеко не мальчиком, но мужем в самом расцвете сил (он был почти на двадцать лет старше Анны-Марии). И он искренне задавался вопросом, как к выходке своей дочери отнесется мадам де Мора.

Однако девушка выражала свою любовь так искренне и непосредственно, что мало-помалу месье де Курбон сдался, позволив увлечь себя страстной нежности своей возлюбленной. Происходившее с ним далее больше походило на безумие, помешательство... на чудо! Ураган чувств и эмоций захлестнул влюбленных. Но это не помешало Луи написать матери Анны-Марии:

«Воистину мое удивление было безграничным, мадам, когда ваша дочь в сопровождении гувернантки явилась ко мне. Но еще необъятней сделалось мое недоумение, когда я узнал, что сам факт ее приезда вам неведом. Я счел необходимым, не теряя ни минуты, известить вас об этом событии. Считаю излишним напоминать о моей верности и преданности вашему дому. И я буду счастлив вам это доказать, каково бы ни было ваше решение. Вот все, что я знаю, потому как сам еще не понял, доволен ли я или гневаюсь, сплю или бодрствую...»

В ожидании ответа он женился на Анне-Марии. Следующей ночью кюре из соседней деревни благословил их, и в течение целой недели молодожены наслаждались обществом друг друга. К сожалению, через семь дней их счастье было прервано приездом дядюшек Анны-Марии. Это были Пейренк де Сен-Сир и Фарже де Полези, и они, не стесняясь в выражениях, потребовали выдать им нерадивую племянницу. Свидетельство о браке никоим образом не остудило их гнев. Они принялись поносить де Курбона на чем свет стоит, ссылаясь на его якобы финансовую «заинтересованность». Разумеется, Луи не стал это выносить и выпроводил негодяев прочь из замка. Увы, совсем скоро они вернулись, да не одни, а с целым эскадроном жандармов: мадам де Мора удалось получить королевский указ!

Анну-Марию, всю в слезах, силой забрали из объятий мужа и увезли в монастырь Жержи, расположенный близ местечка Шалон-сюр-Сон, то есть очень далеко от Сентонжа. Луи де Курбону пришлось бежать, дабы не оказаться под арестом.

Прибежище он нашел в Турине у своего родственника, месье де Сеннектерра, французского посла. Однако власть королевского указа настигла его и там. Де Курбон покинул посольство и стал скрываться в городе, где и умер некоторое время спустя в холоде и нищете...

Тем временем пресловутое правосудие обрушилось на головы невинных. В то время как Луи де Курбону приказали отрубить голову, кюре, который поженил влюбленных, был пожизненно изгнан из города, а несчастную мадемуазель Горри публично высекли плетьми и клеймили раскаленным железом. Месть разгневанной и чрезвычайно могущественной мадам де Мора пошла бы и дальше, но 11 февраля 1738 года женщина умерла...

Пережив столько утрат, Анна-Мария серьезно заболела. Стоило ей кое-как пережить воспаление мозга, которое чуть было не свело ее в могилу... как девушка заболела оспой. Сжалившись над ней, ее братья перевезли ее в монастырь Пор-Рояля. Постепенно она вновь обрела прежний вкус к жизни и даже согласилась выйти замуж, через двенадцать лет после страшных событий, за графа де Мерля, посла Франции в Португалии.

Замок Ла Рош-Курбон перешел к одной из сестер Луи, которая вышла замуж за Ля Мот-Уданкура, однако вскоре крепость ей наскучила, и она продала ее некоему месье по имени МакНамара (бретонцу с ирландскими корнями) а тот, в свою очередь, подарил замок своей дочери.

Затем, как и большинство его каменных собратьев, замок переходил через великое множество различных, но весьма безразличных рук. Ни один из его владельцев не хотел понимать ни его сказочную душу, ни стремительно увядающую красоту. И лишь благодаря Пьеру Лоти, о коем было упомянуто в самом начале нашего рассказа, тревожные предостережения были услышаны, и один щедрый меценат по фамилии Шенеро взял несчастный замок под свою опеку. Этот архитектурный шедевр, принадлежащий сегодня Кристине Селер Бадуа, внучке мецената, и ее мужу, по-прежнему оберегается с надлежащей внимательностью и заботой.

Часы работы замка

*С 15 сентября по 15 мая с 10.00 до 12.00
и с 14.00 до 18.00 (зимой до 17.00).
Посещения с экскурсоводом возможны каждый день, кроме
четверга.*

Часы работы сада, парка и гротов

*Ежедневно с 10.00 до 12.00
и с 14.00 до 19.00 (зимой до 17.30).
Закрыто 1 января, 25 декабря, в воскресенье утром
зимой и в первую неделю января.
Сады получили оценку
«Примечательные сады».*

http://larochecourbon.fr

Саверн
(Saverne)

Фигуранты по делу
о королевском ожерелье

*Авантюрист, как и художник,
не принадлежит ни к какому
классу. Он без особого стеснения
может быть как грубияном, так
и королевским придворным.*

Сомерсет Моэм

С XIII века, будучи резиденцией принцев-епископов страсбургских, замок Саверн сменил великое множество обличий. Поначалу он был военной крепостью, затем — небольшим замком в духе эпохи Возрождения и, наконец, во второй половине XVII века стал похож на тот самый Версальский дворец, что так и манил к себе всех европейских принцев.

При кардинале Фюрстенберге замок заметно увеличился в размерах и похорошел, однако окончательный вид он приобрел лишь в 1720 году благодаря стараниям другого кардинала — Армана-Гастона де Рогана, который разбил вокруг него прелестный парк, а работу над интерьерами доверил величайшему французскому архитектору того времени, Роберу де Котту. В результате король мог принимать у себя не только без стыда, но даже с почти королевским радушием, польскую княжну Марию Лещинскую, которую незадолго до этого обвенчал с королем Людовиком XV.

Молодой княжне приходилось влачить весьма жалкое существование. Она жила в нищете со своими родителями до тех пор, пока на нее не пал королевский выбор. Ей чрезвычайно понравился дворец, однако куда больше ее заинтересовала судьба савернских бедняков, коим она начала с мягкой настойчивостью помогать. Ну а имя кардинала Армана-Гастона вошло в анналы истории, ведь именно он первым принял новоиспеченную королеву Франции.

Почти пятьдесят лет спустя Саверном тоже заправлял кардинал де Роган, правда, разумеется, звали его по-другому. То был его племянник, кардинал Луи-Рене, который, будучи коадъютором своего дяди, получил в 1770 году по праву старшинства привилегию принимать у себя эрцгерцогиню Марию-Антуанетту, связавшую себя узами брака с будущим Людовиком XVI.

В отличие от кардинала Армана-Гастона, который был церковником старой школы, его племянник всюду старался проявить свой новаторский дух. Ему был совершенно чужд религиозный уклад жизни. Он был красивым, не слишком набожным, но скорее светским, умным и воспитанным. Знавший его Вольтер живо воспротивился расхожему мнению о том, что кардинал был просто туповатым простаком. На самом деле Луи-Рене был тонким дипломатом, страстно любил охоту, искусство, литературу, но более всего — симпатичных женщин. Будучи чрезвычайно щедрым, он ничуть не скрывал своих причуд, что привело его к поражению в ходе нашумевшего дела об ожерелье королевы.

На посту посла Франции в Австрии Луи-Рене нисколько не преуспел. Императрица Мария-Терезия не любила этого епископа-посла, чья разнузданная манера поведения претила ее суровым нравам. Об этом красноречиво свидетельствуют письма, которые она писала своей дочери Марии-Антуанетте, ставшей женой французского дофина. Разумеется, такие словесные обороты, как «неблагоприятный подданный», «прохудившаяся корзина» и «неисправимый» привели к тому, что юная принцесса, поначалу весьма благодушно настроенная по отношению к кардиналу (который так любезно принял ее в Страсбурге), в корне переменила свое мнение и стала практически ненавидеть его. А знаменитое письмо, якобы написанное кардиналом, в котором он высмеивает императрицу на предмет очередного раздела Польши, превратило Марию-Антуанетту в его злейшего врага. И положение только ухудшилось, когда девушка стала, наконец, королевой. Как раз в это же время кардинала Луи-Рене вызвали во Францию, где наградили его почетным титулом Главного духовника при королевской особе. Однако при всем при том было очевидно, что кардинал впал в немилость, что приносило ему истинные страдания. Дело в том, что Луи-Рене тайно любил Марию-Антуанетту. Любил с момента их пресловутой встречи в Страсбурге.

Он там и проживал по большей части: в Страсбурге, в замке Саверн. Увы, ночью 8 сентября 1779 года в крепости разгорелся страшный пожар, который уничтожил часть зданий. Принцу-епископу даже пришлось убегать из собственной опочивальни, объятой пламенем, в одной ночной рубашке. Однако чуть ли не на следующий же день кардинал решил отремонтировать замок. И не просто отремонтировать, а расширить его. Работу доверили молодому двадцатипятилетнему архитектору Салену де Монфору.

Поскольку старую часть замка от пожара удалось спасти, кардинал частенько наведывался в Саверн, чтобы проследить за тем, как продвигаются строительные работы (стоившие целое состояние), и принять у себя друзей.

В их числе была некая маркиза де Буленвилье, жена бывшего прево[1] Парижа. Эта дочь богатого воротилы была уже не слишком молода и страдала от постоянных ревматических болей, в связи с чем приехала летом 1781 года в Страсбург, чтобы проконсультироваться с человеком, о котором говорила тогда вся Европа. Человеком этим был маг и целитель Калиостро, коему приписывались невероятные чудеса. Этот самый Калиостро некогда вылечил кардинала де Рогана от назойливой астмы, и с тех пор он стал вхож в круг его близких знакомых.

Тут стоит добавить, что несколькими месяцами ранее мадам де Буленвилье подобрала на обочине дороги симпатичную нищенку-оборванку. Милая девчушка назвалась родственницей короля Генриха II (впрочем, она ею и вправду была). У Жанны де Сен-Реми де Валуа действительно в предках был некто Анри Сен-Реми, который, в свою очередь, приходился внебрачным сыном Генриху II. Таким образом, в жилах нищенки текла королевская кровь, о чем она не забывала лишний раз напомнить окружающим.

В 1780 году она вышла замуж за жандарма-бургиньона по имени Николя де Ля Мотт. Новоиспеченная «графиня де Ля Мотт-Валуа» (так она сама себя окрестила) была прирожденной интриганкой. К тому же она нравилась мужчинам и не гнушалась их общества. Случилось так, что практически сразу же после свадьбы она стала любов-

---

[1] Прево — во Франции XI—XVIII веков так назывался королевский чиновник, обладавший до XV века на вверенной ему территории судебной, фискальной и военной властью, а с XV века — лишь судебной властью.

ницей старого приятеля своего супруга. Мужчину звали Рето де Виллетт, и был это, как говорится, мастер на все руки. В числе прочих талантов Рето умел красиво писать и рисовать, что позволяло ему виртуозно фальсифицировать документы.

«Граф» вовсе не был ревнивцем, а потому муж, жена и ее любовник преспокойно сожительствовали втроем, а летом 1781 года решили отправиться в Страсбург. Разумеется, поехали они не для того, чтобы посмотреть на местные достопримечательности. Им нужно было одно: разыскать мадам де Буленвилье и заручиться ее финансовой поддержкой.

Маркиза несказанно обрадовалась появлению «пропавшей» протеже и с удовольствием познакомилась с двумя сопровождавшими девушку мужчинами. Затем она представила всех троих кардиналу де Рогану.

Жанна была слишком хороша, чтобы не вызвать интереса у заядлого бабника, коим являлся кардинал. За ее кротким изяществом он сумел разглядеть приятный во всех отношениях характер. Наконец, девушка выложила перед де Роганом свой главный козырь: она назвала себя Валуа, и вот тут-то кардинал попался окончательно. В беседе с ним девушка отзывалась о королеве не иначе, как о своей «кузине», и эти слова отдавались в голове Луи-Рене, словно волшебная мантра. Так летним вечером 1781 года в подпорченном пожаром Саверне встретились те, кому четыре года спустя предстояло перевернуть с ног на голову сам королевский престол, очернить славное имя королевы и упечь нашего принца-кардинала, которого обвинят в воровстве и оскорблении Его Величества, в Бастилию. То был поистине один из величайших скандалов всей Франции!

Доподлинно известно, что мадам де Ля Мотт оказывала кардиналу очевидные «услуги» и очень скоро узнала, что под напускной роскошью прячется практически разорившийся человек. Сделать это было нетрудно: достаточно лишь было попросить у Главного королевского духовника пропустить девушку в Версальский дворец. Разумеется, Луи-Рене пришлось тут же признать свою беспомощность. Вероятно, он даже разразился душещипательной историей своей жизни. Так Жанна узнала все. С того самого момента горе-любовник был у нее на крючке!

Также нам известно, как кардиналу запудрили мозги, заявив, что девушка находится в дружеских отношениях с Марией-Антуанеттой, после чего сделали его невольным свидетелем встречи с двойником французской королевы. А затем несчастному подбросили письма «королевы», сфабрикованные от и до талантливейшим Рето де Виллеттом. Наконец, Жанна заставила купить (якобы для все той же королевы) кардинала потрясающее бриллиантовое ожерелье, которое Людовик XV не успел подарить своей официальной фаворитке мадам дю Барри.

Результат мы тоже все знаем: 15 августа 1785 года Главного королевского духовника арестовали и бросили в Бастилию, как какого-нибудь заурядного мошенника. Кардинал никогда больше не увидел Саверн.

Из Бастилии он, вероятно, отправился в свое аббатство в Ла Шэз-Дьё, где отбывал ссылку, на которую его обрек Людовик. Но вскоре Революция прогнала его еще дальше: в немецкий городок Эттенхайм, где он впоследствии и умер.

Революция пощадила замок, принявший свой первоначальный вид. А к окончательному краху его подвела уже Империя: Наполеон подарил замок членам ордена Почетного легиона, которых не слишком заботила его судьба и которые полностью его разорили.

Окончательно отреставрировал Саверн Наполеон III. Однако замок еще некоторое время страдал оттого, что ему приходилось служить казармой в ходе франко-прусских войн. И лишь много лет спустя замку вернули его былое величие и память о его достойном прошлом.

Часы работы

Со 2 января по 15 июня с 14.00 до 18.00.
С 16 сентября по 23 декабря с 14.00 до 18.00
(закрыто по вторникам).
В выходные дни с 10.00 до 12.00
и с 14.00 до 18.00.
С 16 июня по 15 сентября
с 10.00 до 12.00 и с 14.00 до 18.00
(закрыто по вторникам).

Совтерр-Де-Беарн (Sauveterre-De-Béarn)

Суд Божий

Предательство незримо присутствует на наших пирах, сияет в наших кубках, носит бороду наших советников, прикидывается улыбками наших любовниц и злорадством наших шутов.

Вальтер Скотт

От этого замка не осталось ничего, кроме полуразрушенной крепостной стены да величественного донжона Монреаль, что возвышается над горным ущельем, через которое ведет местами обвалившийся мост. Но даже несмотря на руины, местный пейзаж, вероятно, один из самых красивых во Франции, поскольку вид на Пиренеи поистине бесподобен.

На этом месте всегда были военные сооружения, однако в 1080 году Центулл IV Беарнский дал этим землям Хартию вольности, после чего те скинули с себя бремя войны и стали прибежищем, полностью оправдывая свое название — Совтерр — земля спасения, земля свободных поселений. Впрочем, это не помешало беарнским графам выстроить там сто лет спустя укрепленный замок, с величественным двором и тому подобными роскошествами.

Но самым удивительным и великолепным по своему размаху событием стала свадьба виконта Гастона Беарнского и Санчии Наваррской, имевшая место весной 1169 года.

Столицей Беарна тогда еще был Морлаас, однако Совтерр являлся любимым городом Гастона, и счастливый молодой человек хотел справить свадьбу именно там. Стоит отметить, что сочеталась браком молодая пара исключительно по любви. Собравшаяся толпа зевак неотрывно смотрела на юную невесту (девушке было всего пятнадцать лет), такую робкую и так мило красневшую при одном только взгляде на своего суженого. Тот был и впрямь очень хорош собой: статный молодец, привыкший с детства к походам в горы и к изнурительным охотам на медведей, что было его главной страстью. Рядом с ним девушка казалась совсем еще крохой.

Она полюбила его еще давно, с того самого дня, как тот явился ко двору ее брата, Санчо IV Наваррского. То было одно из тех любовных озарений, какие случаются порой с исключительно чистыми душой людьми, ведь до знакомства с Гастоном Санчия была полностью уверена в том, что ее предназначение — служить Господу. Она считала, что по воле Божьей должна была уйти в монастырь и молиться вдали от жестокостей окружающего мира. Но рядом с таким мужчиной, как Гастон, жизнь начинала играть новыми красками. С ним девушка чувствовала себя защищенной. Свадьбу справили в торжественной обстановке, под стать высокопоставленным гостям сего торжества. А вскоре ночью, в одной из спален замка, Санчия познала истинное счастье.

Увы, счастье было недолгим! В преддверии зимы, вечером, когда ледяной ветер кружил по дорогам и трактам снежные хлопья, Санчии принесли тело ее смертельно раненного мужа. Медведь, на которого Гастон вышел в одиночку, по всей видимости, неплохо защищался. Растерзанная грудь охотника едва вздымалась, он уже почти не дышал. Когда его переложили в кровать, скрыть ужасную правду от жены не представлялось возможным. Однако слуги все же попытались умолчать о трагедии, ведь девушка была беременна и разродиться должна была уже совсем скоро. Впрочем, Санчия была крепкой, как физически, так и морально, да и смерть на охоте в те времена не считалась таким уж редким явлением...

Узнав о смерти любимого мужа, Санчия упала в обморок, затем, придя в себя, горько расплакалась. Собраться с силами и успокоиться она смогла лишь тогда, когда ей мягко объяснили, что отныне она должна заботиться о своем ребенке, ведь ему предстояло стать наследником.

Роды начались спустя месяц, холодной январской ночью, когда даже огонь в гигантском камине был не в состоянии отогреть сырые стены. Слуги сновали из кухни в спальню роженицы, нагруженные тазами с кипящей водой, которая стремительно остывала, так что до самой Санчии она доходила чуть теплой. Вокруг кровати собралось много людей, а в центре, на мятых простынях, девушка корчилась от страшной, неестественно острой боли. Местный врач ободряюще держал ее за руку, однако лицо его было мрачным: ребенок не выходил слишком долго!

В действительности малышу потребовалось два дня и две ночи, чтобы появиться на свет, но когда это случилось, и слуги, и врач — все, как один, перекрестились: то было настоящее чудовище, адское отродье. Все вздохнули с облегчением, когда он умер спустя несколько минут. Многие задавались вопросом: каким образом столь прекрасная пара могла дать жизнь такому монстру? Но врач взял со всех присутствовавших клятву: никому не рассказывать о том, что они видели. Все, разумеется, согласились.

Но есть языки, которые ничто не в силах остановить. Одна из служанок рассказала о произошедшем своему мужу, а тот рассказал своему брату, который, в свою очередь, рассказал своей жене. Короче говоря, вскоре тайна стала известна решительно всем. Люди снова стали обсуждать причину рождения столь ужасного создания. Некоторые поговаривали, что виной тому — некий нищий, который на самом деле был колдуном. Мол, на свадьбе, прежде чем подать нищему милостыню, Санчия брезгливо отстранилась от него, за что он ее проклял.

Те, кто так считал, были, в общем-то, вполне добрыми и славными людьми. Но подавляющее большинство придерживалось иной версии. То были сумасброды, охочие до свежих сплетен и всякой чертовщины. Они утверждали, что молодая графиня изменила своему супругу с самим дьяволом, а после пыталась спровоцировать выкидыш. Некоторые даже считали, что она убила младенца собственными же руками. Слухи росли, обрастали все новыми нелепыми подробностями и вскоре распространились по всей стране, вплоть до пика горы Балайту и до Наварры.

С каждым днем под стенами замка собиралось все больше разгневанных людей, так что стражникам приходилось круглосуточно бдеть на своих постах. Охрану решено было удвоить, когда обезумевший люд принялся осаждать крепость, выкрикивая угрозы и призывая сжечь неверную жену.

Опасность стала настолько велика, что сенешаль Совтерра отправил гонца к королю Наварры. Он был не только сюзереном, но и братом Санчии, так что решение принимать должен был он, и никто иной. Приехав на место, он понял, что гонец не преувеличивал, дело и впрямь оборачивалось настоящей катастрофой. Избежать кровопролития с простолюдинами можно было лишь двумя способами: либо выдать Санчию на суд людской, либо очистить ее имя ото всех наговоров. И тогда король решил обратиться к Богу!

По всей стране он разослал своих людей, чтобы те трубили весть: графиня Санчия согласилась публично предстать перед Божьим судом. Ей предстояло выдержать испытание водой. Если Небеса оправдают ее, графиня будет тотчас же восстановлена во всех своих правах, а порочащие ее честь будут немедленно наказаны, как клеветники.

Как по волшебству, город мгновенно успокоился, однако страх в сердцах людей лишь усилился. У короля была сильная армия, а его безжалостность уже давно стала притчей во языцех. Все с нетерпением ожидали следующего дня.

Когда взошло солце, Санчию, окруженную стенающими служанками и стражниками, повели к реке. Там, рядом с мостом, уже разбили шатер из красного шелка. Внутри, на троне, сидел Санчо IV с короной на голове и скипетром в руке. Заметив приближение своей младшей сестры, он и бровью не повел.

Санчия приблизилась к нему, встала на колени, поцеловала землю возле ног брата, затем поднялась и подошла к небольшому молитвеннику, который поставили специально для нее. Вокруг яблоку негде было упасть: с одной стороны моста расположился король со своим войском, а с другой наплывала толпа простолюдинов.

Закончив молиться, Санчия сняла с себя драгоценности, меховую накидку, платье, льняной нагрудник, вуалетку и, наконец, туфельки. Так она осталась в одной льняной рубахе, и все заметили, как она дрожит от холода, пронизываемая ледяными порывами ветра. Однако ни единого возгласа жалости не донеслось из толпы, все ждали суровой Божьей кары.

После этого Санчия поклялась на святых мощах, что безгрешна и невиновна в преступлениях, которые ей приписывали. Затем ее передали священникам, и те подвели ее к мосту, на середине которого девушку уже ждали палачи с веревками. По ледяным булыжникам моста она прошла босая, с огромной тяжелой свечой из наплавленного воска в руках, а люди на обоих берегах затянули похоронную песню.

Когда палачи принялись туго стягивать ей руки и ноги, все, кроме короля, опустились на колени. Руки и ноги девушки были спутаны так крепко, что она не могла даже пошевелиться. Затем палачи приподняли ее, и белая хрупкая фигурка Санчии на краткий миг задержалась на сером каменном парапете. На один только краткий миг — потом ее бросили в пустоту.

Ее маленькое тело исчезло в клокочущем горном потоке. Серые ледяные воды сомкнулись над ней. На берегу солдаты застыли в ожидании. Король напряженно стиснул свой скипетр. Секунды тянулись бесконечно долго...

Но вдруг раздался пронзительный крик: белая фигура показалась из воды и, плавно покачиваясь на волнах, неторопливо перенеслась к песчаному берегу, находившемуся «в трех полетах стрелы». Господь рассудил!

Служанки Санчии стремглав бросились в ее сторону. Две из них вошли в воду, вытащили хозяйку из реки, растерли, укутали в теплое одеяло, завернули в меха и отвезли в замок, в то время как Санчо расправлялся с наиболее отъявленными клеветниками. Для них-то и наступил час расплаты.

Санчия едва выдержала испытание водой, но все же справилась. В монастырь она так и не ушла. Брат попросил ее помочь ему в политике, и она с радостью согласилась. Потом она вышла замуж за Гарсию Ордонеса, графа де Нахера, подле которого она прожила тихую и спокойную жизнь.

Старый мост в Совтерре и по сей день зовется «Мостом-Легендой». Но эта легенда, как и многие похожие на нее, прежде всего является историей.

Тресессон
(Trécesson)

Убитая невеста

> *Черен твой конь, черен твой плащ,*
> *Черно твое лицо и черен ты весь,*
> *Да, весь черен.*
>
> Галльская песня о Мерлине

Это, пожалуй, самый прекрасный замок Бретани и, без сомнения, самый романтичный. Он стоит посреди лесистой долины, одной из туманных долин древней Броселианды, которые посещают легкие тени волшебника Мерлина и феи Вивианы. Тресессон, с его фиолетовыми шиферными крышами и синими сторожевыми башнями, находится на берегу тихого пруда, заканчивающегося рвом. Это пустынное место проникнуто странной поэзией, оживающей с наступлением ночи в кваканье лягушек и тоскливых криках козодоев. В это время возвращается прошлое и оживают призраки.

Наиболее трогательный из этих призраков, без сомнения, — это призрак неизвестной девушки с ужасной судьбой. Настолько чудовищной, что, возможно, из всего этого ужаса родилась загадка. Как можно было решиться совершить подобное злодеяние?

Как бы то ни было, эта история относится к концу XVIII века, к кануну Нового года. Один браконьер из Кампенеака, маленького соседнего города, ночью отправился расставлять капканы на подходах к замку, полагая, что хозяин, граф де Шатожирон, отсутствует.

Этот человек хорошо знал замок и его окрестности, особенно пруд, к которому животные приходили на водопой. Он начал расставлять свои капканы, и тут вдруг какой-то шум остановил его. Не было никакого сомнения, что приближалась карета, медленно едущая по плохой дороге.

Чтобы не быть замеченным, браконьер забрался как можно выше, на большое дерево, полагая, что ночью в его ветвях его вряд ли увидят. Едва он устроился там, появились два человека в масках, ведущих на поводу лошадей, впряженных в мрачную карету. Люди шли очень осторожно, но полная темнота, царившая в замке, быстро успокоила их.

Когда карета приблизилась к берегу пруда, они зажгли факел, достали лопаты и кирки и принялись копать яму — как раз под тем самым деревом, на котором сидел браконьер, раздираемый страхом и любопытством. Он с нетерпением хотел узнать, зачем люди копают яму ночью, да еще в таком заброшенном месте. Наверное, чтобы спрятать что-нибудь ценное и... объемное, потому что яма становилась все больше и больше. Несомненно, туда зароют большой сундук.

Когда яма, скорее длинная, чем широкая, показалась им достаточной, два человека в масках остановились, выпили по большому глотку из фляги, оказавшейся у одного из них, а потом открыли дверь кареты.

При виде того, что они вытащили оттуда, браконьеру понадобились все его силы, чтобы не закричать и не упасть вниз. Это была девушка с заткнутым ртом, безнадежно пытавшаяся вырваться. Свет факела позволил разглядеть, что она была одета в свадебное платье с кружевной фатой и букетом. Впрочем, на ней не было драгоценностей.

То, что последовало за этим, было одновременно и быстро, и отвратительно. Несмотря на сопротивление, девушку бросили в грязную яму.

«Вот ваше брачное ложе, сестра моя, — сказал один из двух мужчин, — надеюсь, оно вам подойдет».

Словно в насмешку, ее накрыли фатой, как саваном, и принялись закапывать яму. Дело было сделано быстро, а потом еще быстрее два перступника развернули карету и скрылись из виду.

Едва они убрались, браконьер уже был у подножия своего дерева. У него не было ничего, чем он мог бы раскопать яму, но он подумал, что в замке, даже если хозяина и нет на месте, остались слуги. И он побежал туда, крича и прося о помощи. Он не думал о собственной безопасности, хотя браконьер всегда рискует получить суровое наказание.

Ему удалось привлечь людей и в первую очередь графа де Шатожирона, не успевшего уехать в Ренн. Он рассказал графу обо всем, что увидел. Все бросились туда, раскопали могилу и достали несчастную в состоянии, которое трудно себе представить. Но ее сердце еще билось. Тогда ее отнесли в замок, принялись за ней ухаживать. Но напрасно. Через несколько минут неизвестная испустила дух. Ее похоронили в маленькой часовне замка, где, согласно преданию, ее призрак можно было регулярно видеть в белой фате и с букетом цветов вплоть до самой Революции.

Действительно, согласно преданию, так оно и было. Нынешняя владелица замка, графиня де Прюнеле, рассказала мне, что велела раскопать пол в часовне, чтобы найти следы захоронения этой юной жертвы. Без результата. Может быть, новобрачная все-таки осталась в живых, но, во избежание мести отвратительных братьев, сама предпочла распустить слух о своей смерти? Именно так, кстати, я и изложила эту историю в одном из моих романов, где таинственная невеста из Тресессона — главное женское действующее лицо.

Но эта таинственная незнакомка — не единственный призрак, обитающий в Тресессоне. Там также существует комната, очень милая комната, которую никогда не предлагают приезжающим друзьям. Неосторожному гостю, поселившемуся здесь, пришлось бы подвергнуть свои нервы жесткому испытанию. Действительно, среди ночи он мог бы увидеть, как слуги накрывают на стол. Затем появляются два дворянина, садятся, ужинают, после чего начинают играть в карты. И их партия заканчивается плохо. После карт они скрещивают шпаги, и один из них вскоре оказывается смертельно ранен.

Что это за странная история, еще одна легенда? Один англичанин настаивает на том, что это все ложь. Некий бретонец тоже, но есть вещи, которые сложно объяснить, и таких вещей гораздо больше, чем это можно себе представить.

А теперь, после всех этих историй Тресессона — настоящая История. Кажется, что замок был построен таким, каков он теперь (он реставрировался в течение веков, чтобы стать более удобным для жизни), где-то между 1370 и 1380 годами камергером герцога Иоанна IV Бретонского и его женой Оливией де Келен. Однако задолго до этого времени Тресессоны носили щиты с «тремя горностаевыми шевронами» и с гордым девизом: «Лучше разорваться, чем склониться». Это было одно из сильнейших семейств, и один из первых поселенцев «Треб-Виссона» по имени Ривальт жил там в 883 году. Этот могучий бретонский род угас в 1440 году, точнее, он остался без наследника мужского пола. Осталась лишь дочь Жанна, которая вышла замуж за Эона де Карне, а тот взял себе имя и герб Тресессона.

Среди потомков этой четы были благородные сеньоры и высокопоставленные дамы, как, например, Мария-Жанна, которая после смерти родителей поселилась у своей тетушки, маркизы дю Плесси-Беллье, близкой подруги суперинтенданта Фуке, что перенесла в Пьемонт древнюю кровь своих отцов, связавшись с кардиналом Мазарини. Став почетной фрейлиной герцогини Савойской и любовницей ее сына, Мария-Жанна в конце концов вышла замуж за графа ди Кавура, вписав свое имя в число предков знаменитого итальянского политического деятеля[1].

Затем, в 1754 году, род вновь закончился — последней женщиной стала Агата, вышедшая 14 октября в Ренне замуж за Рене-Жозефа Ле Престра, графа де Шатожирона и маркиза д'Эпинэ.

А потом началась Революция. Граф де Шатожирон эмигрировал в 1790 году, но его жена и дочери остались. Их арестовали в Эврё и отправили в Париж, где посадили в тюрьму 28 декабря 1793 года. Благодаря сыну и брату, адъютантам генерала Марсо, они были вскоре освобождены, но в это время прелестный замок им уже больше не принадлежал. Эмигрировавший граф продал его в феврале 1793 года Николя Бурелль де Сиври, и они его больше никогда не видели.

Смерть молодого генерала Марсо помешала Софии, сестре его друга, стать супругой героя Республики. В конечном итоге София выйдет замуж за секретаря посольства, господина Додана.

Новый владелец, Николя де Сиври, был финансистом, главным кассиром республиканских армий сначала в Брес-

---

[1] Граф Камилло Бенсо ди Кавур (1810—1861) был премьер-министром Сардинского королевства, и он сыграл исключительную роль в объединении Италии. В 1861 году он стал первым премьер-министром Италии.

те, а потом в Италии, а затем он возглавил генеральное казначейство департамента Иль-и-Вилен.

Именно он принял у себя и спрятал в Тресессоне депутата-жирондиста Жака Дефермона, бывшего председателя Национальной Ассамблеи, ставшего позднее министром и графом Империи. И он, кстати, общался со всеми этими людьми, которые, выбрав Республику по совести, отказались потом санкционировать злоупотребления кровавых карьеристов.

После Сиври замок унаследовала его внучка, Алиса де Перрьен де Кренан, вышедшая замуж сначала за барона де Монтескьё, а затем, в 1917 году, за графа Антуана де Прюнеле. Именно она завершила реставрацию внешнего облика замка и провела реконструкцию и обновила интерьеры — к большой радости потомков, которые почтительно заботятся о Тресессоне до сих пор.

Часы работы
*Замок открыт только часть лета,
до 15 августа, с 10.30 до 12.30
и с 14.00 до 16.00.*

Турлявилль
(Tourlaville)
Проклятые любовники

> *Любовь обоих нас к смерти привела.*
>
> Данте Алигьери

Обрамленный зеленью, замок Турлявилль, несомненно, является одним из прекраснейших свидетелей эпохи Возрождения во всей Нормандии. Но даже будучи великолепным образчиком изящной архитектуры XVI века, замок этот ныне абсолютно безлюден. Гордый в своем одиночестве, он хранит в себе память величайшей, трагической истории любви своего времени. Правда, иногда город Шербур проводит в замке салоны, но не более: Турлявилль для туристов закрыт. Но раньше, когда дела обстояли иначе и гид проводил группу посетителей в синюю восьмиугольную комнату, расположенную в одной из башен замка, голос его сам собой делался тихим и почтительным, словно экскурсовод боялся потревожить некое местное привидение: «Сейчас мы находимся в спальне Маргариты. Здесь она и Жюльен любили друг друга».

Их и впрямь звали Жюльен и Маргарита де Равале, и оба они представляли знатный нормандский род. Их предок бок о бок бился с Жанной д'Арк под Орлеаном и Патэ. Их родители, Жан де Равале и Маргарита де Ля

Винь, были весьма богаты и в числе прочего движимого и недвижимого имущества владели пресловутым замком Турлявилль, что некогда построил их дед, Жак де Равале, на земле, дарованной ему Маргаритой д'Эстутвилль, герцогиней Неверской.

Жюльен родился в 1582 году, а его сестра — четырьмя годами позже. Помимо них в семье было еще четверо мальчиков и три девочки, однако если эти пятеро чад Равале были просто здоровыми и крепкими, то Жюльен с Маргаритой походили друг на друга как две капли воды и отличались от остальных невероятной красотой. У обоих были светлые волосы цвета льна, типичные для нормандцев, унаследовавших северные черты у своих предков-викингов, у обоих были голубые глаза и изящные черты лица. Грациозность и женственность у девушки дополнялись мужественностью у ее брата.

Возможно, именно благодаря этому сходству и близкому родству брат и сестра с раннего возраста питали друг к другу нежные чувства, вызывая своим поведением у родителей лишь мягкую снисходительную улыбку. Никто и представить себе не мог, что с возрастом эта любовь могла стать уже не такой чистой. Но кто из родителей вообще мог подумать об этом?

Шли годы. Когда Жюльену исполнилось двенадцать лет, отец решил отправить его в коллеж в Кутансе, чтобы тот получил начальное образование в церковной сфере, ведь это был единственный вариант для младшего отпрыска в семействе. Жюльен, в свою очередь, не питал особой радости по поводу своей будущей профессии. К тому же мысль о том, что ему придется покинуть фамильное гнездо, угнетала его. Маргарита же переживала за своего брата столь сильно, что родители одно время даже боялись за ее рассудок. Впрочем, со временем она поняла, что ее душевная болезнь ни к чему хорошему не приведет, и стала терпеливо ждать возвращения горячо любимого Жюльена.

Этого счастливого дня она ждала четыре года. Долгие месяцы ожидания Маргарита посвятила своему образованию: училась пению, танцам, музыке, искусству, а также управлялась по хозяйству в большом родительском доме. Еще она много времени уделяла своей внешности и с каждым днем становилась все краше. Родители уже стали подыскивать для нее подходящую партию, как вдруг вернулся Жюльен — для Маргариты это был момент истинной безграничной радости.

В то же самое время в замке гостил давний друг Жана де Равале. Это был мудрый пожилой священник итальянского происхождения по имени Антуан Фузи. Долгое время он преподавал в Париже, в Наваррском коллеже. Семейство Равале глубоко ценило его ум и доброту, так что Антуан был у них частым гостем.

Разумеется, он знал о тех нежных чувствах, что питали друг к другу брат и сестра, однако его все же удивило то, с какой безумной радостью Маргарита восприняла возвращение Жюльена. Отметил он также и то, что за столом они глаз друг с друга не сводили и пользовались любой возможностью побыть вдвоем, например, в ходе долгих прогулок верхом.

Именно он определил природу чувств, связывавших Жюльена и Маргариту. А все благодаря одному слуге, крестьянскому мальчишке, невинному в своей простоте.

Дело было так. Однажды вечером Антуан Фузи отправил юного слугу к Жюльену, чтобы тот передал юноше книгу, которую юноша уже давно хотел прочитать. Мальчик убежал, но вскоре вернулся со все той же книгой в руках... да к тому же еще и красный как рак и чрезвычайно смущенный.

Антуан Фузи удивился. Жюльена что, не было в комнате? Да нет, вроде он был у себя. Тогда почему вернул книгу? Она ему была больше не нужна? Сначала малолетний слуга молчал, но под градом вопросов он, наконец, сдался и рассказал, что не осмелился войти к молодому господину, потому что тот был не один. Вместе с ним была Маргарита, и, когда крестьянский мальчик под давлением рассказал, что именно он увидел, возмущенный Антуан Фузи сперва решил, что сошел с ума, а затем задался вопросом: уж не является ли этот мальчуган самым отъявленным лжецом на свете?! Но нет, мальчик стоял на своем: мол, если господин ему не доверяет, пусть он пойдет и посмотрит сам.

Ситуация показалась Фузи настолько щекотливой, что он строго-настрого запретил мальчику рассказывать об этом кому бы то ни было. Затем, поразмыслив какое-то время, он решил обо всем поведать родителям, чтобы те приняли необходимые меры. Быть может, зло еще можно пресечь в зародыше, ведь Жюльен и Маргарита были еще так молоды. Ей пятнадцать лет, ему — девятнадцать. Вероятно, все еще можно исправить.

Естественно, родители были буквально раздавлены этой новостью. Жан де Равале хотел было своими руками удавить виновников, однако жена, вся в слезах, попросила его быть с ними помягче. И тогда Антуан Фузи дал ему совет, который тогда казался единственным решением проблемы.

Нужно как можно раньше разлучить этих детей, сказал он. Священник как раз должен был возвращаться в Париж, так что предложил взять Жюльена с собой. Молодой человек мог бы закончить свое обучение в Наваррском коллеже под его протекцией. Маргариту же необходимо выдать замуж. Разумеется, ее супругом должен стать некто молодой и достаточно привлекательный, чтобы девушка смогла выкинуть из головы своего братца... и их совместные утехи. Года не пройдет, как все позабудут об этой неприятной истории.

Родители решили поступить именно так, как посоветовал им священник. Спустя некоторое время Антуан и Жюльен выехали из Турлявилля под проливным дождем, и святой отец всеми силами старался не обращать внимания на молодого человека, чьи глаза были красны от слез. Жюльен постоянно оборачивался, чтобы посмотреть на исчезающий силуэт замка, где осталась его Маргарита. Девушка, которую ему не дозволили даже поцеловать на прощание.

В это самое время в замке Маргарита плакала и кричала, что никогда не выйдет замуж. Впрочем, все ее протесты были напрасны, ведь в ту эпоху отец мог в полной мере распоряжаться судьбой своей дочери, так что любое его слово она должна была выполнять беспрекословно. Кроме того, Жан де Равале уже твердо решил, что его дочь выйдет замуж не позднее, чем через три месяца.

К несчастью, Жан де Равале так торопился покончить с досадным происшествием и найти дочери мужа, что выбирал себе зятя практически наобум. То, чем в дальнейшем это обернулось, свидетельствует лишь о том, что мужчина презрел советы Антуана Фузи и хотел не спасти свою дочь, а скорее наказать ее. И это у него отлично получилось. Претендент на руку Маргариты был очень богат... однако на этом список его достоинств заканчивался.

Сборщику податей из города Валонь, Жану Лефевру де Отпитуа, было сорок пять лет, что по меркам того времени было уже старостью. Кроме того, его внешность, может быть, и подходила для его профессии, но уж никак не для жениха такой прекрасной девушки, как Маргарита. Откровенно говоря, он был тот еще урод: лысый, одутловатый, с желтоватой кожей, сразу же выдававшей известные проблемы с печенью. И несчастной Маргарите предстояло выйти замуж за это пугало, с чьим уродством могла сравниться разве что его же жадность.

Быть может, читатель решит, что будущая супруга как-то смягчит Отпитуа, сделает его нежным и по-отечески добрым. Увы, обмыв соглашение со своим новоиспеченным зятем, Равале рассказал ему о том, что Маргарита опозорила честь семьи и что ее отныне нужно держать в ежовых рукавицах. В итоге стоило только девушке пересечь порог дома, где проживал ее супруг, как жизнь ее превратилась в сущий ад. Отпитуа был невообразимо прижимистым и страшно ревнивым. Он не только постоянно запирал ее на замок, но также подговорил слуг, чтобы те следили за девушкой и докладывали ему о малейших ее провинностях. Кроме того, несмотря на щедрое приданое, что он получил от семейства Равале, супруг покупал девушке лишь предметы первой необходимости, так что Маргарита довольно скоро почувствовала недостаток в белье, одежде и свечах.

Рождение дочери, появившейся на свет после года совместного проживания, ни к чему хорошему не привело, ведь муж-деспот хотел сына. Разумеется, он во всем винил жену, приписывая эту «неудачу» именно ей. Едва оправившись после родов, Маргарита снова стала объектом каждодневных припадков ревности, в ходе которых муж не только оскорблял ее последними словами, но и поколачивал.

Страдающая от побоев и постоянного презрения, опозоренная в доме, где слуги, стараясь угодить своему господину, относились к ней с крайним пренебрежением, Маргарита скрепя сердце провела в доме своего мучителя еще целый год. Но когда злоба Отпитуа достигла своего апогея, и он разлучил ее с дочерью под предлогом того, что контакт с подобной матерью может развратить малолетнего ребенка, молодая женщина более терпеть не смогла. Турлявилль находился относительно недалеко. Там ее ждали объятия заботливой матери и воспоминания о родном Жюльене...

И вот ночью, заручившись поддержкой одной из служанок, проявившей к несчастной некое сострадание и привязавшейся к ней, Маргарита сбежала, прихватив с собой дочку, поскольку разумно полагала, что в доме такого мужа маленькой девочке грозила опасность. Вдвоем, верхом на лошади, они добрались до замка Равале. Маргарите и невдомек было, что у Жюльена как раз закончилась учеба и он приехал в Турлявилль погостить.

Возвращение Маргариты обернулось настоящей драмой. Чувства молодых людей ничуть не угасли за то время, что они были в разлуке. Вновь столкнувшись с тем, что родители Равале считали своим проклятием, они всеми правдами и неправдами пытались заставить девушку вернуться к мужу. Жюльен яростно этому воспротивился. Дошло даже до того, что его заперли в спальне, поскольку его намерение заколоть нечестивого Отпитуа было весьма недвусмысленным. Последний, кстати, написал родителям Маргариты письмо, где в самых резких выражениях обвинял свою супругу в инцесте и грозился подать жалобу в королевский трибунал.

На этот раз Жюльен и Маргарита перепугались не на шутку. Они знали, что если Отпитуа удастся исполнить задуманное, они пропали. И вот туманной ночью, когда и в десяти шагах не было видно ни зги, влюбленные сбежали, взяв с собой вышеупомянутую преданную служанку по имени Марион.

Будь они чуточку мудрее, то разделились бы и спрятались. Он бы подался в духовенство, она — в один из тех монастырей, где ей бы уже ничто не угрожало. Но они попросту не могли противиться пожиравшей их сердца любви. Жюльен и Маргарита стали жить вместе — как муж и жена. Первые полгода они прожили в Фужере, в таверне, расположенной близ местного феодального замка. То были шесть месяцев, полных счастья и нежной близости. Близости, которая, увы, не могла не принести свои плоды...

Осознав, что живот у Маргариты округлился неспроста, любовники взволновались. Их обеспокоенность только усилилась, когда они узнали, что Отпитуа все же подал жалобу и по их следу пустили погоню. Обнаружили их довольно скоро и схватили бы прямо в Фужере, если бы не Марион. Один из агентов, хорошенько набравшись, проболтался о своей миссии одной милой девушке, которая оказалась не кем иным, как верной служанкой.

Жюльен и Маргарита тотчас же покинули город. Но куда им было податься? В результате недолгих обсуждений выбор их пал на Париж. Жюльен резонно полагал, что в большом городе гораздо проще спрятаться, нежели в крошечной деревушке, где любое событие сразу же становится достоянием общественности. И вот вечером 17 сентября 1603 года, прямо перед закрытием ворот, молодая пара приехала в Париж. Оба были голодные и уставшие, поскольку за весь свой путь так и не отважились остановиться на каком-нибудь постоялом дворе.

Маргарита же, чья беременность уже явно бросалась в глаза, так и вовсе выбилась из сил от страха и усталости. Жюльен разместил ее в удобной съемной комнате на улице Сен-Дени, а сам остановился в таверне под названием «Маленькая Корзинка». Запоздалая осторожность побудила их вновь представляться окружающим не иначе, как братом и сестрой, однако было уже поздно.

Для человека жадного, Отпитуа весьма щедро заплатил своим соглядатаям, и те трудились в поте лица. В действительности беглецов выследили еще на подходе к столице, так что времени спрятаться у них уже не оставалось. Утром третьего дня четверо солдат во главе с судебным приставом и самим Отпитуа арестовали молодых людей и отправили их в тюремную крепость Гран-Шатле.

Едва узнав об этом, Антуан Фузи тут же явился в тюрьму. Его сердце болезненно сжималось, когда он спускался в глубь казематов, настолько сырых, что вода обильно сочилась по стенам. И ему стоило огромных усилий уговорить стражников дать ему побыть минутку с заключенными. С Жюльеном все было просто: молодого человека содержали в ужасных условиях, однако он переживал не столько о себе, сколько о Маргарите, которая должна была вот-вот родить, но, истощенная тюремным заключением, едва держалась на ногах. Вместе они выработали линию защиты. Прежде всего, молодым требовалось яростно отрицать всякую интимную связь между ними. Что же до похищения жены, Жюльен решил придерживаться одной версии: он всего лишь хотел уберечь сестру от издевательств ее мужа.

Увы, оставалось еще объяснить беременность девушки, и в этом-то и заключалась главная сложность. Конечно, ради спасения брата, Маргарита придумала историю о том, что переспала с неким портным из Турлявилля по имени Робер Аньес, который всегда питал к девушке исключительно нежные чувства. Но когда пресловутого портного вызвали в зал суда, его тотальное недоумение лишь рассмешило судей. Правда была немедленно установлена, и злосчастный портной вернулся к своим ножницам.

Поскольку подсудимые отказывались признать свою вину, было принято решение прибегнуть к пыткам, однако тому препятствовало интересное положение Маргариты. Пришлось дожидаться рождения ребенка (новорожденного мальчика тотчас же поместили в монастырь), после чего дознание было продолжено. Впрочем, Жюльен и Маргарита чуть ли не в открытую сами просили о том, чтобы их пытали, наивно полагая, что пылкая любовь позволит им вынести любые страдания и освободит их от дальнейших судебных разбирательств.

Но тут вмешался Отпитуа. Неизвестно, чем было вызвано его странное решение (быть может, в его черную душу закралось сострадание?), но, как бы то ни было, он воспользовался своим правом истца и фактически спас молодых людей от дыбы. Тем не менее он сделал все возможное, чтобы привлечь целую толпу свидетелей с целью вынесения смертного приговора.

Так и произошло. «Свидетели» мужа были допрошены, и уже 1 декабря председатель суда Моле приговорил Жюльена и Маргариту де Равале к отсечению головы.

Отныне лишь одно могло спасти судьбы несчастных детей: королевское помилование. Тогдашний король Генрих IV был человеком добрым и щедрым. Он вполне мог проявить к подсудимым чувство жалости.

Поздно вечером Жан де Равале, мучимый угрызениями совести за то, что сам нашел Маргарите такого жуткого мужа, вместе с Антуаном Фузи добился аудиенции у короля, и они бросились перед ним на колени и стали наперебой просить:

«Его бросьте в Бастилию, а ее — в монастырь, сир, пожизненно! Но только не топор! Только не палач!»

Тронутый видом этого плачущего, совершенно разбитого пожилого мужчины, Генрих IV заколебался. Быть может, в ту минуту он и помиловал бы брата с сестрой, но тут в зал вошла королева, которая всегда имела дурную привычку подслушивать под дверью чужие разговоры. К несчастью для Равале, королевой тогда была Мария Медичи — пожалуй, одна из самых ограниченных и презираемых королей Франции. Ее узкий кругозор находился в полном соответствии с ее черствым сердцем, а Генрих IV, увы, не мог сказать «нет» женщине, даже своей жене. В помиловании было отказано.

На следующий день, 2 декабря, Жюльен, Маргарита и рыдающий Антуан Фузи, вызвавшийся проводить несчастных до самого конца, прибыли на Гревскую площадь. К такому случаю брату и сестре выдали красивую одежду, и собравшиеся поразились тому, насколько изящны и прекрасны были эти двое. На Жюльене был серый, расшитый золотом камзол и черные атласные штаны. Короткое серое манто с драгоценной фибулой было наброшено на его плечо. Маргарита была облачена в платье из серого атласа с золотым узором и кружевными манжетами. Ее крохотные изящные ножки были обуты в туфельки из черного бархата.

Они шли навстречу смерти, держась за руки, как если бы шли на бал, а вокруг них женщины плакали, а мужчины почтительно снимали головные уборы.

Первой на эшафот поднялась Маргарита, чуть подобрав свои юбки и вежливо отказавшись от руки, что подал ей палач. Она перекрестилась, встала на колени, расправила свои светлые кудри цвета льна и положила голову на плаху. Мягким отеческим жестом Антуан Фузи обнял Жюльена и спрятал его лицо у себя на плече, но тот все же успел заметить, как в воздухе маслянисто сверкнул тяжелый топор.

Помощники торопливо принялись освобождать место для другого приговоренного. Однако, оттаскивая тело Маргариты, один из них, вероятно, самый взволнованный, случайно задрал юбку умершей девушки, демонстрируя всем ее ножки, затянутые в красный шелк. Толпа загудела. Подскочил палач.

Со всего размаху он влепил пощечину нерадивому помощнику и заставил его преклонить колени перед обезглавленным телом в качестве извинения. Толпа несколько поутихла. Несколько мгновений спустя расстался с жизнью Жюльен. Тела передали Антуану Фузи, который с помощью какого-то молодого испанца из благородной семьи, тронутого красотой этих несчастных, похоронил их на маленьком кладбище церкви Сен-Жан-ан-Грев. Ныне этой церкви уже не существует, равно как и надгробия, на котором была выбита надпись:

«Здесь покоятся брат и сестра. Прохожий, не спрашивай о причине их смерти. Просто пройди мимо и помолись за их души».

На месте этой церкви и кладбища сегодня построили стоянку для автомобилей. Находится она на улице Лобо, прямо за зданием мэрии. Интересно, думает ли кто-нибудь, оставляя там свою машину, о печальной судьбе Жюльена и Маргариты де Равале?

Часы работы

Круглый год с 8.30 до 19.00.
Посетителям открыт только парк
с оценкой «Примечательные сады».
Парк украшает стеклянная ротонда,
одна из самых красивых в Европе.

Уарон
(Oiron)

Любовные похождения Паскаля

> *Я обнаружил, что все несчастья людей происходят по одной-единственной причине: они не могут спокойно отдыхать у себя в комнате.*
>
> Блез Паскаль

Затерянный в бескрайних просторах долины Монконтур, замок Уарон едва ли можно отнести к плеяде величественных замков Луары. Уарон не так известен, не так любим, хотя раньше этот замок был одним из главных оплотов Ренессанса во всем Верхнем Пуату.

В XVI веке, в самом начале правления Франциска I, земли Уарона стали принадлежать семье Гуфье, одной из старейших во всем регионе, уходящей своими корнями в XI век. Но самым известным представителем семейства стал именно тот, кто на закате своей жизни построил замок Уарон: это был Артюс Гуфье де Буази, камергер Людовика XII, тот самый, которому доверили воспитание юного Франциска Ангулемского, будущего короля Франции.

С того момента на Артюса и его детей, к которым король был очень привязан, благодатным дождем полились почести и всевозможные дары. Сам Артюс уже на тот момент был губернатором провинции Дофине, Великим магистром

Франции, графом д'Этамп и де Караваз. Позднее он получил еще и титул герцога де Роанне, а уже на старости лет стал именоваться кузеном короля. Такому великому человеку просто необходимо было великое жилище. Так был построен Уарон.

Его сын Клод, обер-шталмейстер Франции (этот титул принес ему прозвище «Великий господин»), маркиз де Буази, граф де Молеврие, герцог де Роанне и граф де Караваз, был сказочно богат. Женат он был дважды: первый раз на Жаклин де Ля Тремуй и второй — на Франсуазе Бретонской (из рода графов де Пентьевр). Именно он унаследовал Уарон, коему его мать Элен де Анже придала великолепный вид. Потрясающее убранство сохранилось и по сей день: в главной галерее до сих пор можно полюбоваться на прекрасные фрески, выполненные в лучших традициях школы Фонтенбло. Интерьеры замка с удивительными золотыми гобеленами были настолько роскошны, что очень скоро имя Клода Гуфье стало синонимом слова «богач», причем не только среди местных жителей, но и во всей долине Луары. Граф де Караваз был богат не только золотом, но и обширными земельными владениями. Не случайно знаменитый Кот в сапогах, вышедший из-под пера Шарля Перро, служил именно «маркизу Карабасу».

И если Артюс и Клод были Отцом и Сыном, то не лишним будет также упомянуть третьего персонажа, который смог бы стать своеобразным Святым Духом этой троицы. Им стал младший брат Артюса по имени Гийом. Будучи добрым другом детства Франциска I (они даже вместе воспитывались), Гийом был вдвойне избалован королевским вниманием и подарками. Он был адмиралом Франции, владельцем замков Бониве (ныне, увы, его не существует) и Кревкёр, губернатором Дофена и Дофине, послом Франции и, наконец, главнокомандующим итальянской армии в 1523 году. С задачей последнего он, впрочем, справился не вполне. Храбрый до безрассудства Гийом как бы предчувствовал катастрофу, которая ожидала его в битве при Павии. Не дожидаясь того момента, когда Франциска I возьмут в плен, он ринулся в атаку и героически погиб.

Внук «маркиза Карабаса» Луи Гуфье выстроил в Уароне дополнительное крыло в стиле Людовика XIII. Он также был герцогом де Роанне, однако по-настоящему прославился лишь его сын, Артюс III, причем с весьма неожиданной стороны: благодаря любовным отношениям, связавшим его сестру Шарлотту и Блеза Паскаля.

Летом 1652 года прохожие, прогуливавшиеся по большому тенистому парку или вдоль реки Див, могли частенько видеть неразлучную троицу. Иногда молодые люди скрывались от летнего зноя в прекрасной церкви, что неподалеку от замка, построенного Клодом. Эта церковь, по сути, была фамильным достоянием семейства Гуфье: на ее кладбище покоились их предки. Пресловутой троицей были герцог де Роанне, его сестра и их близкий друг — Блез Паскаль.

Они знали друг друга уже четыре года, с тех пор, как отец Блеза, Этьенн (председатель Податной палаты Клермон-Феррана, а чуть позднее — интендант Руана), перебрался в Париж на улицу Клуатр-Сен-Мерри. Неподалеку от этого места располагался особняк, где жила маркиза де Буази, образованная женщина, которая ведала обучением двоих детей — Артюса и Шарлотты. У Блеза Паскаля тоже была сестра — очаровательная Жаклин, так что между четырьмя сверстниками скоро завязалась крепкая дружба. Впервые Блез и Артюс познакомились в церкви Сен-Медар. Юный Артюс буквально грезил научными исследованиями и физикой, а молодой Паскаль с радостью стал учить своего нового друга. Взамен брат и сестра Буази помогли Блезу приобщиться к светской жизни. Так, например, он поприсутствовал в Пуатье на приеме Мазарини Людовиком XIV и Анной Австрийской, у которой шестнадцатилетняя Шарлотта была придворной дамой. Также молодой Блез присутствовал на представлении пьесы Мольера «Ревность Барбулье».

А поскольку Пуатье находится неподалеку от Уарона, Паскаль довольно часто гостил в великолепном замке. Вероятно, именно там летом 1652 года он признался Шарлотте в любви. Его чувства — под стать ему самому: властные и непреклонные, и девушка с радостью ответила ему взаимностью, тем более что ее брат совершенно этому не препятствовал. Вот высказывание Блеза Паскаля, вполне в его духе:

«Мужчина зачастую ищет себе спутницу жизни, исходя из равного положения, в силу своей свободы и легкости самовыражения. Однако бывает и так, что избранница во многих смыслах выше и лучше мужчины, и вот тогда в его душе разгорается настоящий огонь, а он не осмеливается сказать об этом той, кто его разжег».

И все же им пришлось расстаться. Если Артюс и не был против подобного союза, то вот семья и родственники Буази были настроены весьма скептически. Паскаль был вынужден уехать, и его выбор пал на Пор-Рояль. Немного позднее он все же позвал к себе Шарлотту, потому что так и не смог забыть ее. Обычно суровый и грубоватый, Блез мог быть и очень нежным. Их обоих привлекала религиозная жизнь и служение Господу.

Увы, Шарлотта недолго пробыла в Пор-Рояле. Причиной ее отъезда послужило вмешательство Людовика XIV. После этого она отрезала себе волосы и стала жить затворницей вплоть до самой смерти Блеза в 1663 году. Она оставалась верна своей единственной любви на протяжении девятнадцати лет... Чувство одиночества, постигшее ее с утратой любимого, было гораздо сильнее и горше вдовства, однако 9 апреля 1667 года она все же вышла замуж за герцога де Ля Фёйяда.

Ее брат Артюс, который к тому времени тоже перебрался в Пор-Рояль, продал зятю свое герцогство за 400 000 ливров, и, таким образом, хозяином Уарона стал Ля Фёйяд.

Он также внес свою лепту в облик замка: построил церковь, переделал сады. Шарлотте с ним было неимоверно скучно. Этот мужчина был слишком далек от нее. Ля Фёйяд был солдатом, военным в полном смысле этого слова, да к тому же еще и обладал некоторым пристрастием к чрезмерной помпе. Однако Париж ему кое-чем обязан. Дело в том, что в 1681 году герцог Ля Фёйяд (впрочем, давайте уже называть его по имени: Франсуа д'Обюссон, герцог де Ля Фёйяд, герцог де Роанне, полковник французской гвардии, маршал Франции и вице-король Сицилии — право же, Шарлотта нашла себе неплохого мужа!) решил оставить после себя символ глубочайшей преданности королю, на собственные средства заказав потрясающую статую Людовика XIV.

Но для подобного шедевра необходимо было найти подходящее место. Нельзя было поставить статую Короля-Солнце просто так, на улице. И тогда он купил у маршала де Ля Ферте Сентерра особняк в Париже и несколько близлежащих построек. Последовав его примеру, Париж выделил из казны деньги, чтобы купить особняк д'Эмери. Все здания разом были снесены, а на их месте появилась площадь Побед с пресловутой статуей Людовика XIV.

Но, увлекшись всеми этими мирскими заботами, Шарлотта не забывала ни о Боге, ни о своем брате, ни уж тем более о том единственном человеке, которого она любила всю свою жизнь. Она была настолько далека от повседневных занятий и мыслей, что многие задавались вопросом, как такая женщина вообще могла родить детей.

Ее сын (по мнению безжалостного Сен-Симона — «самый недобросовестный мужчина, каких только видывал свет») продал замок небезызвестной мадам де Монтеспан. Часть денег выплатил Людовик XIV. Стоит отметить, что к тому времени фаворитка короля уже перестала быть таковой. В 1691 году Людовик XIV заключил морганатический брак с гувернанткой своих незаконнорожденных детей. Блистательная Атенаис удалилась из королевского дворца, чтобы посвятить себя Богу. Уарон она купила для герцога д'Антена, единственного ребенка от союза с Монтеспаном. Все свое свободное время она проводила либо здесь, в Уароне, либо в монастыре на улице Сен-Жак.

Мадам де Монтеспан лишь приумножила роскошное убранство замка. Напрасно женщина ждала, что Людовик XIV, чей портрет она повесила в главном зале, приедет навестить ее. С королем она так больше и не увиделась.

Пожилая маркиза была также необыкновенно щедра. Неподалеку от замка находился местный дом престарелых, куда мадам де Монтеспан приходила каждый день. Свою старость она провела поистине по-королевски. В Уароне она собрала собственный двор из женщин и девушек, которые должны были следить за тем, хорошо ли ей спится. Дело в том, что маркиза не выносила темноты и одиночества. Обычно она засыпала, окруженная своими дамами и целым лесом горящих свечей, которые ни в коем случае нельзя было тушить. К тому же поутру она желала видеть своих охранниц болтающими или завтракающими. Охранниц? Но от чего же ее нужно было охранять? От ночи? От кошмаров? Или же от тех жутких воспоминаний, что остались у нее после Катрин Деше, известной под именем Ла Вуазен, которая впутала ее в нашумевшее дело о ядах? Право же, черные мессы и умерщвленные дети — не лучшие сновидения для пожилой женщины...

Часы работы

С 1 октября по 31 мая с 10.30 до 17.00.
С 1 июня по 30 сентября с 10.30 до 18.00.
Закрыто 1 января, 1 мая, 1 ноября,
11 ноября и 25 декабря.

http://www.oiron.fr/

Фалез
(Falaise)

Роман об Арлетте
и Роберте-Дьяволе

Прачка радостно смеется,
А в деревне, что далека,
Мать ее уже не слышит звука:
Добродетельного валька.

Виктор Гюго

От простого замка, где издал свои первые крики будущий завоеватель Англии, остались только стены, и по сей день возвышающиеся над прекрасной долиной у реки Ант. Чудесным образом союзные бомбардировки, на три четверти разрушившие Фалез в августе 1944 года, практически не задели старую крепость. Очарование этого места под стать очарованию истории любви, в результате которой родился Вильгельм.

От своего отца, герцога Нормандии Ричарда II, и от матери, надменной Юдиты Бретонской, Роберт, граф д'Иемуа и брат герцога Ричарда III, унаследовал гордость и упрямство, храбрость рыцаря и свирепое сердце. Но своим вспыльчивым характером он обязан лишь самому себе. Порой его несдержанность приводила к жестокости и пролитой крови, а также к прочим варварским злодеяниям. Отсюда и пошло его прозвище — «Дьявол».

Кроме охоты, на которую он постоянно ездил, в жизни его занимали лишь две заботы: лошади и женщины. Он объезжал первых и укрощал вторых с одинаковой легкостью и уверенностью в себе, мягко обращаясь с великолепными жеребцами и красивыми кобылами, но развязно и даже чуть презрительно относясь к молодым девушкам, обожавшим его. В своих похождениях, которые всегда были успешны из-за чрезвычайно привлекательной внешности, он не искал любви. И любовь не тревожила спесивца, ожидая своего часа, чтобы отомстить ему за бахвальство и грубые шутки. Этот час настал в один теплый и ласковый весенний вечер, в апреле 1027 года.

Тем вечером Роберт возвращался со своими людьми и собаками с охоты и переправлялся через реку Ант, дабы вернуться в замок, который отличался от наших представлений о подобного рода строениях: то были большие неотесанные камни под деревянными галереями, раскрашенными в затейливые орнаменты ярких, насыщенных цветов, так привлекавшие викингов. Дело в том, что в Роберте текла их кровь, да и по характеру он недалеко от них ушел!

Вдруг молодой граф остановился: вдали три молодые девушки стирали белье, шутя и смеясь. Одна, склонившись перед деревянной лоханью, замачивала простыню в зеленой речной воде. Вторая сушила на траве выстиранное белье. Но внимание Роберта привлекла третья...

Выжимая белье, она, босая, стояла на плоском камне. Одетая в шерстяное блио[1] и полотняную рубаху, девушка радостно танцевала на намыленных простынях и сороч-

---

[1] Средневековое женское платье с глубоким вырезом, с длинными или полудлинными, объемными внизу рукавами, с широкой юбкой в складку с разрезами спереди и сзади, спадавшей до пят.

ках, которые обдавали ее пенными брызгами. Она была прекрасна: белокурая, как чистокровные норманны, розовощекая, точно цветы шиповника, с глазами небесного цвета. При этом она была хорошо сложена и крепка. Роскошное растение, которое в один не менее прекрасный день явно даст великолепные плоды. По дороге к замку Роберт еще несколько раз оглядывался на девушек.

Он узнал ее имя. То была Арлетта[1], дочь Фулберта, кожевника из Фалеза. Она не была обычной служанкой или крестьянской девушкой. Ее отец считался одним из самых уважаемых людей в городе, поэтому и речи идти не могло о похищении с целью надругаться над ней в покоях замка. К тому же и сам Роберт отвергал подобные методы, когда речь шла об этой красавице, так нежно ему улыбнувшейся.

В течение нескольких дней он следил за девушками из узенького окошка, выходившего на реку. И не зря, ибо Арлетта каждый день приходила стирать белье, к великому удивлению Доды, ее матери, которая никогда до того не замечала у дочери такого рвения к стирке. Дело в том, что если уж Роберт просто думал о ней, то юная девушка была просто поражена их короткой встречей.

Настал июль, Роберт уже знал, что более жить не мог без Арлетты, и он отправил к Фулберту посланника, чтобы добиться позволения забрать юную девушку к себе. О свадьбе речь не шла, и поведение Роберта могло бы удивить нас, если не знать о том, что тот следовал старинному скандинавскому обычаю морских королей *more danico*, который позволял им сожительствовать с девушкой из простонародья, если она рожала мальчика, который впоследствии становился наследником своего высокородного

---

[1] В разных источниках ее называют Герлевой, Херлевой, Эрлевой и т. д.

отца. Именно таким образом родились предки Роберта и его братьев, потому что у викингов не существовало незаконнорожденных сыновей. Во внимание принималась только отцовская кровь.

Однако этот обычай уже несколько утратил силу, поэтому Фулберт долго не мог дать ответ. Он решил посоветоваться со своим братом-отшельником, жившим в Гибрэ.

Тот дал мудрый совет: лучше не отказывать графу, который открыто попросил его позволения, чем рисковать. Ведь у Фулберта не только могли силой отобрать Арлетту, но и вся его семья подвергалась опасности и легко могла попасть в немилость; о крутом нраве Роберта все были хорошо наслышаны. Да и потом — почему бы не спросить мнения самой девушки?

Призванная к отцу, Арлетта сначала протестовала из послушания, но потом призналась, что любит графа и согласна поехать к нему. Но каким образом она это сделала! Не безлунной ночью, облаченная в серый плащ, вовсе нет. Она хотела, чтобы о том знали все: ее спросили, и она добровольно согласилась. Кроме того, «невеста» потребовала лошадь и при въезде в замок отказалась проезжать через заднюю дверь, повелев отпереть главные ворота.

Роберта это позабавило, к тому же он был впечатлен торжественностью, с которой прибыла девушка, поэтому он выполнил все ее требования, лишь бы она приехала и была счастлива.

Арлетта явилась в красивом голубом платье, которое сшила специально к этому самому великому событию в своей жизни. Впервые Роберт понимал, что любовь — это не простое удовлетворение своих плотских желаний.

Наутро Арлетта проснулась с радостным криком: ей приснилось, что из ее тела выросло дерево, широкие листья которого простерлись над морями и океанами. Роберт решил, что скоро она родит ему сына, и отказался отпускать ее. С этого момента она стала жить в замке.

Вскоре появились первые признаки беременности. И вдруг проснулись дикие инстинкты Роберта. С начала лета он вступил в открытое противостояние со своим братом, герцогом Ричардом, собрал войска и провизию в Фалезе, а затем объявил тому войну.

Герцог осадил город, дабы взять его измором. На его стороне в эти жаркие дни был еще один союзник: жажда. Городу пришлось сдаться, держался лишь замок. Но долго ли? В конце концов, Роберт уступил и был приглашен во дворец в Руане, заранее сказав Арлетте, что, возможно, станет герцогом Нормандии.

И действительно, он возвратился с этим титулом. Предыдущий герцог скончался от переедания. То есть Роберт-Дьявол попросту отравил брата и заключил его сына в монастырь. Но Арлетта была уже не так счастлива, как раньше.

В начале 1028 года в Фалезе родился ребенок, которого окрестили Вильгельмом. Годы текли, Роберт не мог усидеть на месте и постоянно воевал, подчиняя непокорных вассалов. Однако угрызения совести все больше мучили его, делая жизнь непереносимой. Весной 1033 года, объявив Вильгельма своим наследником, герцог Роберт отправился в Святую землю, чтобы получить прощение у Господа. Знатный паломник путешествовал со своей свитой, которая удивила самого византийского императора: золотые подковы лошадей были так плохо прикреплены, что красивые скакуны теряли их на каждом шагу. В Иерусалиме он бросал горсти золота бедным паломникам, чтобы оплатить право прохода. Но вернуться Роберту не удалось: на обратной дороге он скончался.

Перед тем как покинуть Фалез, он поручил Эрлюэну де Контевиллю, в верности которого он не сомневался: «Если я не вернусь, женись на Арлетте».

Эрлюэн подчинился. Вильгельм же, которого часть герцогства не признала, называя того «Незаконнорожденным» (ему понравилось это прозвище, и он не принимал другого, пока не стал «Завоевателем»), стал подчинять непокорные земли, а кончил тем, что захватил Англию.

Его наследники тоже любили Фалез. Внук Вильгельма, Генрих Боклерк, построил новый замок, сохранившийся и по сей день. В нем останавливались Генрих II, Алиенора Аквитанская и Томас Бекет. Ричард Львиное Сердце подарил его своей супруге Беренгарии Наваррской, а его брат, принц Иоанн, заключил туда своего племянника Артура Бретонского, которого впоследствии приказал убить.

Во время Столетней войны Фалез и замок стойко оборонялись от англичан, которые, в конце концов, захватили его в 1418 году.

Но крепость подходила только для войны. Переходя из рук в руки во время религиозных войн, замок, наконец, был разрушен, когда все успокоилось. Однако его не снесли до конца, потому что городские жители видели в нем хранителя своей истории. Пришлось подождать окончания Второй мировой войны, чтобы Академия изящных искусств взяла его под свою опеку.

Часы работы

Со 2 января по 30 июня с 10.00 до 18.00.
С 1 июля по 31 августа с 10.00 до 19.00.
С 1 сентября по 31 декабря с 10.00 до 18.00.
Закрыто 1 января и 25 декабря.

http://www.chateau-guillaume-
leconquerant.fr/

Фервак
(Fervaques)

Большая любовь Королевы Роз

Пока страсть не угасла,
Нет таких преград, которые она бы
не преодолела на своем пути...

Эмиль Ожье

Когда в 1788 году юная Дельфина де Сабран впервые посетила Версаль, ей было всего пятнадцать лет. Однако она имела большой успех: самый строгий двор в мире единогласно признал ее «Королевой Роз» — так она была красива и свежа. Говорили, что она «будто сошла с картины Грёза и обладала утонченным лицом гречанки»...

Ко всему этому нужно добавить, что у нее был чуть затуманенный взгляд близорукого человека, очаровательный ротик, безупречный овал лица и прекрасный цвет кожи, который не был ни бледным, ни темным, а наоборот — живым и теплым. В результате вокруг юной девушки появилось столько ухажеров, что ее мать, обеспокоенная, как бы дочь не заигралась, решила выдать ее замуж, поспешив найти зятя.

Им стал девятнадцатилетний Арман де Кюстин, столь же красивый, как и его будущая невеста. К тому же он был галантен, храбр, отважен, благороден и богат. Такого редко встретишь, и Дельфина сразу же в него влюбилась.

Их обвенчал епископ Лаонский. Во время праздника в замке д'Аниси гости были наряжены в пастухов и пастушек, а на медовый месяц молодоженам приготовили прекрасную хижину. То было упоительное время: у них появилось два мальчика, Гастон и Астольф. Но страсть вскоре прошла. Они оба были слишком популярны при дворе. Дельфина ударилась в кокетство и меняла поклонников как перчатки, избавляясь от них хитростью или насмешкой. При этом сама она всегда сохраняла достоинство.

Список отвергнутых кавалеров был длинным. И Дельфина даже не заметила прихода Революции: так она была увлечена любовными делами. «Напишите бабочке песню о том, как ей чудесно живется», — писала она своему брату, поэту Эльзеару де Сабрану. Однако вскоре легкомысленной попрыгунье пришлось познать, что такое горе.

Сначала Гастон умер от детской болезни, затем арестовали генерала де Кюстина, к которому молодая женщина была очень привязана. Тот, видя, что Франция в опасности, забыл про свои монархические убеждения и перешел на службу Республике. Одержав победу под Майнцем, он был вправе рассчитывать на признание, но его записали в число «предателей Родины» и в качестве награды приговорили к смертной казни, несмотря на все усилия Королевы Роз, которая сделала все возможное, чтобы спасти его.

В день казни Арман пришел домой на улицу де Лилль бледным и подавленным. Он видел все зрелище, находясь у самого эшафота. Однако, невзирая на увещевания жены, эмигрировать он отказался. Возможно, слезы жены и убедили бы его, но он был арестован и помещен в тюрьму Ля Форс, откуда жена пыталась его вызволить, но безуспешно.

Все было напрасно: Арман отказался компрометировать дочь тюремщика, согласно плану Дельфины, и тоже оказался на эшафоте. Что касается Дельфины, то хоть обыск дома и ничего не дал, ее все равно арестовали и отправили в тюрьму Карм, где она встретила таких представительниц высшего света, как мадам де Богарне и будущую мадам Талльен. Также она встретила там генерала Александре де Богарне, супруга будущей императрицы Жозефины, которого она сделала своим любовником.

Благодаря этой любви жизнь начала налаживаться, но де Богарне тоже отправили на эшафот, да и очередь Дельфины могла подойти уже очень скоро. Молодую женщину уже допросили, а в доме ее провели повторный обыск. В это время она не нашла лучшего занятия, чем нарисовать портрет мрачного Кромо, который вел расследования, а также некоторых из его подчиненных. У нее действительно был талант к портретам и карикатурам. Талантом и храбростью она заслужила восхищение некоторых служащих, в частности молодого человека по имени Жером.

Тот влюбился в нее. Убежденный патриот и безжалостный революционер, он теперь думал, как бы вырвать из рук смерти эту молодую и восхитительную маркизу де Кюстин. Храбрый парень почувствовал, что его жизнь потеряла бы всякий смысл, если бы мадам де Кюстин взошла на эшафот, ведь и он тоже приложил к этому руку.

Чтобы спасти ее, он разработал план, который может внушить лишь любовь. Если бы неосторожного Жерома разоблачили, то его голова полетела бы с плеч немедленно.

Его должность члена комитета секции Вожирар позволяла ему свободно проходить во все рабочие кабинеты, даже находящиеся в тюрьмах. А Жерому все доверяли. Фукье-Тенвилль, общественный обвинитель, держал дела заключенных в тюрьме Консьержери. Причем наверх клали дела тех, кто должен был быть казнен в ближайшее время. Их документы он забирал каждый день и относил в комитет. И вот Жером ежедневно стал проникать к этому монстру во время завтрака, чтобы переложить дело Жозефины в самый низ. Об уничтожении досье речи не шло, потому что их ежедневно пересчитывали.

Так продолжалось три месяца, и то были три месяца страха для бедного Жерома и три месяца беспокойства для Королевы Роз, которая не могла представить, чтобы человек из-за нее мог так рисковать своей жизнью. Правда, после смерти де Богарне в ее сердце тоже поселился страх. К счастью, террор закончился. Генерал де Богарне погиб 5 термидора. А через четыре дня пал Робеспьер, и весь этот кошмар закончился. Однако мадам де Кюстин оставалась в тюрьме Карм еще два месяца и могла бы сидеть там еще больше, если бы Нанетта Мабриа, ее преданная служанка, не помогла ей. Дело в том, что давно, еще до Революции, генерал де Кюстин построил фарфоровую фабрику, рабочие которой его боготворили. Нанетта им написала, и они составили петицию, благодаря которой молодая девушка вскоре оказалась дома на улице де Лилль вместе с Нанеттой и маленьким Астольфом. Она нуждалась в заботе.

И эту заботу они получили — благодаря продовольствию и небольшим суммам денег, которые каждую неделю приносил какой-то незнакомец. Однажды вечером Дельфина выследила своего благодетеля и узнала в нем Жерома, который продолжал рисковать ради нее своей жизнью, потому что его разыскивали, и ему приходилось скрываться. Достоверно неизвестно, отблагодарила ли она его. Известно лишь, что он жил у нее пару недель, прежде чем отбыть в Америку, где в Луизиане ему удалось сколотить неплохое состояние. Вернувшись, он предложил его своей возлюбленной, но та снова стала маркизой де Кюстин и в 1803 году уже была без ума от виконта де Шатобриана.

В это же время она купила у герцогини де Люинь дворец Фервак, что возле Ливаро, длинное здание из розового кирпича и белых камней, по бокам которого располагались квадратные беседки. У него была своя история: его построил маршал де Фервак, Гийом де Отмер, который заплатил большую цену за то, чтобы войти в историю: то был грубый солдафон, не боявшийся ни Бога, ни дьявола. Во время религиозных войн он грабил, сжигал и убивал. Захватив Лизьё, он убил губернатора и разграбил собор. Говорят, что он надругался над святынями и отобрал у церквей их сокровища... Но де Фервак был храбр и благоразумен. Он примкнул к Генриху IV, который назначил его губернатором этого самого Лизьё, ведь под гнетом такого человека очень нуждался в покровительстве Святой Терезы. Затем де Фервак стал маршалом Франции и мужем красавицы, в честь которой Генрих IV вывел на камине дворца следующие жалкие строки:

Мадам де Фервак
Стоит многочисленных атак...

Очевидно, намерение «поэта» было сильнее и лучше реализации. Неизвестно, предпринимал ли Генрих эти самые «атаки».

Хозяйкой вот такого вот дворца в 1803 году стала Королева Роз. С великим Шатобрианом, чьи победы на дипломатическом поприще ознаменовали начало XIX века, их ждало лишь недолгое счастье. В 1804 году он писал: «Я живу как в сказке». Ему приходилось уезжать далеко, очень далеко, но возвращался он в Фервак. «Там жила фея, которая была немного не в себе. Ее называли «принцессой без всякой надежды», потому что если от ее друзей не было весточки хотя бы два дня, то она считала их умершими или уехавшими далеко-далеко в Китай...»

Шатобриан жил в Ферваке, поселившись в покоях Генриха IV. Он сам себе их потребовал. То был месяц август, и пламя страсти объединило Шатобриана и Королеву Роз. Страсть длилась не дольше обычного увлечения писателя. Когда в октябре он возвратился во дворец, пламя уже погасло. Шатобриан стал молчалив и не выказывал больше любви. У него был талант превращать в подруг самых страстных любовниц. Он возвращался в Фервак в 1816-м, в 1819-м и, наконец, в 1823 году. Но любви больше не было. Дельфина же продолжала сохнуть по нему до самой смерти 13 июля 1826 года. Это произошло в Бексе...

С 1982 года замок является собственностью КИННОР, музыкальной ассоциации, объединяющей как людей с ограниченными возможностями, так и здоровых людей.

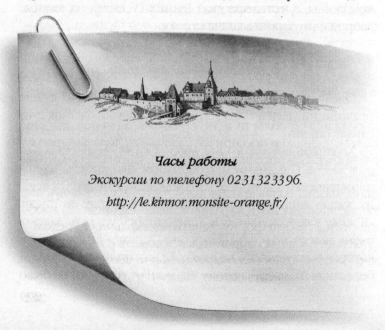

Часы работы
Экскурсии по телефону 02 31 32 33 96.
http://le.kinnor.monsite-orange.fr/

Ферне
(Ferney)

Господин Вольтер
и его племянница

Рай земной там, где я нахожусь...
Вольтер

Когда Вольтер в 1758 году купил участок в Ферне, который на настоящий момент относится к департаменту Эн, ему было шестьдесят два года, и он успел рассориться с половиной Европы: сначала с королем Франции Людовиком XV, считавшим его опасным агитатором и пособником сатаны, а затем и с прусским королем. Фридрих Великий, при дворе которого просветитель жил два года и который выказывал ему благоговение, не смог простить Вольтеру его писательский талант. Вольтер превосходил короля в этой области и, не стесняясь, афишировал это. Наконец, Вольтер поссорился с «месье из Женевы», рядом с которыми он поселился в очаровательном особняке, названном «Отрадное». Они не поняли той чести, которую он им оказал, начав критиковать этих ярых кальвинистов так же яростно, как и католиков. Великий писатель вообще считал любую форму фанатизма страшным грехом.

Устав от вечных споров, надеясь пожить в тишине и покое, Вольтер приобрел очаровательное местечко в Ферне и поспешил написать своему давнему другу Терио: «Заброшенный участок в Ферне теперь очень хорош; я строю тут прекрасный дворец (тут он немного преувеличил); у меня есть земля и древесина, а мрамор мне поставляют с Женевского озера. Я построил на этой красивейшей земле три поместья недалеко друг от друга и сделал в Ферне множество других преобразований. Все это мне обошлось в десять тысяч ливров, но на самом деле выйдет более двадцати, потому что еще приходится содержать дом с тридцатью людьми и кормить двенадцать лошадей. Сам бы я, дорогой мой друг, обошелся сотней экю в месяц, но мадам Дени, моя любезная подруга, заслуживает дворца, кухарок, кареты и роскоши...»

Ох уж эта мадам Дени! Вот о ком следует рассказать, потому что именно она управляла прекрасным раем на земле, созданном ее дядей. Она была племянницей Вольтера и в то же время хозяйкой дворца и его любовницей. Но она, по меньшей мере, не оказывала ему той чести, которую он заслужил.

Когда в 1749 году умерла маркиза де Шатле, любовь всей жизни и советчица Вольтера, Марии-Луизе Дени, дочери Екатерины, сестры великого философа, было тридцать семь лет. Она была привлекательной женщиной, может, чуть полноватой, но такой веселой и приветливой, что никто не мог ее упрекнуть в паре лишних килограммов. Дело все в том, что под приятной внешностью скрывалась душа мегеры и эгоистки, а также корыстное сердце. Она овдовела пять лет назад, и лишь присутствие мадам де Шатле, которую Мария-Луиза ненавидела, мешало ей посвятить себя дядюшке, к которому она, если не считать пары ее любовников, уже давно питала нежные чувства. Гениальный дядя не мог не привлекать женские сердца.

Именно она стала утешать Вольтера, когда он оплакивал «дорогую Эмили». Он был очень несчастен, и хитрая племянница приложила все силы к тому, чтобы растопить «бесчувственное сердце». Она окружила дядю заботой и так привязала его к себе, что при отъезде в Потсдам он с трудом ее оставил: «Я зря вас покинул. Я думаю о вас больше, чем можно предположить...»

Вольтеру так ее не хватало, что он умолял ее приехать в Германию:

«Дорогое мое дитя, король Пруссии сделал меня своим камергером, наградил меня орденом, назначил жалованье в двадцать тысяч франков и предложил вам четыре тысячи, дабы обеспечить нашу жизнь, если бы вы переехали из Парижа в Берлин».

Мадам Дени почти не раздумывала. Конечно, ее прельщали деньги, но в Париже ей всего хватало, к тому же она могла позволить себе любовные приключения: одно — с немецким музыкантом, другое — с маркизом из Генуи, третье — с испанцем, маркизом де Хименесом, «высоким и длинноногим, постоянно печальным». Поэтому она не очень быстро собралась и поехала в Германию лишь тогда, когда между Вольтером и Фридрихом II испортились отношения. Возможно, потому что дядя просил ее приехать на встречу во Франкфурт, в отель «Золотой лев».

По приезде она обнаружила Вольтера в окружении шпионов прусского короля, требовавшего вернуть обратно некий сборник «стихов», которые он написал. Все это привело к комичной и навязчивой ситуации, продлившейся несколько недель. Брагодаря ей отношения между дядей и племянницей вышли на новый уровень: они так скучали друг по другу, что, утешая друг друга, не заметили, как оказались в одной постели. Причем они не пожалели об этом, и по приезде в Париж мадам Дени стала любовницей Вольтера, да так ей и осталась.

Возвращение на родину ограничилось приездом в Кольмар, где Вольтер пробыл год, пытаясь найти другое место жительства, потому что ни один европейский монарх не хотел его принимать. Новым домом для него стала Швейцария, а затем Ферне, где импозантная мадам Дени превратилась в хозяйку, принимая высокопоставленных людей со всей Европы. Если уж монархи не хотели более принимать несчастного великого человека, то их подданные, по крайней мере, были не столь категоричны.

В Ферне Вольтер построил конюшню, затем часовую фабрику, которая получила большое признание по всему миру — даже в Тунисе и Алжире. Но и об искусстве писатель не забывал. Самая великодушная часть его творчества была написана в Ферне, и особенно тут следует отметить манифест в защиту несчастного Жана Кала, несправедливо приговоренного к смерти в Тулузе.

В Ферне Вольтер принял молодую девушку из Версонны, соседней деревни, мадемуазель Руфф де Варикур, такую очаровательную, что, окрестив ее «Доброй красавицей», он сделал ее своей приемной дочерью, к великому негодованию мадам Дени, с которой он из-за этого поссорился на два года. Но полная дама нашла в себе силы простить его, потому что у нее был свой интерес: она положила глаз на его наследство, одно из самых богатых во Франции.

К своему несчастью и несчастью «Доброй красавицы», Вольтер выдал ее за некого маркиза де Вийетта, обладателя большого поместья возле Бове, человека не менее черствого и расчетливого, чем мадам Дени, с которой просветитель к тому времени уже помирился. Все это позволило нежной племяннице, уже круглой, словно бочка, стать его наследницей, пообещав перевести потом состояние на имя маркизы.

С того момента Вольтер ей только мешал — особенно по мере ухудшения здоровья. Однако он цеплялся за жизнь и дожил до восьмидесяти трех лет.

Его ловко убедили вернуться в Париж, где все почитали мэтра и обещали обеспечить спокойную жизнь. В результате 4 февраля 1778 года он покинул Ферне, который уже больше никогда не увидел, и поселился у де Вийеттов, в доме на пересечении набережной Малаке и улицы де Бон. В Париже его ожидал невиданный триумф: весь город и королевский двор толпились у его двери; его бюстом был увенчан театр «Комеди Франсез», а Бенджамин Франклин даже привел к нему крестить свою дочь.

Хозяйками в доме были мадам Дени и де Вийетт, которые очень радовались такой популярности. Они заставляли старика работать все больше и больше, произносить речи и писать день и ночь. Чтобы поддерживать его работоспособность, они давали ему по восемнадцать чашек кофе в день. Вольтера пичкали «чудесными» таблетками, от которых у его врача Троншена волосы дыбом на голове вставали. Эти таблетки в конечном итоге и свели его в могилу.

Когда он больше уже не мог общаться с посетителями, осаждавшими дом (их с сияющими лицами принимали хозяйки), его закрыли в каморке без должного ухода. На него более не хватало времени! Он скончался 20 мая в полном одиночестве, покинутый даже слугами.

Толстая Дени, чьи запросы до сих пор не были удовлетворены, в возрасте шестидесяти восьми лет вновь вышла замуж, на сей раз — за шестидесятилетнего «юнца», что вызвало лишь смех во всем Париже. От нее отвернулись даже те, кто продолжал ее навещать в дань памяти о Вольтере. Осмеянная, опозоренная и освистанная, она увидела обратную сторону славы.

Она умерла в одиночестве, забытая и покинутая всеми, как и человек, которому она была обязана всем.

Что касается замка, то презренная мадам Дени поспешила продать его де Вийетт, которая, в свою очередь, перепродала его семье де Бюде, у которой он и оставался до 1843 года. Ферне пострадал от революции и недостаточного ухода. Затем Ферне приобрел Клод-Мариус Давид, который постепенно выкупил мебель, портреты и другие вещи, некогда принадлежавшие Вольтеру. С 1999 года Ферне является собственностью государства.

Часы работы

*С 1 апреля по 31 октября с 10.00 до 13.00
и с 14.00 до 18.00
(закрыт по понедельникам).
С 1 июля по 31 августа с 10.00 до 18.00.
Число посетителей дворца ограничено. Настоятельно
рекомендуем зарезервировать
места по телефону 0450405321.*

http://voltaire.monuments-nationaux.fr/

Шам-Де-Батай
(Le Champ De Bataille)
Вначале были д'Аркуры

Это мир таинственной мечты,
Неги, ласк, любви и красоты.[1]

Шарль Бодлер

Его имя гудит, как звук двадцати пяти труб, грохочет, как воздух, раздираемый выстрелами из пушек... И когда созерцаешь его великолепное расположение и роскошные сады, задумываешься, кто же придумал этому замку подобное имя?

До встречи с «волшебником Мерлином» в 1992 году история замка описывалась одним словом: Аркуры! Погрузимся же во тьму веков!

Родоначальником этого благородного семейства является Бернард Датский, который одним прекрасным днем сошел с «корабля-дракона» в сопровождении своего родственника Роллона. Это был огромный грубый неуч, которому суждено было стать первым герцогом Нормандским в Сен-Клер-сюр-Эпте, и он должен был преклонить колено перед королем Карлом III Простоватым и поцеловать его ступню. Но он посчитал, что веселее будет поднять короля до своих губ и таким образом столкнуть его с трона.

---

[1] Перевод Д. Мережковского.

И при этом засмеяться! Но пойдем дальше! Другими словами, род д'Аркуров, чьи предки были моряками и воинами, был настолько нормандским, что превратился в обитель настоящих викингов. А посему неудивительно было на протяжении веков наблюдать среди его членов четырех маршалов Франции и трех адмиралов, а также впечатляющее количество других знаменитых людей.

Но настал момент рассказать о весьма напряженной славной битве, из-за которой замку решили не менять имя, как то принято было делать. Дело в том, что это была борьба первостепенной важности. Прежде всего — для Нормандии, а также — для Англии и, наконец — для Франции. Именно там, в 935 году, наш Бернард Датский, верный помощник герцога Уильяма Длинного Меча (каким тот был для его отца, разместившегося в четырех километрах в месте под названием Аркур) преградил путь амбициям Риуфа, графа Котантенского, который твердо решил полностью отделиться от герцогства. И ему это так «хорошо удалось», что его потомкам даже в голову больше не приходили гениальные идеи поехать на другой берег Ла-Манша... Что же касается территории, где проходило сражение (а Риуф не был каким-то там мелким феодалом), то его назвали Шам-де-Батай[1] — раз и навсегда!

На самом деле, когда в 1066 году Вильгельм Незаконнорожденный, сын герцога Роберта и красавицы Арлетты, дочери скорняка из Фалеза, отправился завоевывать Англию и менять свое прозвище на «Завоеватель», вокруг него было уже много членов семьи Аркур. Некоторые после битвы при Гастингсе соблазнились английским климатом и родили там маленьких лордов Аркуров, многие из которых вернулись во Францию с титулом и пышностью

---

[1] Champ de bataille (*франц.*) — поле битвы.

послов. Странно, но связь между английской и французской ветвями сохранялась очень долго. Порой отношения были натянутыми, но они никогда не обрывались!

А на Шам-де-Батай не было почти ничего. И это Аркур воздвиг там могущественную крепость, от которой до наших дней дошли несколько башен и стена...

Что касается самих владений Шам-де-Батай, то посредством брака они переходили к Уорвикам, Мёлланам, Аркурам, Ля-Ферте-Френелям и Вьёпонам, чтобы в конце концов оказаться во владении Креки — в 1651 году. Тогда-то и появляется основной создатель замка в лице Жана-Батиста де Креки, который в 1624 году женился на Рене де Вьёпон.

Фрондёр, друг принца де Конде и заклятый враг Мазарини, который правил, пока Людовик XIV был слишком молод, Жан-Батист был сослан на земли своей жены вышеупомянутым кардиналом без права на выезд. Чем же было занять время, как не строительством? Ему не подходила скромная усадьба, стоявшая на том месте, поэтому он решил построить большой замок, чтобы взбесить своего врага, если тот вдруг решит заглянуть в Нормандию. Но Мазарини, умерший в 1661 году, так и не заехал туда, кроме того, и сам де Креки дальше намерений так и не пошел. Отцовскую мечту воплотил его сын Александр де Креки, кузен маршала: он построил замок, стоящий там и по сей день. Он возводился в период с 1686 по 1701 год по планам архитектора, чье имя осталось неизвестным, но, к несчастью, он недолго наслаждался произведением, умерев год спустя... И не оставив наследника. Он завещал замок своему племяннику, маркизу де Майоку, женившемуся на Лидии д'Аркур, сестре второго герцога, который был одновременно маршалом Франции и губернатором Нормандии. Та поддерживала замок в наилучшем состоянии, пока с ее смертью в 1750 году он не перешел к Аркурам. У нее также не было детей.

Наследником стал племянник мужа, Анн-Франсуа д'Аркур, герцог де Брёвон и брат третьего герцога д'Аркура. Тот был генерал-лейтенантом королевской армии и тратил достаточно денег на развлечения. Будучи любителем спектаклей, он построил небольшой театр и сделал великолепную деревянную обшивку стен в стиле Людовика XIV.

Ему выпала честь принимать в замке Людовика XVI, который остановился там, направляясь в Шербур, чтобы проследить за работами по строительству порта. Там возводили гигантскую плотину, чье основание было сделано из огромных деревянных и железных конусов, погруженных в море и заполненных камнями. Такие вещи очень занимали монарха, привязанного к морю, и, возможно, позволяли ему ненадолго забыть, что в тот же момент парижский парламент судил участников злосчастного «дела о колье королевы», которое пошатнет под ним трон.

Во время Революции герцог де Бёврон и его семья покинули Нормандию из-за народных волнений. В 1795 году банда вандалов проникла в замок и нанесла ему ужаснейший ущерб, расхитив и растащив всю мебель, предметы искусства, гобелены и, конечно же, вычистив подвал.

А что же настоящие Аркуры? — спросите вы. Куда же они делись, ведь последние строки были только о младшей их ветви. А находились они достаточно далеко! В Кальвадосе и между Каном и Конде-сюр-Нуаро. Там они построили большой замок в Тюри-Аркуре, который полностью был разрушен пожаром в 1944 году. Лишь очаровательный «Павильон Фантазии» был реконструирован последним герцогом.

А Шам-де-Батай стоит и по сей день. После разграбления дети герцога де Бёврона продали его графу де Вьёпону, от которого он перешел в наследство месье и мадам Приёрам, а потом — англичанину М. В. Консетту. В 1903 году граф д'Аркур, потомок герцога де Бёврона, получил все, что оставалось от владений, а потом продал властям соседнего города, превратившим его сначала в приют, затем в тюрьму, а затем и вовсе забросив.

Герцог д'Аркур, уже десятый по счету, смог выкупить его благодаря деньгам, полученным от властей в качестве компенсации за урон и лишения, которые он терпел во время последней военной кампании. Он смог привести его в порядок. Наконец-то замок стал жилищем для хозяина из рода Аркуров.

Здесь 2 июля 1966 года герцог праздновал «первое тысячелетие» вместе со ста двадцатью Аркурами, французами и англичанами, ответившими на его приглашение. Согласно словам специалиста по геральдике Арно Шаффанжона, всех гостей принимала «с улыбкой молодая герцогиня с каштановыми волосами, одетая в розовое платье и проявлявшая все свое обаяние; то была дочь Аркура и потомок мадам де Севинье. У нее на руках были все козыри, чтобы возродить хотя бы ненадолго время Великого Века».

Но тому помешала смерть ее мужа. В течение двадцати лет замок поддерживали частные инвесторы: там были созданы площадки для гольфа в парке, проводили спектакли и многочисленные конкурсы... Пока в 1992 году «из любви» замок не купил знаменитый художник-декоратор Жак Гарсия, который посвятил ему все свое время, свой талант и состояние. Результат вышел сказочным: даже у Ленотра не было таких замечательных огромных садов, старинная мебель вернулась в замок, были завезены новые произведения искусства, дабы замок приобрел прежний вид.

Небольшой налет экзотики говорит о дальних землях, которые понравились бы Аркурам-адмиралам и тому Аркуру, у которого Людовик XVI останавливался на ночь и который, даже будучи на эшафоте, не терял присутствия духа и спросил:

— Есть ли новости от господина де Лаперуза?

Часы работы больших апартаментов

С Пасхи по выходным и праздникам.
День Всех Святых с 15.30 до 17.30.
Июль и август ежедневно
с 15.30 до 17.30.

Часы работы садов

С Пасхи по выходным и праздникам.
День Всех Святых с 14.00 до 18.00.
Май, июнь ежедневно
и сентябрь с 14.00 до 18.00.
Июль и август ежедневно
с 10.00 до 18.00.
Не пропустите новые сады,
созданные Патриком Потье.

http://www.duchatpdebataille.com

Шато-Гайар
(Château-Gaillard)

Убитая королева

Любовь нас обоих привела к одному концу.

Данте Алигьери

Один год! Ричарду Львиное Сердце, королю Англии, понадобился всего один год, какие-то жалкие двенадцать месяцев, чтобы воздвигнуть огромную крепость, чьи руины и по сей день впечатляют посетителей.

Начатое в 1195 году строительство суровой крепости, преграждавшей путь в Нормандию и поставленной часовым в долине Сены, закончилось в начале 1197 года, к великому удовольствию своего строителя. Результат превзошел все ожидания, и восхищенный хозяин заявил: «Как же она хороша, моя годовалая дочь!»

Она казалась ему еще прекраснее, когда он думал о впечатлении, которое произведет на своего заклятого врага (а на таких врагов действительно многое может произвести впечатление), короля Франции Филиппа Августа.

И точно, Капетинг не любил и даже не переносил эту крепость, стоявшую у входа в его владения и, как будто подтрунивая над ним, Филиппом, самым великим королем своего времени, который хотел возвысить Францию над всеми остальными странами. Долго терпеть ему не пришлось: два года спустя Ричарда не стало. Королем Англии стал его печально известный брат, принц Иоанн. Филипп, хорошо знавший эту личность, не сомневался, что без труда добьется своих целей. Но он был не из тех, кто пускается в авантюру без длительной подготовки. Сначала он завоевал Конш и Берне, а затем уже, в октябре 1203 года, осадил Шато-Гайар. Осада длилась более четырех месяцев.

С наступлением зимы начались тяжелые времена. Вокруг Шато-Гайара замкнулось кольцо, угрожая заморить защитников голодом (а тех было несколько тысяч). И у них это получилось: король приказал выкопать вокруг замка ров и поставить четырнадцать осадных башен. Выйти из крепости было невозможно... Кроме как в соответствии с приказом Робера де Ласи, командующего гарнизоном: «бесполезные рты», то есть слишком молодые, слишком старые или слабые, неспособные держать оружие и помогать обороне замка, должны были его покинуть.

Открылась потайная дверь, и из замка прямо в ров погнали стариков, женщин и детей — всех тех, кто не мог сражаться. Среди них были жители близлежащих деревень, пришедшие искать укрытия. Но никого это не волновало! Их выгоняли на снег и холод без всякой жалости. Осаждающие тоже не проявили снисходительности. И этим несчастным было суждено умереть — от холода и голода. Некоторые даже ели себе подобных, лишь бы выжить.

Когда наступил март, воз был и поныне там. Но среди французов нашлись люди, которые не боялись трудностей. Таким, в частности, был сержант Пьер Божи. Он внимательно изучил все возможности проникнуть в Шато-Гайар и заключил, что есть только одна, не слишком привлекательная: пройти через стоки из отхожих мест. С группой отважных товарищей он проник в них и оказался под часовней замка.

Тошнотворная хитрость удалась, и вскоре французские войска вошли в замок через мост, опущенный Божи и компанией. Так Шато-Гайар перешел под власть французов. Лишь на короткое мгновение он вернулся к англичанам — после битвы при Азенкуре, когда замок захватил Генрих V, столь милый перу Шекспира.

Через тот же подъемный мост одним теплым вечером, в мае 1314 года, в крепость заехал скорбный кортеж: две повозки, покрытые черной тканью, окруженные сопровождением из стрелков и пехотинцев. В каждой из повозок сидела женщина с обритой головой и в платье из грубой ткани. Обе они были молодыми, красивыми, еще совсем недавно могущественными, поскольку одна была королевой, а вторая должна была ею стать: Маргарита Бургундская, королева Наварры, и ее кузина Бланш Бургундская, графиня де ла Марш, обе — невестки французского короля Филиппа Красивого. Если одна сохраняла гордую осанку, то вторая не переставая рыдала и сокрушалась, когда их заточили в холодную темницу. Произошла великая драма, которая, словно буря, могла поколебать трон Франции, если бы тот, кого называли «железным королем», не пресек ее так твердо и безжалостно.

В этой трагической истории есть и третье действующее лицо: Жанна Бургундская, сестра Бланш. Жанна, графиня де Пуатье, также была невесткой Филиппа. Но если все доказательства четко обвиняли пленниц Шато-Гайара в измене, то Жанне в вину можно было поставить только потворство и изящное сводничество. Королю она сказала так:

«Я — женщина порядочная!» И Филипп внял ей. Ее наказание было менее жестоким: обритую даму заключили в Дурдан, где условия были намного лучше.

Пребывая в заключении, Маргарита, самая храбрая из всех трех, думала о превратностях судьбы. Десять лет назад, всего десять лет, она вышла замуж за наследника престола в Верноне, небольшом городе рядом с Шато-Гайаром, принадлежавшем ее отцу. Она смотрела на крепость, даже не подозревая, что однажды ее заточат именно в ней. Маргарита была прекрасна, да и жизнь была прекрасна, хотя ее муж Людовик, прозванный Сварливым, совершенно не блистал красотой. От отца ему не досталось ни внешности, ни сильного характера: бестолковый, буйный, слабовольный и трусливый, он внушал презрение Маргарите, которая втайне мечтала стать королевой Франции.

В течение десяти лет она вместе со своими своячени́цами действительно царила во дворе, во дворце Сите и многочисленных замках короля. Они были красивы, изящны, милы и утонченны. Они задавали моду, которой все женщины с радостью следовали и которая сводила с ума мужчин. Но однажды произошло то, что и должно было произойти: Маргарита увлеклась одним молодым человеком из свиты графа де Пуатье, Филиппом д'Онэ, который уже давно был влюблен в нее, и стала его любовницей. Они встречались в верхних покоях одной из башен особняка Неслей, парижской резиденции короля и королевы Наварры. Маргарита родила дочку, приписываемую Людовику Сварливому, но, исходя из ситуации, на этот счет имеются большие сомнения.

Воодушевленная ее примером, молодая Бланш стала любовницей Готье д'Онэ, старшего брата Филиппа, и обе пары под покровительством Жанны занимались любовными утехами в башне Несль. Так могло бы продлиться достаточно долго, если бы не одна глупость, погубившая этих молодых любовников: Маргарита и Бланш решили вручить своим возлюбленным расшитые кошели, которые им подарила их свояченица, Изабелла, королева Англии и дочь Филиппа Красивого.

Неудачно вышедшая замуж за Эдуарда II, предпочитавшего женщинам молодых каменщиков и красивых мальчиков, Изабелла узнала, что ее кошели теперь находятся у братьев д'Онэ, что подтверждало любовную связь между девушками и этими молодыми людьми. И, скорее из женской зависти, чем из желания защитить честь Франции, она решила вершить правосудие.

На братьев донесли Филиппу Красивому, и он велел схватить их и посадить в темницы замка Понтуаз, где их запытали до смерти. Сразу после этого были схвачены и доставлены на суд все три принцессы.

Мы знаем, какой приговор вынесли Маргарите, Бланш и Жанне. Двум молодым людям повезло намного меньше: с них живьем содрали кожу, их кастрировали, обезглавили и за подмышки повесили на крюки. Не повезло и прислуге башни Несль, которую Людовик Сварливый пытал, казнил, а их трупы выбросил в Сену, как гласит легенда этой башни. Однако есть подозрение, что Марагарита и Бланш вовсе и не были такими уж прямо Мессалинами, как их описывает легенда. Ожидая лучших дней, они жили в холодных подземельях Шато-Гайара в лишениях, с плохой едой, в нищете.

Когда в конце 1314 года Маргарита узнала о смерти Филиппа Красивого, она вновь стала надеяться на лучшее, потому что она же была теперь королевой Франции! Она надеялась, что ее выпустят из темницы. Но она и не подозревала, насколько злобен ее супруг, желающий жениться повторно, да как можно скорее. Однажды ночью дверь темницы распахнулась. Вошел человек в маске. За толстенными стенами ничего не было слышно, а на следующее утро в темнице обнаружили задушенную королеву.

Бланш ее пережила. Она приняла развод со своим супругом, и один из надзирателей, влюбившийся в нее, облегчил ее участь. Вскоре ее перевели из Шатобриана в аббатство Мобюиссон, где она жила и скончалась в монашеском облачении.

Что касается «дочери» Ричарда Львиное Сердце, то она была снесена Генрихом IV. А саму башню, в подвале которой держали Маргариту, разрушил кардинал де Ришелье.

Часы работы
*С 15 марта по 15 ноября с 10.00 до 13.00
и с 14.00 до 18.00.
Закрыт по средам и 1 мая.*

*http://lesandelys.com/
chateau-gaillard/gaillard.htm*

Шатоге
(Châteaugay)

Человек, продавший руку дьяволу

Ты, Устрашающий, Невидимый,
Всемогущий,
Бог всех Богов, Искажающий
и Уничтожающий.
Ты, Непобедимый, которого называют
Всесокрушающим.

Египетский магический ритуал,
воззвание к Сету

Любой, кто отправится из Мулена в Клермон-Ферран, заметит его на подъезде к городу. Главная башня Шатоге, получившего такое неудачное название[1] в XIV веке, возвышается с вершины холма над виноградниками и большой равниной Лимань. В солнечные дни он приобретает легкие очертания добродушного гиганта, но в непогожую зиму, а также в грозу он становится таким, каким был в одну зловещую ночь начала XV века, в 1423 или 1424 году — дата доподлинно неизвестна. Когда под крышу дома своего приглашают дьявола, об этом не принято хвастаться.

Можно легко нарисовать себе в воображении эту картину, следуя старинным летописям и в особенности приговору, вынесенному в феврале 1427 года.

---

[1] От Châteaugay (*франц.*) — веселый замок.

Это произошло за несколько минут до полуночи в самых высоких покоях донжона. Там находилось двое мужчин: старый астролог в черной мантии и всемогущий хозяин замка, построенного его дедом, Пьером де Жиаком, бывшим в 1383 году канцлером короля Карла VI. Его внука тоже звали Пьером, но тот был человеком совсем иного рода. В свои сорок лет он представлял собой типичного феодала-разбойника, лишенного сердца и совести. Однако при этом он был красив и красотой своей похож на падшего ангела. К тому же он был скользок и изворотлив, как гадюка, по-утонченному жесток, но храбр до безумия. Алчный любитель роскоши, Пьер де Жиак в совершенстве овладел искусством плавать «в мутных водах», другими словами, он умел занять правильную позицию в странном и развращенном окружении молодого короля Карла VII, на костюме которого еще играли отблески костра, уничтожившего Жанну д'Арк.

В разбитом на части королевстве, наполовину занятом англичанами, де Жиак проложил извилистый путь к Бургундскому двору, где он стал советником, а заодно и любовником Изабеллы Бургундской, в то время как его жена стала любовницей герцога Бургундского — Жана Бесстрашного. Вдвоем они довели герцога до покушения в Монтеро, где тот должен был пасть под кинжалами убийц.

За эту услугу Карлу VII пришлось хорошо расплатиться. Де Жиак стал его фаворитом и советником, но мрачному Пьеру хотелось большего: сначала самому управлять королевством, затем стать мужем самой красивой женщины при дворе — Екатерины де л'Иль-Бушар, вдовы Гуго де Шалона и графини де Тоннер. Это двойное желание и привело его в верхние покои своего донжона, чтобы встретиться там с Сатаной, потому как, очевидно, Бог остался глух к его амбициозным мольбам.

На рассвете он спустился нетвердым шагом, словно пьяный, постоянно потирая правую руку, точно желая стереть въевшееся пятно. Эту правую руку де Жиак пообещал дьяволу — в уплату за запрошенную помощь...

И тут же эта «рука» начала действовать. Жениться на графине де Тоннер де Жиаку мешало одно непреодолимое обстоятельство: его жена умирать не собиралась, да еще и была беременна вот уже несколько месяцев. Чтобы избавиться от нее, он задумал преступный план, который не замедлил привести в действие: он взял два кубка и наполнил их вином, удивительно густым и черным. После ужина он протянул один Жанне, предлагая выпить за успех их общих планов. Каких планов? Ну что же, назовем это... сюрпризом для нее.

Чтобы подбодрить ее, он поднес свой кубок к губам, но не отпил. Жанна де Жиак начала пить, но, будучи дамой чуткой, заметила, что Пьер не прикоснулся к своему вину. Допивать она не стала, несмотря на то, что он ее сначала просил, потом угрожал, а потом и вовсе приказал. Поняв, что он хочет ее смерти, она спросила — почему. Он цинично ответил, что она ему мешает, так как он любит другую женщину, моложе, красивее и богаче...

После подобного заявления Жанна отказалась пить остаток и выплеснула вино. Готовый на все ради смерти жены, Пьер схватил ее, обвязал веревкой, приготовленной специально на этот случай, и закинул на спину, несмотря на ее весьма немалый вес. Он отправился в конюшню, оседлал лошадь, привязал к ее крупу несчастную и сам забрался в седло. Пришпорив лошадь, он понесся в деревню через потайные ворота, открытые специально для этого случая. Тем временем яд начал действовать, и Жанна закричала, испытывая ужасные муки, усиливаемые галопом. Она стала умолять мужа развязать ее, подумать об их ребенке... Но он лишь рассмеялся: дети у него были и еще будут: красавица Екатерина, без сомнения, подарит их ему. А этот — наверняка какой-нибудь бастард, зачатый неизвестно от кого.

Адский галоп продолжился. Они проезжали виноградники, леса и поля, наводя ужас на крестьян, сидящих в своих хижинах. Те, кто видел этого всадника в черном на безумной лошади с белым кричащим телом, думали, что то был зловещий охотник, везущий ночью свою дичь, и спешили закрыть глаза и зажать уши, чтобы, не дай Бог, не быть проклятыми.

Пьер де Жиак вез свою жертву до тех пор, пока у лошади не стали подкашиваться ноги. Тогда он остановился. Жанна была уже мертва. На крупе лошади лежал окровавленный труп, чье перекошенное лицо отображало последствия страшной агонии. Ему оставалось только закопать ее на месте с помощью лопаты, которую он предусмотрительно взял с собой, а затем, закончив дело, выкинул в реку.

Потом он лег рядом со свежей могилой, на которой даже посадил кустик, и заснул. Утром он вернулся в Шатоге с заранее заготовленной историей: у его беременной жены ночью возникла прихоть поехать в монастырь в Клермоне, чтобы там ожидать рождения ребенка. Затем было объявлено, что та умерла при родах, и никто не стал выяснять правду, ибо все боялись Пьера де Жиака.

Через несколько дней, счастливый и свободный, он поехал ко двору Карла VII, где его ждала женщина его мечты. Там его ожидала не только любовь, но и исполнение всех желаний, о которых он говорил в ту темную ночь в Шатоге.

Два месяца спустя Пьер де Жиак женился на Екатерине де л'Иль-Бушар. Сам король присутствовал на церемонии, подписал брачный договор и обнял молодоженов. В последующие месяцы Пьер действительно был счастлив и не испытывал никаких угрызений совести за совершенное преступление. И изо дня в день возрастало его разрушительное влияние на слабовольного короля. Бесспорный фаворит, он управлял небольшим двором в Бурже, и из страха никто ему не смел перечить. 3 августа 1426 года он стал первым камергером короля и начал править единолично, беззащитными перед его вызывающей надменностью оказались даже самые упрямые головы, не считая одной: его заклятого врага Жоржа де Ля Тремуйя, который ненавидел Пьера так же сильно, как любил красавицу Екатерину.

Ля Тремуй искал помощи и защиты. Нашел он их без труда, потому что при королевской особе находилась одна благородная и влиятельная дама, которая желала лучшего для своего несчастного королевства и изо всех сил боролась против фаворитов короля: это была Иоланда Арагонская, герцогиня Анжуйская, графиня Прованская и правительница четырех королевств, а также теща Карла VII. Это она приняла и вырастила короля, когда его настоящая мать, отвратительная Изабо, провозгласила того незаконнорожденным.

Иоланда желала смерти де Жиака и возвращения коннетабля де Ришмона, лучшего фехтовальщика во всей Франции, которого Карл VII удалил от двора из простой прихоти. Тогда эти трое задумали заговор. Королева узнала, что в начале февраля 1427 года двор отправляется в Иссуден, что недалеко от владений коннетабля. Ночью 7-го числа Ришмону удалось проникнуть в донжон благодаря своим шпионам, и он направился к покоям короля, чтобы выдернуть де Жиака из объятий жены. Затем он поступил с ним, как тот еще совсем недавно — с Жанной: взвалил на лошадь и повез к себе в Дён-сюр-Орон. Там де Жиака поджидали судьи и палачи. Под пытками несчастный поведал обо всех своих преступлениях, кроме одного: убийства Жанны. Но когда ему объявили смертный приговор, де Жиак сдался и стал умолять перед смертью отрубить ему правую руку, принадлежавшую дьяволу, которого он теперь боялся пуще смерти.

В этот раз он сообщил все. Чуть позже палач отрубил ему руку, а затем, зашитый в черный мешок, Пьер де Жиак был выброшен в Орон. На мешке было написано: «Пропустить королевское правосудие». Карл VII даже не попытался отомстить за смерть фаворита, от которого, возможно, и сам устал.

После смерти де Жиака хозяином Шатоге стал один из его сыновей. Он был бездетен, поэтому замок унаследовала его сестра Луиза, которая сделала замок собственностью рода де Ла Кеиль, который за счет Шатоге получил титул маркизов. У них замок и оставался до самой Революции. Он претерпел несколько изменений, но в настоящий момент он почти разрушен и принадлежит нескольким владельцам, выращивающим виноградники в окрестностях.

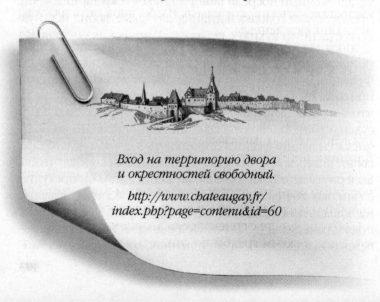

Вход на территорию двора
и окрестностей свободный.

http://www.chateaugay.fr/
index.php?page=contenu&id=60

Юзес
(Uzès)

Амазонки

Прощай, Юзес, город отменной кухни,
Где жили двадцать трактирщиков,
где умер один литератор.

Жан Расин взял отпуск и приехал в Юзес, где у своего дяди, канонника Сконена, прожил чуть больше года и где написал свою «Фиваиду». Он любил Юзес, приютившийся между Провансом и Лангедоком, драгоценный камень, установленный посреди виноградников и кустарников, где произрастали солодка и душица. Он также любил местную божественную кухню с ее ароматами чеснока и трав. Но ему там не хватало парижского духа и воздуха его элегантных улиц, а посему, в конце концов, он без сожаления оставил Юзес в его спячке.

Юзес был и остается одним из городов Франции, больше остальных пострадавших на протяжении веков. Его последовательно завоевывали и разрушали арабы, альбигойцы, протестанты, он оставался гугенотским, когда епископ Жан де Сен-Желе перешел в новую реформированную религию вместе со всем своим приходом. Сам собор не выдержал этого: он был разрушен сверху донизу в 1560 году, вместе с епископским дворцом и монастырем, что стало тяжким грехом по отношению к искусству.

Но на самом деле собор привык к этому: с ним подобное случалось уже в третий раз. Король Франции не был так терпелив: он возмутился тому, что первое герцогство Франции оказалось в руках протестантов с епископом и сеньором во главе. В то время сеньор Антуан де Крюссоль командовал от имени короля в Провансе, Лангедоке и Дофине, и он еще не был виконтом д'Юзес. И он стал свидетелем того, как испарились его убеждения перед коалицией блистательной аристократки, полной решимости и очарования, и короля Карла IX.

Она была дамой не первой молодости, эта самая Луиза де Клермон-Таллар, графиня де Тоннер, что очаровала его в 1555 году. Ей был пятьдесят один год. И она была вдовой от первого брака с Франсуа дю Белле, князем д'Ивело (двоюродным братом Иоахима!), служа гувернанткой у детей Екатерины Медичи, которая называла ее «сплетницей». Их связывала крепкая дружба еще до того, как королева доверила ей «Летучий эскадрон», то есть отряд тщательно подобранных красивых девушек, которые стали надежным оружием Екатерины. Решения, принимаемые надушенными красавицами Руэ, мадам де Сов, мадемуазель де Лимёй и некоторыми другими, были согласованы с королевой-матерью и ее подругой, погруженной в самые рискованные политические игры.

Луиза де Клермон-Таллар была почти на пятнадцать лет старше королевы-матери, но ее красота и очарование оставались нетронутыми, если верить Ронсару, который в 1563 году, когда она уже приближалась к шестидесятилетию, посвятил ей такие стихи:

Вы всеми уважаемы,
Двора вы украшение.

Именно так думал и Антуан де Крюссоль, когда в 1556 году попросил ее стать виконтессой д'Юзес. Он тоже был немолод, но между этими людьми зрелого возраста родилась большая любовь. Будучи ревностной католичкой, новобрачная хотела отслужить мессу по католическому обряду, но она любила Антуана и не могла его обидеть. Ей нужна была помощь. И она нашла поддержку у короля. Карл IX очень любил свою гувернантку (это был тот редкий вопрос, в котором он был единодушен со своей сестрой Марго и братом, будущим королем Генрихом III). Он часто прибегал к ее политическим советам, о чем свидетельствует записка, которую он написал в 1561 году в несколько необычном стиле:

«Мой старинный фонарь [имеется в виду, что она была для него источником света], я и сейчас нуждаюсь в вашей помощи, чтобы принять посла, прибывшего ко мне из дальних стран».

Желая угодить ей, он нашел безотказное оружие: Антуан должен стать католиком и герцогом. И это было сделано в 1562 году: Юзес стал первым герцогством Франции, а дорогая Луиза — герцогиней.

В самом деле, Юзес стал единственным замком, имеющим титул. Он стал и оставался герцогством. В честь этого красивого титула Антуан и Луиза воздвигли при помощи Филибера Делорма великолепный фасад в стиле эпохи Возрождения, которым можно восхищаться и поныне. Его грацию подчеркивают башня Бермонд, построенная в XII веке Бермондом д'Юзес, Королевская башня и Часовая башня, которая раньше принадлежала епископу.

Супруги, у которых, конечно же, не было детей (они передали титул брату Антуана), прожили в своем новом дворце несколько счастливых лет. Оттуда герцогиня Луиза начала в 1577 году вести любовную переписку, немного игривую, но и ироничную, со своим бывшим воспитанником Генрихом III. Но когда ее супруг умер, мадам д'Юзес нашла для себя вредным солнце Лангедока. Она отправилась в Бургундию, в свое любимое графство де Тоннер, где она и скончалась в 1596 году, уже в период правления короля Генриха IV, которому в веселые времена «Летучего эскадрона» она нашла не одну красивую любовницу. Говорят, что в свои девяносто два года она была все еще хороша.

Требования Людовика XIV, державшего представителей знатных семейств на расстоянии вытянутой руки, оставили замок Юзес на длительное время без хозяина. Только в 1734 году герцог вновь обосновался там.

У него были самые серьезные основания для того, чтобы бежать от двора. Тяжело раненный в сражении при Парме, Шарль-Эмманюэль де Крюссоль д'Юзес навсегда остался изуродованным. Он не любил приезжать в Версаль, предпочитая запереться в своем поместье в Лангедоке, но не для того, чтобы скучать и оплакивать свой испорченный внешний вид. Наоборот, он вел там веселую жизнь, приглашая к себе всех своих соседей. Овдовев после смерти Эмилии де Ларошфуко, он снова женился: его женой стала прекраснейшая из его подданных, мадемуазель де Гейдан, в которую он сильно влюбился. Она была вместе с ним, когда он принимал Мехмет-пашу, посла из Константинополя, в честь которого был устроен праздник, и его описание сохранилось в архиве Юзеса. Достойный сын века Просвещения, Шарль-Эмманюэль увлекался философией и достиг того, что у него завязалась серьезная переписка с Вольтером.

Революция изгнала его сына, который эмигрировал в Россию и стал адъютантом царя Павла I. А герцогство стало национальным достоянием, и отныне ему стало угрожать полное уничтожение. Но господин Оливье, купивший строение, сломал об него зубы. Кирки, на которые он так надеялся, оказались беспомощными против сооружения, фундамент которого восходил к временам Юлия Цезаря. Вынужденный отказаться от перестройки и крайне раздосадованный, он кончил тем, что продал замок одной городской ассоциации, а та превратила его в школу.

Потери были невелики, и во время Реставрации сын эмигранта, ставший главным распорядителем Двора, смог вернуть себе свои владения. С тех пор Юзес засиял, и это сияние не прекращалось очень долго. А еще замок стал домом для одной из удивительных женщин, имя которой надолго запомнили во всех уголках Европы.

Когда в 1867 году Мария-Клементина де Рошешуар-Мортемар вышла замуж за Эмманюэля де Крюссоль герцога д'Юзес, это событие могло бы сойти за обычное светское торжество. Жениху было двадцать семь, невесте — двадцать. Было известно, что она обладает красотой и умом, свойственными Монтремарам, создавшим состояние мадам де Монтеспан. А еще она увлекалась лошадьми, собаками, охотой — вот примерно и все.

Через одиннадцать лет она стала вдовой: герцог умер в 1878 году. Тогда-то и появился этот удивительный персонаж. Наша эпоха неуважительно называет таких людей «феноменом».

Мадам д'Юзес оказалась настоящей амазонкой во всех смыслах этого слова. Сначала она бросилась в политику, выступая на стороне генерала Буланже[1], которому она

---

[1] Жорж-Эрнест-Жан-Мари Буланже (1837—1891) — французский генерал, политический деятель и вождь реваншистско-антиреспубликанского движения, известного как «буланжизм». На выборах 1889 года Буланже был избран депутатом, но министр внутренних дел Эрнест Констан повел против него кампанию. Вскоре было принято решение об аресте генерала. Буланже бежал из Франции, а 30 сентября 1891 года он покончил с собой в Брюсселе.

профинансировала избирательную кампанию, надеясь, что этот шовинистически настроенный генерал и красавчик, умевший завоевывать любовь толпы, реставрирует монархию. Увы, Буланже оказался красавцем, но не обремененный могучим умом. Он повел себя как влюбленный младший лейтенантик, и в итоге покончил с собой на могиле своей любовницы, мадам де Боннемен.

Герцогиня д'Юзес потеряла своего «великого человека». Пустяки, после этого она занялась женщинами! Она повела интенсивную жизнь писательницы и скульптора (свои произведения она подписывала «Мануэла»), стала бороться за политические права женщин, отдав все свое состояние на службу благородным целям. В частности, она занималась воспитанием дочки анархиста Вайана и покровительствовала многим страждущим. Когда в 1914 году началась война, она стала санитаркой.

Но самой сильной ее страстью была псовая охота. Владелица своры и руководительница охоты на волков, она собирала в своем замке Ля Селль-ле-Борд всех, кто считался лучшими охотниками в Европе. Ее свора — ее называли «Райе-Боннель» — была первой во Франции. До самого преклонного возраста (в восемьдесят пять лет она все также прямо держалась в седле) она водила за собой людей и лошадей, делая это с бешеной скоростью.

Именно она стала первой женщиной-автолюбителем — обладательницей водительских прав. Она их получила в 1897 году. И, конечно же, она первой была оштрафована за превышение скорости. Это произошло в Булонском лесу, где герцогиня мчалась со скоростью... тринадцать километров в час.

В замке Юзес сохранился один из ее лучших портретов, а также некоторые из ее произведений. Он сохранил также воспоминания об этой женщине исключительного мужества. Его судьба сложилась удачнее, чем у многих других поместий и земель. Герцогство по сей день остается собственностью семьи де Крюссоль д'Юзес, и ежегодно туристы совершают путешествие в это прекрасное место, где старые особняки греются на солнышке и рассказывают свои многовековые истории.

Часы работы

*С 1 сентября по 30 июня с 10.00 до 12.00
и с 14.00 до 18.00.
С 1 июля по 31 августа с 10.00 до 12.30
и с 14.00 до 18.30.
Закрыто 25 декабря.*

*http://www.duche-uzes.fr/fr/
chateau/histoire.php*

Содержание

Литературно-художественное издание

ЖЮЛЬЕТТА БЕНЦОНИ. КОРОЛЕВА ФРАНЦУЗСКОГО РОМАНА

Жюльетта Бенцони

БРЫЗГИ ШАМПАНСКОГО
Роман о замках

Ответственный редактор *В. Стрюкова*
Младший редактор *М. Гуляева*
Художественный редактор *С. Курбатов*
Технический редактор *М. Печковская*
Компьютерная верстка *И. Ковалева*
Корректор *Т. Кузьменко*

ООО «Издательство «Эксмо»
123308, Москва, ул. Зорге, д. 1. Тел. 8 (495) 411-68-86, 8 (495) 956-39-21.
Home page: **www.eksmo.ru** E-mail: **info@eksmo.ru**

Өндіруші: «ЭКСМО» АҚБ Баспасы, 123308, Мәскеу, Ресей, Зорге көшесі, 1 үй.
Тел. 8 (495) 411-68-86, 8 (495) 956-39-21
Home page: www.eksmo.ru E-mail: info@eksmo.ru.
Тауар белгісі: «Эксмо»
Қазақстан Республикасында дистрибьютор және өнім бойынша
арыз-талаптарды қабылдаушының
өкілі «РДЦ-Алматы» ЖШС, Алматы қ., Домбровский көш., 3«а», литер Б, офис 1.
Тел.: 8 (727) 2 51 59 89,90,91,92, факс: 8 (727) 251 58 12 вн. 107; E-mail: RDC-Almaty@eksmo.kz
Өнімнің жарамдылық мерзімі шектелмеген.
Сертификация туралы ақпарат сайтта: www.eksmo.ru/certification

Сведения о подтверждении соответствия издания согласно законодательству РФ
о техническом регулировании можно получить по адресу: http://eksmo.ru/certification/

Өндірген мемлекет: Ресей
Сертификация қарастырылмаған

Подписано в печать 07.11.2013. Формат 75х108 $^1/_{32}$.
Гарнитура «Гарамонд». Печать офсетная. Усл. печ. л. 15,0.
Тираж 4 000 экз. Заказ 3899.

Отпечатано с электронных носителей издательства.
ОАО "Тверской полиграфический комбинат". 170024, г. Тверь, пр-т Ленина, 5.
Телефон: (4822) 44-52-03, 44-50-34, Телефон/факс: (4822)44-42-15
Home page - www.tverpk.ru Электронная почта (E-mail) - sales@tverpk.ru

ISBN 978-5-699-68757-2

9 785699 687572>

Филиппа Грегори

Хозяйка Дома Риверсов

Любовник королевы

Еще одна из рода Болейн